"十四五"职业教育国家规划教材

高职高专新能源汽车专业"十三五"创新教材

新能源汽车维护与故障诊断

广东合赢教育科技股份有限公司　组　编
王　强　李　楷　孙兵凡　主　编
栾增能　朱　博　副主编
冯　津　主　审

机械工业出版社

《新能源汽车维护与故障诊断》主要内容包括：新能源汽车使用及日常维护、保养知识和注意事项；新能源汽车警告灯识别与故障诊断流程；纯电动汽车、混合动力汽车故障诊断基本流程、车辆运行数据分析与判断、故障排除方法；燃料电池汽车故障诊断与排除方法。

本书配有视频操作二维码、教学课件。

全书配图尽量采用实物照片，图文并茂，形式生动活泼，有利于激发学生的学习兴趣。本书适合中、高职新能源汽车运用与维修等专业学生使用，同时还可供汽车销售顾问、售后服务顾问、维修技师、保险理赔员等人员阅读参考。

本书配备教学课件、教学设计、随堂练习（含答案）、实训工单，选用本书作为教材的教师可在机械工业出版社教育服务网（www.cmpedu.com）注册后免费下载；或添加客服人员微信获取（微信号码：13070116286）。

图书在版编目（CIP）数据

新能源汽车维护与故障诊断 / 王强，李楷，孙兵凡主编；广东合赢教育科技股份有限公司组编. —北京：机械工业出版社，2020.1（2025.7重印）
高职高专新能源汽车专业"十三五"创新教材
ISBN 978-7-111-64624-2

Ⅰ.①新… Ⅱ.①王…②李…③孙…④广… Ⅲ.①新能源—汽车—车辆修理—高等职业教育—教材②新能源—汽车—故障诊断—高等职业教育—教材 Ⅳ.① U469.707

中国版本图书馆 CIP 数据核字（2020）第 021184 号

机械工业出版社（北京市百万庄大街 22 号 邮政编码 100037）
策划编辑：齐福江 　责任编辑：齐福江　刘　煊
责任校对：李　杉　封面设计：鞠　杨
责任印制：单爱军
北京联兴盛业印刷股份有限公司印刷
2025 年 7 月第 1 版第 16 次印刷
184mm×260mm·12 印张·289 千字
标准书号：ISBN 978-7-111-64624-2
定价：55.00 元

电话服务　　　　　　　　网络服务
客服电话：010-88361066　　机　工　官　网：www.cmpbook.com
　　　　　010-88379833　　机　工　官　博：weibo.com/cmp1952
　　　　　010-68326294　　金　书　网：www.golden-book.com
封底无防伪标均为盗版　　　机工教育服务网：www.cmpedu.com

关于"十四五"职业教育
国家规划教材的出版说明

为贯彻落实《中共中央关于认真学习宣传贯彻党的二十大精神的决定》《习近平新时代中国特色社会主义思想进课程教材指南》《职业院校教材管理办法》等文件精神，机械工业出版社与教材编写团队一道，认真执行思政内容进教材、进课堂、进头脑要求，尊重教育规律，遵循学科特点，对教材内容进行了更新，着力落实以下要求：

1. 提升教材铸魂育人功能，培育、践行社会主义核心价值观，教育引导学生树立共产主义远大理想和中国特色社会主义共同理想，坚定"四个自信"，厚植爱国主义情怀，把爱国情、强国志、报国行自觉融入建设社会主义现代化强国、实现中华民族伟大复兴的奋斗之中。同时，弘扬中华优秀传统文化，深入开展宪法法治教育。

2. 注重科学思维方法训练和科学伦理教育，培养学生探索未知、追求真理、勇攀科学高峰的责任感和使命感；强化学生工程伦理教育，培养学生精益求精的大国工匠精神，激发学生科技报国的家国情怀和使命担当。加快构建中国特色哲学社会科学学科体系、学术体系、话语体系。帮助学生了解相关专业和行业领域的国家战略、法律法规和相关政策，引导学生深入社会实践、关注现实问题，培育学生经世济民、诚信服务、德法兼修的职业素养。

3. 教育引导学生深刻理解并自觉实践各行业的职业精神、职业规范，增强职业责任感，培养遵纪守法、爱岗敬业、无私奉献、诚实守信、公道办事、开拓创新的职业品格和行为习惯。

在此基础上，及时更新教材知识内容，体现产业发展的新技术、新工艺、新规范、新标准。加强教材数字化建设，丰富配套资源，形成可听、可视、可练、可互动的融媒体教材。

教材建设需要各方的共同努力，也欢迎相关教材使用院校的师生及时反馈意见和建议，我们将认真组织力量进行研究，在后续重印及再版时吸纳改进，不断推动高质量教材出版。

机械工业出版社

高职高专新能源汽车专业"十三五"创新教材
编 委 会

主任委员： 冯津　广东合赢教育科技股份有限公司
副主任委员：
  吴荣辉　珠海笛威汽车学院
  齐福江　机械工业出版社
  许　云　襄阳汽车职业技术学院
  陈文均　贵州 交通技师学院
  王　毅　贵州交通职业技术学院

委员：

广东合赢教育科技股份有限公司	陈进标、罗永志
深圳技师学院	李清明
顺德职业技术学院	张斌、赵良红
贵州交通职业技术学院	王强
六盘水职业技术学院	朱德桥、朱博
广州城市职业学院	温炜坚
广州铁路职业技术学院	郑毅
中山职业技术学院	齐建民
东莞职业技术学院	巩航军、刘存山
珠海城市职业学院	黄关山
襄阳汽车职业技术学院	包科杰
广东农工商职业技术学院	黄军辉
黔南民族职业技术学院	万东操
江西交通职业技术学院	官海兵
陕西交通职业技术学院	任春晖、彭小红
云南工业技师学院	彭韬、戴荣航
云南德宏州高等师范专科学校	段碧涛
安宁市职业高级中学	蔡春华
曲靖高级技工学校	栾增能
深圳市第二职业技术学校	李世川、孙兵凡
顺德中等专业学校	郭建英、赵鹏媛
深圳市龙岗职业技术学校	邱伟聪、易小彪
深圳泽然浩比亚迪新能源 4S 店	潘斌双

丛书主审： 冯津

FOREWORD 前　言

汽车产业快速发展带来了交通拥堵、能源危机和环境污染等问题，成为限制汽车产业发展的主要瓶颈，因此新能源汽车产业成为国家重点发展和大力扶持的产业。受益于国家政策的扶持，新能源汽车产业得到飞速的发展，由此带来的新能源汽车后市场将需要大量的销售、维修及其他各方面的人才。

为满足相关专业职业教育的迫切需求，我们组织新能源汽车一线培训专家、维修技师、职教专家及职业院校资深教师，联合编写了这套高职高专新能源汽车专业"十三五"创新教材。

本书以北汽新能源、比亚迪汽车及其他国内外典型新能源汽车车型为主，从内部原理、结构解析了主流新能源汽车的共性和差异，从而让读者更加深刻地理解新能源汽车。《新能源汽车维护与故障诊断》包括五个项目。

项目一：新能源汽车维护，介绍新能源汽车新车使用方法，车主日常维护与定期保养方法，使学生能够认识纯电动汽车与混合动力汽车在检查与维护方面的要求与注意事项。

项目二：新能源汽车故障诊断技术，介绍新能源汽车警告灯识别与故障原因分析，以及新能源汽车故障诊断流程，使学生能够进行纯电动汽车与混合动力汽车的故障警告灯识别，识别故障现象，读取数据流，对新能源汽车故障有一个完整的诊断流程分析。

项目三：纯电动汽车故障诊断与排除，以比亚迪汽车为主，按照纯电动汽车不同的系统，详细地介绍了纯电动汽车的故障诊断与排险方法，使读者能够认识纯电动汽车主要系统的不同工作机理、故障形成原因、故障特点、数据流反映的基本情况，以及基本的诊断流程，从而使读者掌握纯电动汽车故障判断思路及排除方法。

项目四：混合动力汽车故障诊断与排除，介绍混合动力汽车的各个主要系统内在工作原理、诊断逻辑，使读者能够依据故障现象、数据流等，掌握混合动力汽车主要系统故障的诊断流程、故障判断思路，熟悉混合动力汽车的故障排除方法。

项目五：燃料电池汽车故障诊断与排除。

本书配有视频操作二维码、教学课件，书中尽量采用实物照片，图文并茂，形式生动活泼，有利于激发学生的学习兴趣。本书适合中高职新能源汽车专业及汽车相关专业的学生使用，同时还可供汽车销售顾问、汽车售后服务顾问、汽车维修技师、汽车保险理赔员等阅读参考。

本书由贵州交通职业技术学院王强、深圳技师学院李楷、深圳市第二职业技术学校孙兵凡担任主编，曲靖高级技工学校栾增能、六盘水职业技术学院朱博担任副主编，广东合赢教育科技股份有限公司冯津担任主审，南京技师学院郑燕、珠海笛威汽车学院吴荣辉、广东合赢教育科技股份有限公司罗永志参编。具体编写分工如下：王强编写项目二，李楷编写项目三，孙兵凡编写项目四中的任务一，栾增能编写项目一中的任务一，朱博编写项目四中的任务二，郑燕编写项目四中的任务三，吴荣辉编写项目五，罗永志编写项目一的任务二。

在本书编写过程中参考了大量国内外相关著作、汽车厂家的培训课件及其他文献资料，在此一并向有关作者及汽车厂家表示最真诚的感谢！

限于编者的技术水平，书中难免存在不当之处，敬请广大读者批评指正。

编　者

前 言

项目一　新能源汽车维护 ··· 1
　任务一　新能源汽车日常维护 ·· 1
　任务二　新能源汽车定期维护 ·· 19

项目二　新能源汽车故障诊断技术 ··· 31
　任务一　新能源汽车警告灯识别与故障原因分析 ·· 31
　任务二　新能源汽车故障诊断流程 ··· 49

项目三　纯电动汽车故障诊断与排除 ··· 79
　任务一　纯电动汽车动力电池系统故障诊断与排除 ··· 79
　任务二　纯电动汽车驱动电机系统故障诊断与排除 ··· 93
　任务三　纯电动汽车整车动力控制系统故障诊断与排除 ······································ 102

项目四　混合动力汽车故障诊断与排除 ··· 118
　任务一　混合动力汽车动力电池系统故障诊断与排除 ··· 118
　任务二　混合动力汽车驱动电机系统故障诊断与排除 ··· 145
　任务三　混合动力汽车整车动力控制系统故障诊断与排除 ·································· 159

项目五　燃料电池汽车故障诊断与排除 ··· 173
　任务　燃料电池汽车故障诊断与排除操作 ·· 173

参考文献 ··· 181

项目一　新能源汽车维护

项目描述

相对于传统的燃油汽车,新能源汽车维护项目较少,但是由于结构特征的差别,在其使用与维护中有一定的特殊性。本项目主要介绍新能源汽车日常维护知识,包含以下两个任务。

任务一:新能源汽车日常维护。
任务二:新能源汽车常规维护。

通过以上两个任务的学习,熟悉纯电动汽车与混合动力汽车保养的特点,独立完成新能源汽车检查与维护的工作要求。

任务一　新能源汽车日常维护

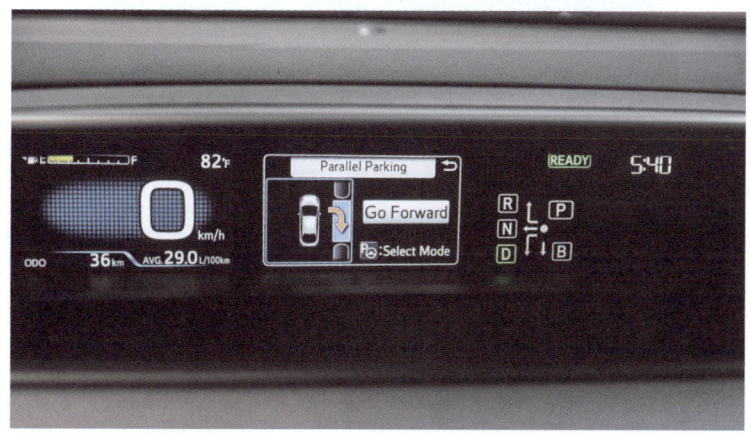

学习目标

◎ **知识目标**
　1. 能够描述新能源汽车车主维护内容。
　2. 能够描述新能源汽车店内维护内容。

◎ **技能目标**
　1. 能够完成新能源汽车车主维护内容。
　2. 能够完成新能源汽车店内维护内容。

课程育人

新能源汽车日常保养需要"滴水穿石、贯彻如一"的精神。"滴水穿石"精神体现出:"敢于担当、艰苦奋斗、实干能干巧干做事"的精神。"贯彻如一"体现出对新能源汽车持之以恒的保养,这样能够让整车处在最佳的工作状况,从而培养"规范操作、安全生产"的职业习惯。

一、任务导入

汽车维修工小李按照维修主管交办的任务，需要对新能源汽车进行维护，因此小李需要收集资料，对进店的新能源汽车依据车辆实际行驶时间（或者行驶距离）进行对应的维护。

二、获取信息

引导问题 1 新能源汽车的新车使用要求与方法

1. 起动开关操作

以比亚迪 2017 款 400 尊贵版 e6（图 1-1-1）为例，可以按照以下顺序操作：驾驶人进入驾驶室，踩下制动踏板，直接按起动键给整车上电。

图 1-1-1　比亚迪 2017 款 400 尊贵版 e6 上电开关

2. 变速杆操作

纯电动汽车一般采用无级变速机构，变速杆设计较为简单，大体上分为拨杆式、旋钮式两种。纯电动汽车的变速杆主要有 R、N、D 三个档位，有的车有 E 档（制动能量回收档）。

（1）旋钮式变速杆

如图 1-1-2 所示，2015 款北汽新能源汽车 EV200 车型旋钮式变速杆有四个位置：

图 1-1-2　2015 款北汽 EV200 旋钮式变速杆

①"R"档（倒车档）。倒车时挂入此档位。挂入"R"档之前，务必确保汽车已完全停下来。从"P"档或"N"档挂入"R"档时，必须踩下制动踏板。

②"N"档（空档）。在车速低于5km/h或汽车停车状态，并且起动按钮打开时，若需将变速杆从"N"档挂至其他档位，必须先踩下制动踏板。

③"D"档（前进档）。系统会根据电机负载和车速自动挂入高档或低档。

④"E"档（经济模式档）。制动能量回收功能开启档位。E档时共有4个状态，分别表示3种回收强度和回收关闭（图1-1-2所示为E档显示）。

（2）拨杆式变速杆

拨杆式变速杆，按照拨杆的工作槽位可以分为传统直线式拨杆及T形拨杆。早期的2013年款北汽EV汽车采用最古典的三档直线式拨杆，如图1-1-3所示。

图1-1-3　2013年北汽EV三档直线式拨杆

2017款400尊贵版比亚迪e6拨杆式变速杆工作槽位，右侧的圆圈表示档位可以回退到非工作档位的O档，体现出T形槽风格，如图1-1-4所示。

图1-1-4　比亚迪e6变速杆（2017款400尊贵版）

3. 灯光操作

以北汽新能源EV系列车型为例，灯光调节旋钮如图1-1-5所示。

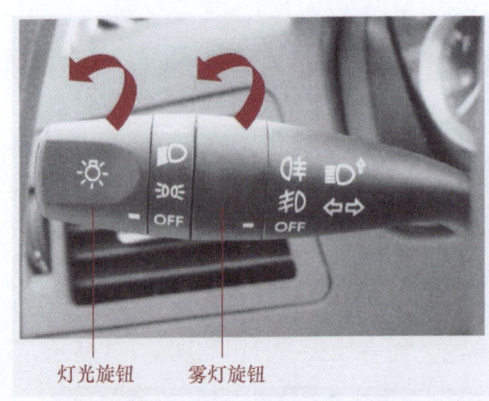

图 1-1-5 北汽 EV 灯光调节旋钮

4. 空调操作

以北汽新能源 EV 系列车型为例，空调操作按键功能如图 1-1-6 所示。

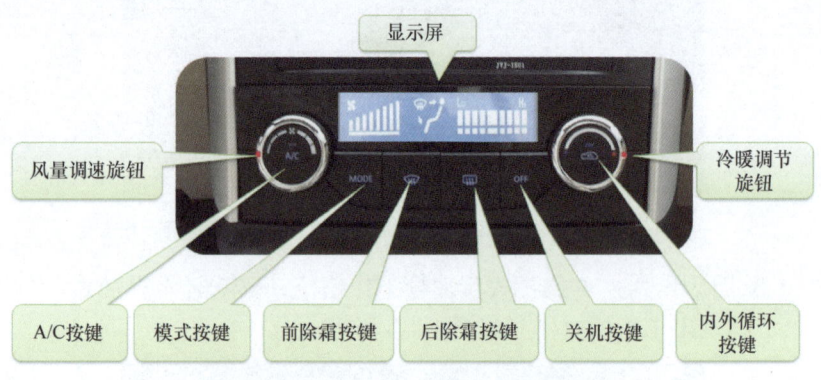

图 1-1-6 北汽 EV 汽车空调操作按键

> **引导问题 2** 新能源汽车维护级别与日常维护内容

1. 新能源汽车维护级别

新能源汽车维护目的是：让新能源汽车保持和恢复其技术性能，保证新能源汽车具有良好的使用性和可靠性。目前新能源汽车维护分为日常维护和定期维护。日常维护由驾驶人完成，定期维护由维修人员完成。

2. 新能源汽车日常维护内容

驾驶人（车主）日常维护主要是驾驶舱的仪表显示、前机舱部件外观检查、车身及轮胎检查、充电口（盖）检查四个方面。

（1）驾驶舱的仪表显示检查

下面以比亚迪 2018 款比亚迪 e5 车（智联畅享型）的仪表来说明，仪表外观如图 1-1-7 所示。

图 1-1-7　2018 款比亚迪 e5 车仪表

1）仪表左侧。仪表左侧显示驾驶人安全带、车速及能量回收、驻车显示等，如图 1-1-8 所示。驾驶人需要检查仪表显示是否正常，安全带指示灯（安全带没有闭合时）、整车系统故障灯、气囊安全指示灯、低压电池电量警告灯、驻车制动灯、制动片磨损指示灯等是否点亮。

图 1-1-8　2018 款比亚迪 e5 车仪表

2）仪表上部及中部。比亚迪 e5 车正常上电之后，仪表中部（如图 1-1-9 所示），主要显示动力电池剩余电量、ECO（经济模式）、上电指示灯（OK）、轮胎气压、档位、定速巡航、行驶里程、制动系统指示灯、充电提醒灯。仪表上部有左、右转向指示灯、前后雾灯、小灯及智能钥匙系统警告灯。

汽车的 ECO 模式分为主动式 ECO 驾驶模式和被动式 ECO 驾驶模式两种。被动式 ECO 没有专门的按键，只有一个提醒功能，驾驶人开车时，会在仪表盘上有一个绿色的 ECO 提醒标志，当车速超过 20km/h，ECO 会根据当前的能耗进行智能评估，达到最佳能耗率时，仪表盘会同步显示绿色的 ECO 字样。

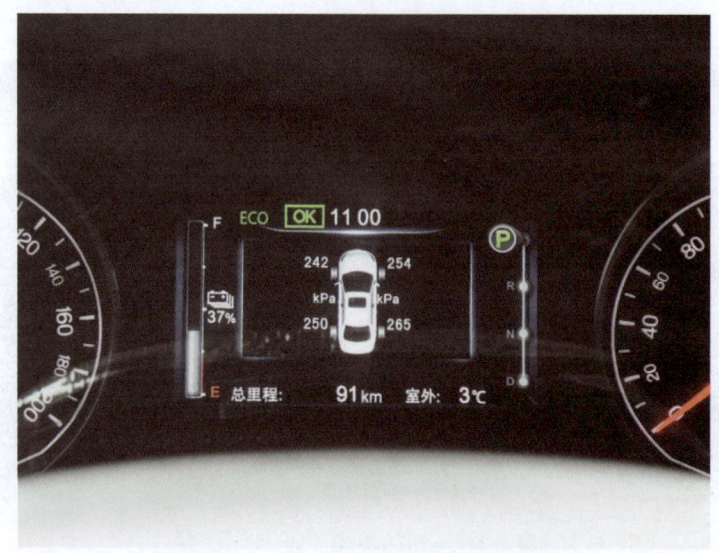

图 1-1-9　2018 款比亚迪 e5 车仪表中部

3）仪表右部侧。比亚迪 e5 车正常上电之后，仪表右部主要显示车速、胎压警告灯、ESP 系统故障灯、动力电池灯、车身防盗指示灯等。

（2）前机舱部件外观检查

在车辆下电的情况下，检查前机舱室左侧（相对于驾驶人一侧）PTC 罐、动力电池包冷却液以及前机舱室右侧的洗涤液、高压电控总成（四合一）冷却液。检查低压蓄电池的桩头是否连接牢靠，外观检查高压电控箱体的高压接插件是否牢靠等，如图 1-1-10 所示。

图 1-1-10　比亚迪 e5 车前机舱

（3）车身及轮胎检查

比亚迪 e5 车的轮胎及外观检查应顺时针方向进行，检查顺序是：左前侧车门→左前轮胎及轮眉（如图 1-1-11 所示）→前机舱盖及灯光总成→右前轮胎及轮眉→右前车门→右后车门及右后轮胎→行李舱及灯光总成→左后轮胎及左后车门。

图 1-1-11　比亚迪 e5 车身及轮胎检查图

（4）充电口盖的检查

检查交流充电口盖（图 1-1-12 左侧）和直流充电口盖（图 1-1-12 右侧）插头桩是否正常、充电口盖是否开闭正常。

图 1-1-12　比亚迪 e5 车充电口盖

（5）车厢内饰及座椅检查

检查前、后排座椅、车辆顶篷、地板等内饰情况，是否需要清洁、更换或维修。

三、任务实施

1. 实施要求

本操作任务主要是：在掌握新能源汽车维护知识的基础上，对新能源汽车（以比亚迪 e5 为例）能够进行规范的店内操作。

2. 实施准备

1）防护装备（图 1-1-13、图 1-1-14）：绝缘垫、绝缘手套、防护眼镜、绝缘帽、劳保手套等。

2）车辆、台架、总成：比亚迪 e5 车辆。
3）专用工具、设备：举升机、解码仪等。
4）手工工具：新能源汽车维修组合工具。
5）辅助材料：高压电维修设备及警告牌、隔离带、二氧化碳类型灭火器、清洁剂。

3. 实施步骤

1）作业前准备：做好工位安全隔离防护工作。

首先拉起红色隔离带，做好场地隔离。树立警告标志，金属性质的警告牌立在地面，纸质或者塑胶警告牌可以放在车顶上。

绝缘垫主要用于操作人员在汽车前段操作的绝缘性，铺放前首先保证地面的干燥性。它的面积是 1m×2m，可以采用绝缘电阻表检查绝缘垫与地面的绝缘性，如图 1-1-13 所示。

高压电维修警告牌

图 1-1-13　三角警告牌及绝缘垫

2）作业前准备：个人安全防护工作，工作人员应该检查并穿戴工作服、绝缘帽、防护目镜、劳保手套、绝缘手套⊖、绝缘鞋等如图 1-1-14 所示。

图 1-1-14　绝缘手套、防护眼镜、绝缘帽

新能源汽车保养维护双人操作的由来如下：

按照国家特种作业目录规定：电工作业指对电气设备进行运行、维护、安装、检修、改造、施工、调试等作业（不含电力系统进网作业）。

高压电工作业：指对 1kV 及以上的高压电气设备进行运行、维护、安装、检修、改造、施工、调试、试验及绝缘工、器具进行试验的作业。

低压电工作业：指对 1kV 以下的低压电器设备进行安装、调试、运行操作、维护、检修、

⊖　全国中职、高职竞赛绝缘手套的检测项目如下：绝缘手套的生产日期及有效期、绝缘手套的密封性、绝缘手套的绝缘性。

改造施工和试验的作业。

按照高压电工作业的安全操作规定：倒闸操作必须由两人进行（一人监护，一人操作），并严格执行倒闸操作有关规定，如图1-1-15所示。

图1-1-15　新能源汽车保养的双人操作

3）作业准备：完成车辆安全防护，安装车轮挡块。

4）检查作业：外检作业，检查车身外观状况。

5）检查作业：车身铭牌检查，铭牌在车辆B柱位置下方，记录车辆型号、车辆识别码、电机型号、电池容量、工作电压等，如图1-1-16所示。

6）作业准备：车内安全防护操作，安装座椅套、方向盘套和地板垫。

7）检查作业：检查汽车前部灯光。技师B在驾驶室内，按喇叭，操作灯光开关如图1-1-17所示。请技师A检查汽车前部灯光：前小灯、前雾灯、前照灯（前远光、前近光）、警告灯、左右转向灯。

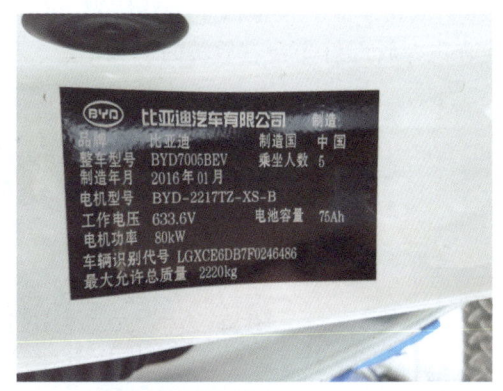

图1-1-16　读取车辆B柱位置下方的车身铭牌

图1-1-17　技师B在驾驶室内操作灯光开关

必须说明的是,汽车检查的时候,技师 A 应该位于汽车前部斜角 45°方向,如图 1-1-18 所示,这样做的目的是为了确保安全,避免汽车突然行驶等不安全因素。

图 1-1-18　灯光检查时候,车外技师 A 站位(图中汽车右前方 45°的小人处)

8)检查作业:检查汽车后部灯光。图 1-1-19 大图为灯光控制开关,右下小图为技师 A 实测检查汽车后部灯光:右后转向、倒车灯、后雾灯等。

图 1-1-19　车外技师 A 检查尾部灯光

9)检查作业:进入驾驶室,起动车辆,打开鼓风机。按下并检查 A/C 开关指示灯的工作情况,检查空调面板各个按键的功能。检查鼓风机的风速调节和通风装置的风向切换功能、检查空调制冷时冷却风扇的运转情况,检查过程如图 1-1-20 所示。

图 1-1-20　技师 A 检查空调各个按键的功能

10）检查作业：检查室内照明灯、前后玻璃升降器是否正常，检查完毕后，车辆下电，如图 1-1-21 所示。

图 1-1-21　技师 A 检查室内照明灯、前后玻璃升降器

11）检查作业：拉开充电口盖，检查交流、直流充电口盖是否有水迹、是否干燥。检查各充电连接器接口处是否有异物、烧蚀等情况，检查过程如图 1-1-22 所示。

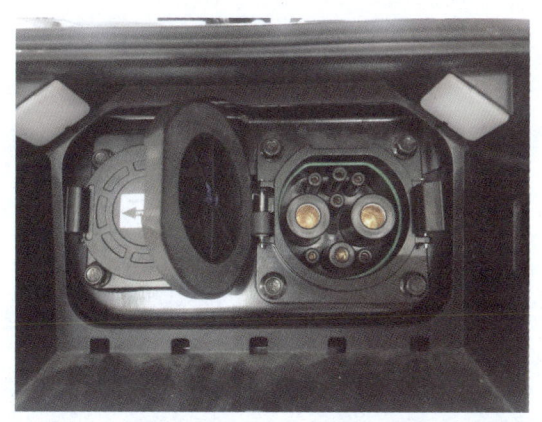

图 1-1-22　技师 A 检查汽车交流、直流充电口

12）作业准备：做好车身安全防护，安装翼子板布和前格栅布，如图 1-1-23 所示。

图 1-1-23　安装翼子板布和前格栅布

13）检查作业：检查驾驶人防火墙一侧白色液罐中制动液液位、红色液罐中电机冷却液液位、电池冷却液液位及 PTC 液罐中的液位，图 1-1-24 为检查 PTC 液罐液位。

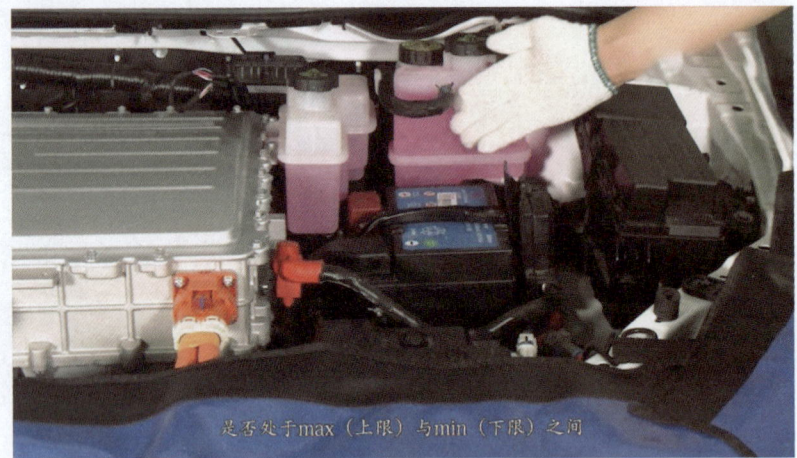

图 1-1-24　检查 PTC 液罐液位

14）检查作业：检查冷却系统上部各软管的安装、连接情况及有无裂纹、损伤和泄漏。

15）检查作业：检查高压电控总成，包括高压电控总成外观是否变形，检查高低压线束或插接件是否松动，如图 1-1-25 所示，从左往右，依次为高压电控的 L2、L3、N、L1 充电线⊖。

图 1-1-25　检查机舱高压电控部分高压插接件

16）检测作业：检查低压电池的正、负极桩头，测量并记录低压电源系统电压（静态）。正常情况下，低压电池在唤醒状态下电压在 13.6~14.8V 之间，如图 1-1-26 所示。

⊖　2018 年比亚迪 e5 采用简版四合一，取消了三相交流充电，仅留下单相交流充电，因此高压线仅有 N、L1 两根充电线。

图 1-1-26　检查低压电池正、负极桩头，并检查低压电池电压

17）检查作业：插上充电枪，检查车辆能否正常充电及充电时仪表显示是否正常，如图 1-1-27⊖ 所示。如图 1-1-27 所示，仪表右上角红色插枪灯点亮，显示中文"连接已成功，正在充电中"，当前电量 84%，充电功率⊖0kW（比亚迪 e5 车的仪表功率显示是个位数字，并不显示小数点后面数字），预计充满时间：8h4min。

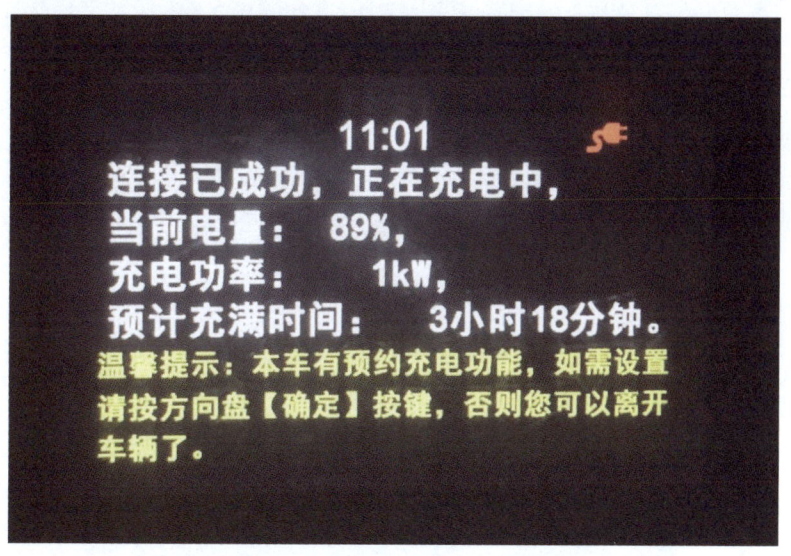

图 1-1-27　比亚迪 e5 教学台架仪表显示（交流插枪充电）

18）检查作业：故障检查，使用解码器检查车辆是否有故障，并记录。检查完毕之后，关闭上电开关，断开低压电池负极，等待 5min 取下维修开关。

19）检查作业：检查汽车行李舱随车工具及备胎，如图 1-1-28 所示。

⊖ 此图选用比亚迪 e5 教学台架。
⊖ 按照比亚迪 e5 动力电池包的能量 47.5kW 计算，剩余的 16%SOC 折合大约 7.6kW·h，按照充电时间 8h4min（8.06h）计算，充电功率大约为 0.9kW，因此此处功率显示为 0kW（数字圆整的原因）。

图 1-1-28　汽车行李舱随车工具及备胎

20）检查作业：连接举升机四条支撑的支架，将托盘支撑在固定位置上，如图 1-1-29 所示。举升时候，支架托盘的支撑位置是否牢靠，然后将汽车举升到中位。

图 1-1-29　检查举升机支架托盘是否支撑在准确位置

21）检查作业：检查汽车轮胎的胎压。旋转轮胎，检查轮胎是否制动拖滞，上下、左右晃动轮胎，检查轴承是否正常，如图 1-1-30 所示。

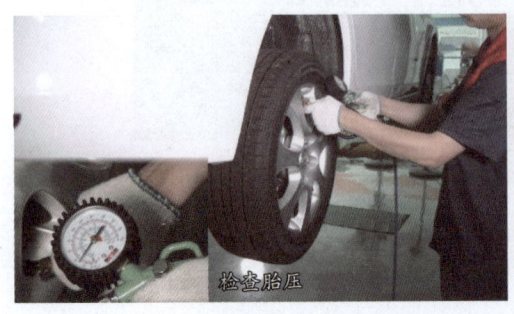

图 1-1-30　检查汽车轮胎的胎压，是否制动拖滞，轴承是否正常

22）检查作业：检查汽车悬架系统，检查减振器是否漏油、减振弹簧上下托盘减振胶片连接是否准确，如图 1-1-31 所示。

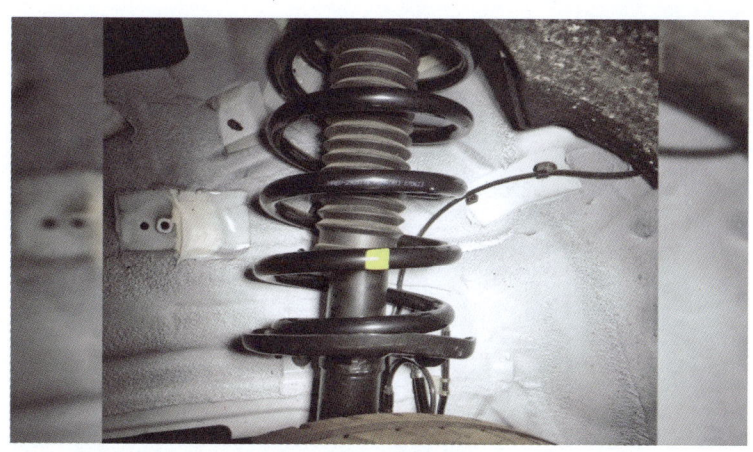

图 1-1-31　检查减振器是否漏油

23）检查作业：举升机举升到高位，锁定举升机。检查汽车悬架系统下摆臂球头是否有损坏，如图 1-1-32 所示。

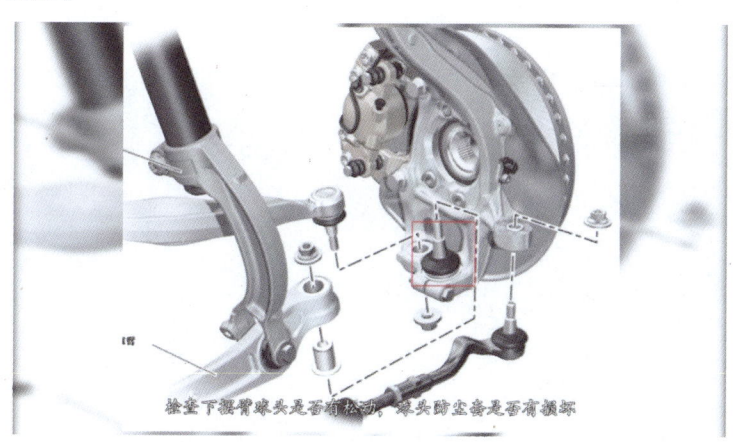

图 1-1-32　检查汽车悬架系统下摆臂球头

24）检查作业：举升机举升到高位，锁定举升机。检查汽车悬架系统转向横拉杆是否有损坏，球头防尘罩是否损坏，如图 1-1-33 所示。

图 1-1-33　检查汽车悬架系统转向横拉杆

25）检查作业：检查冷却系统（下部元件：驱动电机冷却水道、动力电池冷却水道、水泵）是否有漏水现象，如图 1-1-34 所示。

图 1-1-34　检查冷却系统是否有漏水现象

26）检查作业：检查动力电池包的外观，低压、高压插头是否连接好，连接水道是否连接准确，动力电池是否存在托底的现象，如图 1-1-35 所示。

图 1-1-35　检查动力电池包

27）检查作业：检查驱动电机的外观，低压、高压插头是否连接好，连接水道是否连接准确，驱动电机是否存在托底的现象，如图 1-1-36 所示。

图 1-1-36　检查驱动电机

28）检查作业：检查副车架固定螺栓[（280±5）N·m]、车架下稳定杆两颗紧固螺栓（120N·m）、后悬架支架3颗紧固螺栓[（85±5）N·m]是否紧固，如图1-1-37所示。

图1-1-37　检查底盘各个重要紧固螺栓

29）检查作业：降低汽车至低位，检查并按照要求紧固轮胎螺栓，如图1-1-38所示。

图1-1-38　检查并紧固轮胎螺栓

30）检查作业：填写检查工单。

31）检查作业：收拾驾驶室四件套（地板垫、方向盘套、座椅套、变速杆套），恢复并检查低压电池负极，安装维修开关。保证准确无误的前提下，接通上电开关，确认车辆无任何故障之后即可进行后续作业，如图1-1-39所示。

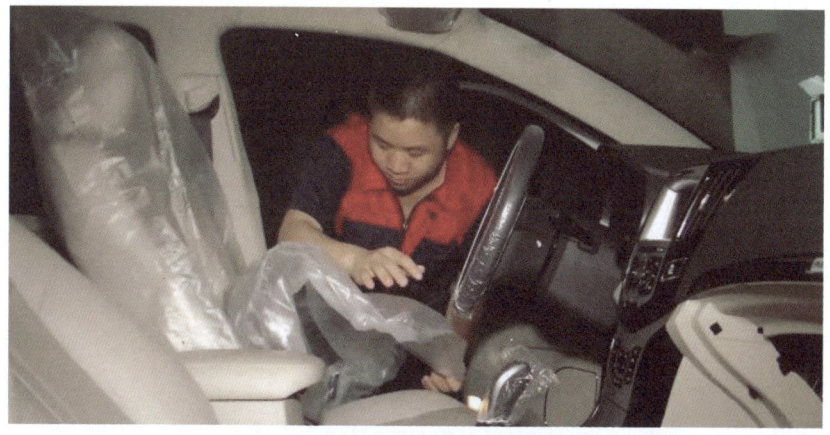

图1-1-39　收拾驾驶室内四件套

四、任务考核

目标	考核题目	得分
知识目标	1）（判断）新能源汽车的动力电池需要在新车期间执行相应的维护操作，包括对动力电池的适度放电和充电，初期使用时需要注意的是：正确掌握充电的时间以及定时充电，这样有利于延长动力电池的使用寿命。（ ）	
	2）（判断）新能源汽车与传统汽车的主要区别是驱动系统，但是新能源汽车在车身电气、底盘等部件上与传统汽车区别并不大。（ ）	
	3）（判断）新车磨合主要是指将新车中的传动零部件经过一段时间的运转摩擦，使得接合与啮合面的接触非常吻合、表面光洁的过程，从而提高后期车辆的使用效率，延长车辆的使用寿命。（ ）	
	4）（单选）以汽车的ECO模式为例子，下面说法有误的是（ ） A. 汽车的ECO模式分为主动式ECO驾驶模式和被动式ECO驾驶模式两种 B. 两者主要的区别就是智能控制能完成的燃油消耗、电量消耗的分配和提醒引导方面 C. 被动式ECO没有专门的按键，就是一个提醒功能，驾驶人行驶时，会在仪表盘上有一个绿色的ECO提醒标志 D. 当汽车加速时，ECO会根据当前的油耗进行智能评估，达到最佳油耗率，仪表盘不会同步显示绿色的ECO字样	
	1）（单选）下面说法错误的是（ ） A. 检查辅助蓄电池接头有无腐蚀或接头松弛、裂纹或压板松弛 B. 进行保养之前，不需要确认电机和所有附属设备都已关闭 C. 油混合动力汽车，换油程序与传统汽车的换油程序相似 D. 进行冷却系统检查与配置内燃机车辆的检查相似	
	2）（判断）空调检查与配置内燃机车辆的检查方法相似，检查混合动力汽车和纯电动汽车空调系统时，有一些需要注意的地方。（ ）	
技能目标	1）（判断）绝缘手套的检测项目：绝缘手套的生产日期及有效期、绝缘手套的密封性、绝缘手套的绝缘性。（ ）	
	2）（判断）车门、门锁是否能够正常工作属于外观检查项目。（ ）	
	3）（判断）冷却液液位检查属于发动机舱的检查项目。（ ）	
总分：		
教师评语：		

任务二　新能源汽车定期维护

学习目标

◎ **知识目标**

1. 能够描述新能源汽车维护项目与传统汽车的区别。

2. 能够描述新能源汽车的维护项目内容。

◎ **技能目标**

能够进行新能源汽车的维护。

课程育人

新能源汽车定期保养培养"信守承诺、始终如一"的精神。诚信之诚是诚心诚意，忠实不二；诚信之信是说话算数和信守承诺，只要树立起真挚守信的品德质量，才能严格遵守厂家的保养周期，让整车处于最佳状况，从而适应社会生活的要求，并完成自己的人生价值。

一、任务导入

汽车维修工小李，按照店内维修主管的要求，需要对一辆纯电动汽车执行常规维护，小李该如何完成这个任务？

二、获取信息

引导问题 1　　纯电动汽车维护解析

1. 特斯拉官方手册上维护周期说明

特斯拉纯电动车维护的项目与国内自主品牌车型的维护计划略有不同㊀。特斯拉官网给出的纯电动车维护项目和周期如表1-2-1所示。

㊀ 通常纯电动车维护项目分别为充电系统、动力电池系统、冷却系统、空调系统、制动系统、转向系统、车身部分、底盘部分共八大项目检查。

表 1-2-1　特斯拉车型官方维护周期表

维护项目	第 1 年或 20000km	第 2 年或 40000km	第 3 年或 60000km	第 4 年或 80000km
更换空调干燥剂		√		√
更换制动液		√		√
更换驾驶室空气过滤器		√		√
更换车钥匙电池	√	√	√	√
多点检查	√	√	√	√
轮胎换位（若有需要）	√	√	√	√
四轮定位检查及调整	√	√	√	√
更换刮水器套件	√	√	√	√
更换动力电池冷却液	每 8 年或者 160000km，以先到者为准。			

根据表 1-2-1 所示，特斯拉的最小维护周期是 20000km 或者 1 年，次周期是 40000km 或者两年。最大维护的周期是 4 年或者 80000km。

驱动单元的专项维护保养会在第 1 次检查时进行，之后每 4 次检查维护一次，即第 1 次、第 5 次、第 9 次检查时维护驱动单元，依次类推。易损耗零部件中，如果制动片的规格不在建议的范围内，更换需要单独付费。

2. 比亚迪 e6 维护周期说明

比亚迪 e6 的常规维护内容与北汽和江淮 EV 系列类似，见表 1-2-2。需要注意的是：比亚迪 e6 的第一次维护（首保）是 3000⊖km，以后基本按照每 10000km 或者半年维护一次，前四次维护免费。

比亚迪 e6 的维护内容具体如表 1-2-2 所示。

一般而言，纯电动汽车的维护价格较低，主要原因是关键核心零部件有承诺的质保期，性能相对稳定，并且质保期很长，无须车主掏钱。动力电池、电机和电控系统是电动汽车的核心部件，按照国家政策规定，享受至少 8 年 12 万 km 的质保。

下面以比亚迪 e6 汽车为例，比亚迪 e6 车非营运车辆质保内容见表 1-2-3。

⊖ 按照比亚迪 e6 车主维修手册显示，首次保养里程是购车之日后三个月或者行驶里程 3500km、第二次为购车之日后 9 个月或者 5500km、第三次为购车之日后 15 个月或者 27500km、第四次为购车之日后 21 个月或者 39500km。前四次维护免费。

表 1-2-2 比亚迪 e6 的维护内容及维护周期

维护项目	维护时间间隔（里程表读数或月数，以先到者为准）														
	×1000km	3	8	13	18	23	28	33	38	43	48	53	58	63	68	73
	月数	首保	6	9	12	15	18	21	24	27	30	33	36	39	42	45
动力总成																
1 检查冷却水管有无损伤，并确认接管部位是否锁紧		I		I		I		I		I		I		I		I
2 检查液罐内冷却液液面高度		I	I	I	I	I	I	I	I	I	I	I	I	I	I	I
3 更换冷却液																
4 检查更换变速器内的齿轮油	一般使用条件	I	R			R		I		R		I		R		I
	严酷使用条件	每 2 年或 4 万 km 更换一次														
底盘和车身		R：视需要缩短周期														
5 检查紧固底盘固定螺栓		I		I		I		I		I		I		I		I
6 制动踏板和驻车制动器		I		I		I		I		I		I		I		I
7 制动摩擦块和制动盘		I		I		I		I		I		I		I		I
8 制动液		I	I	I	I	I	I	I	R	I	I	I	I	I	I	I
9 更换制动液		每 2 年或 3 万 km 更换一次														
10 制动系统管路和软管		I		I		I		I		I		I		I		I
11 方向盘、拉杆		I		I		I		I		I		I		I		I
12 传动轴防尘罩		I		I		I		I		I		I		I		I
13 球销和防尘罩		I		I		I		I		I		I		I		I
14 前后悬架装置		I		I		I		I		I		I		I		I
15 轮胎和充气压力		I	I	I	I	I	I	I	I	I	I	I	I	I	I	I
16 检查前轮定位、后轮定位		I		I		I		I		I		I		I		I
17 检查车轮轴承有无游隙		I		I		I		I		I		I		I		I
18 冷气或暖气系统		I		I		I		I		I		I		I		I
19 空调空气过滤器		I		R		R		R		R		R		R		R
20 空调装置的制冷剂		I		I		I		I		I		I		I		I
21 检查安全气囊系统		I		I		I		I		I		I		I		I
22 检查车身损坏情况		每年														

表 1-2-3 比亚迪 e6 车非营运车辆质保内容

分类	质保内容		保修期
一类	动力电池	电芯	终身保修
		电芯以外元器件	8 年或者 15 万 km
二类	动力电机、动力电机驱动器		8 年或者 15 万 km
三类	多媒体系统、减振器、传动带、防尘罩、衬套/垫、车轮轴承		3 年或者 6 万 km
四类	低压蓄电池总成		1 年或者 2 万 km
五类	空调滤网、钮扣电池、制动片、刮水器片总成、灯泡、熔丝、普通继电器（不含集成控制单元）		6 个月或者 1 万 km
整车除一、二、三、四、五类外未列入的零部件			6 年或者 15 万 km

电动汽车的维护内容简单，主要是检查线路有无破损、老化、松动、螺栓及接口有无松动，检查或更换制动液、冷却液、空调滤芯、轮胎、制动片等。

3. 北汽新能源定期维护周期说明

北汽新能源对 EV 车型指定的维护周期为 10000km/ 次或 1 年 / 次，以先到为准，主要分为 A 级维护和 B 级维护套餐。这里需要注意的是，北汽新能源 EV 车型对 A/B 维护的定义与传统汽油车是相反的，A 级维护是俗称的大保养，而 B 级维护则是小保养。

北汽新能源 EV 车型官方维护周期表见表 1-2-4。

表 1-2-4　北汽新能源 EV 车型维护周期表

里程 /km	维护项目				
	减速器油	制动液	冷却液	空调滤芯	动力电机 10 项检查
10000				·（免费）	·
20000					·
30000		·	·	·	·
40000					·
50000	·	·	·	·	·
60000					·
70000		·	·	·	·
80000					·

引导问题 2　新能源汽车定期维护特点与操作

1. 北汽新能源 EV 汽车维护特点

50000km 以内的维护目录大致分为以下 10 个方面。

1）动力电池系统。包括安全防护、绝缘检查、接插件状态、螺栓紧固力矩、动力电池加热功能检查、外部清洁检查、数据采集等。

2）电机系统。包括安全防护、绝缘检查、电机和控制器的冷却检查、外部清洁检查。

3）电气电控系统。包括机舱及各部位低压线束防护及固定、机舱及各部位插接件状态、机舱及底盘高压线束防护及固定、机舱及底盘各高低压电器固定与插接件状态、低压蓄电池状态、灯光、信号检查、充电口及高压线检查、高压绝缘监测系统检查、故障诊断系统报警监测。

4）制动系统。包括驻车制动器检查、制动装置泄漏检查、制动液液位检查、制动真空泵控制器检查、制动盘片检查。

5）转向系统。包括方向盘及转向管柱链接紧固状态、转向机本体连接紧固状态、转向拉杆及防尘套检查、检查转向助力功能。

6）车身系统。包括风窗玻璃及刮水器检查、天窗、座椅及滑道检查、门锁及铰链、机舱铰链和锁扣、行李舱铰链及锁扣。

7）传动及悬架系统。包括变速器的连接、紧固及渗漏检查、传动轴间隙及护罩检查及紧固、轮胎检查、副车架及各悬架连接状态、前后减振器渗漏及紧固检查。

8）冷却系统。包括冷却液位置及冰点、冷却管路渗漏检查、水泵检查、散热器清洁检查。

9）空调检查。包括空调冷暖风功能、压缩机及控制器检查、空调管路渗漏检查、空调冷凝水排水口检查、空调滤芯更换。

10）换电装置。包括换电限位器磨损及松动检查、底盘损伤检查、换电装置密封检查、限位装置润滑。

以上项目基本涵盖了电动汽车维护，A级维护中这些项目都必须做，B级维护只做一部分常规的维护。

表1-2-5所示为典型纯电动汽车的维护项目及内容。

表1-2-5 纯电动汽车维护项目及内容

系统类别	检查内容	处理方法	A级维护			B级维护	
			项目	配件及材料	备注	项目	配件及材料
1.动力电池系统	安全防护	检查并视情况处理	√			√	
	绝缘	检查并视情况处理	√			√	
	接插件状态	检查并视情况处理	√			√	
	标识	检查并视情况处理	√			√	
	螺栓紧固力矩	检查并视情况处理	√			√	
	动力电池加热功能检查	检查并视情况处理	√				
	外部检查	清洁处理	√				
	数据采集	分析并视情况处理	√			√	
2.电机系统	安全防护	检查并视情况处理	√			√	
	绝缘检查	检查并视情况处理	√			√	
	电机和控制器冷却检查	检查并视情况处理	√			√	
	外部检查	清洁处理	√				
3.电器电控系统	机舱及各部位低压线束防护及固定	检查视情况处理	√			√	
	机舱及各部位插接件状态	检查视情况处理	√			√	
	机舱及底盘高压线束防护及固定	检查视情况处理	√			√	
	机舱及底盘各高、低压电器固定及插接件连接状态	检查视情况处理并清洁	√			√	
	蓄电池	检查电量状态，并视情况处理	√			√	
	灯光、信号	检查并视情况处理	√			√	
	充电口及高压线	检查并视情况处理	√			√	
	高压绝缘检测系统	检查并视情况处理	√				
	故障诊断系统报警检测	检测、检查并视情况处理	√				

（续）

系统类别	检查内容	处理方法	A 级维护 项目	A 级维护 配件及材料	备注	B 级维护 项目	B 级维护 配件及材料
4. 制动系统	驻车制动器	检查效能并视情况处理	√			√	
	制动装置	泄漏检查	√			√	
	制动液	液位检查	√		更换制动液	√	视情况添加制动液
	制动真空泵、控制器	检查（漏气）并视情况处理	√			√	
	前后制动摩擦片	检查并视情况更换	√			√	
5. 转向系统	方向盘及转向管柱连接紧固状态	检查并视情况处理	√			√	
	转向机本体连接紧固状态	检查并视情况处理	√			√	
	检查转向拉杆间隙及防尘套	检查并视情况处理	√			√	
	检查转向助力功能	检查并视情况处理	√			√	
6. 车身系统	风窗及刮水器	检查并视情况更换处理	√	添加风窗洗涤液		√	添加风窗洗涤液
	天窗	检查并视情况处理	√			√	
	座椅及滑道	检查并视情况处理	√	加注润滑脂		√	加注润滑脂
	门锁及铰链	检查并视情况处理	√			√	
	机舱铰链及锁扣	检查并视情况处理	√			√	
	后背门铰链及锁	检查并视情况处理	√			√	
7. 传动及悬架系统	变速器（减速器）	检查减速器连接、紧固及渗漏	√	更换减速器齿轮油			
	传动轴	检查球笼间隙及护罩，并视情况处理	√			√	
	轮毂	检查、紧固，视情况处理	√			√	
	轮胎	检查胎压，并视情况处理	√			√	
	副车架几个悬置连接状态	检查紧固	√			√	
	前后减振器	检查渗漏情况并紧固，并视情况更换	√			√	
	机舱铰链及锁扣	检查并视情况处理	√			√	
8. 冷却系统	冷却液液位及冰点	液位及冰点测试，视情况添加	√	更换冷却液	冷却液 6L	√	冬季时检测冰点视情况添加
	冷却管路	检查渗漏情况并处理	√			√	
	水泵	检查渗漏情况并处理	√			√	
	散热器	检查并清理	√			√	

针对以上维护计划，具体执行的维护项目有以下两项。

1）动力电池系统维护项目见表1-2-6。

表1-2-6　动力电池系统维护项目

维护项目	目的	方法	工具
外观检查	检查外观有无磕碰、损坏	将车辆举升，目测动力电池底部有无碰伤、划伤现象	无
绝缘检查（内部）	防止动力电池箱内部短路	将动力电池高压母线旋变拧开，用绝缘电阻表测总正、总负对地，电阻值应大于等于500Ω/V	绝缘电阻表
底盘连接检查	防止螺栓松动造成故障	用扭力扳手紧固固定螺栓	扭力扳手
接插件检查	检查接插件有无异常	目测动力电池高、低压接插件变形、松脱、过热、损坏等情况	无
高低压接插件可靠性检查	确保接插件正常使用	检查是否松动、破损、锈蚀、密封等情况	目测、绝缘电阻表、万用表
动力电池内部温度采集点检查	确保测温点工作正常，采集点合理	电脑监控温度与红外热像仪温度对比，检查温度精度	笔记本电脑、CAN卡、红外热像仪
动力电池加热系统测试	确保加热系统工作正常	动力电池箱接通12V，打开监控软件，启动加热系统，目测风扇是否正常	12V电源、笔记本电脑、CAN卡
标识检查	防止脱落	目视检查	无
动力电池密封检查	保证动力电池箱体密封良好，防止水进入	目视检查密封条或更换密封条	无

2）驱动电机及驱动电机控制器维护项目见表1-2-7。

表1-2-7　驱动电机及驱动电机控制器维护项目

维护项目	目的	方法	工具
安全防护	检查外观有无磕碰、损坏	将车辆举升目测驱动电机底部有无磕碰、划伤、损坏的现象	无
绝缘检查	防止驱动电机内部短路	将驱动电机U/V/W旋变拧开，用绝缘电阻表测，阻值大于等于500Ω/V	绝缘电阻表
电机和控制器冷却检查	检查电机与电机控制器冷却液循环制冷效果	捏紧冷却水管使其水道内部阻力增大，使水泵转速变小声音发生变化，如无声音变化，则说明水道内冷却液没有循环，需放气	卡环钳子、螺钉旋具
外部检查	清洁电机及电机控制器表面	压缩空气吹驱动电机及电机控制器，禁止使用潮湿的布或高压水枪进行清洁	空气压缩机

2. 比亚迪纯电动汽车维护操作

下面以比亚迪e6为例介绍纯电动汽车的维护操作。

（1）比亚迪e6维护计划

比亚迪e6轿车维护计划的目的是保证行车稳定、减少故障发生、实现安全及经济驾驶。计划保养的间隔可参看计划表，按里程表的读数或时间间隔而定，以先到者为准。对于已经超过最后期限的维护项目，也应在同样的时间间隔里进行维护。每个项目的保养间隔，均记载在维护计划中。

注意： 橡胶软管（用于冷气和暖气系统、制动系统和燃油系统）应按比亚迪e6轿车维护计划，请合格的技术人员进行检查，软管只要有任何的劣化或损坏就应该立刻更换。

（2）主要系统的维护操作

① 前变速器、驱动桥油液的检查与更换。

警告： 在执行电动车辆诊断及维护前，务必佩戴完好的个人防护设备，并严格遵守正确的操作步骤！

检查： 在平时的使用中，要检查变速器壳体内的专用润滑油的油量。卸下变速器注油螺栓，用手指小心地触摸螺栓孔内的油位，此时油面应达到螺栓孔的边缘。否则，应添加新的专用润滑油直至其自注油口溢出，然后，将注油螺栓装回并拧紧，如图1-2-1所示。

变速器专用润滑油要定期更换。在更换专用润滑油时要对变速器壳体进行清洗，以保证专用润滑油质量。

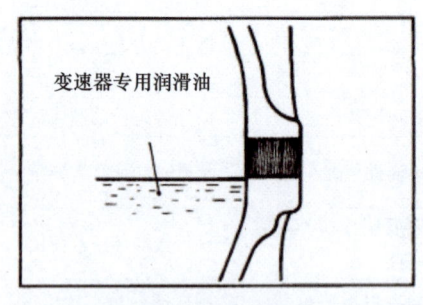

图1-2-1 变速器的正确油液液面高度

注意： 应立即清洁溢出的油液，溢出的油液会腐蚀机舱内的零件。

在变速器日常的使用中，要对变速器外部的螺栓进行检查，看是否有松动或者缺失，螺栓如松动要及时拧紧；螺栓有缺失，要及时补上，并保持螺栓及壳体的洁净，以便变速器的散热。对于变速器上的通气管组件，要经常检查，保持通气管组件性能正常。应依照定期保养表中规定的行驶时间与里程数更换变速器油液。更换时，应将变速器中的油液全部排出，然后，再注入新的变速器油液。

更换： 在新变速器磨合完成后，应放掉壳体内的专用润滑油。拧开变速器上放油螺栓，放油后，拧紧放油螺栓，拧开注油螺栓，更换新的专用润滑油，如图1-2-2所示。润滑油采用齿轮润滑油SAE80W-90；对于环境温度低于−15℃时，推荐使用SAE75W-90齿轮油。加注量在3.5L左右。

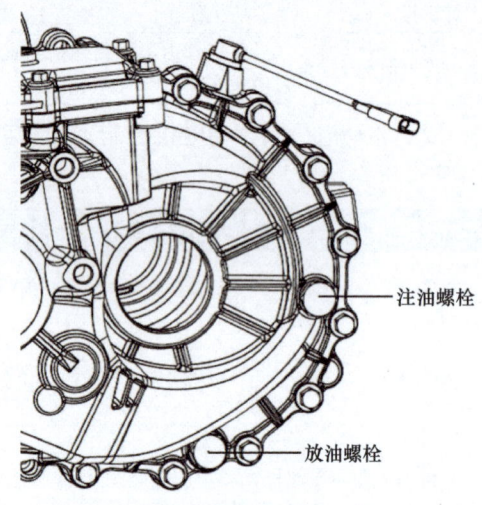

图1-2-2 变速器放油螺栓和注油螺栓

② 检查冷却液液位。

冷却液类型选择如下：只能使用比亚迪指定的冷却液，必须根据环境温度选择合适的冷却液型号加注到冷却系统中。使用不适当的冷却液将损坏电机冷却系统。

在电机冷却状态下，查看透明的冷却液液罐。液罐中的冷却液液位在"FULL"和"LOW"标记线之间，则符合要求。如果液位低，必须加注冷却液。

3. 混合动力汽车的维护项目

混合动力汽车由于车辆仍然有发动机，因此在日常的维护与保养要求上，与传统汽车的区别不大。

表1-2-8所示为典型混合动力汽车的维护计划（表中I-检查；R-更换）。

表 1-2-8　混合动力汽车维护项目及内容

维护项目		维护时间间隔（HEV 里程数或月数，以先到者为准）										
		x1000km	3.5	11	18.5	26	33.5	41	48.5	56	63.5	71	78.5	86
		月数	6(首保)		30		54		78		102		126	
发动机及变速器													
1. 检查多楔传动带有无裂纹、碎屑、磨损状况，并调整其张紧度		I		I		I		I		R		I	
2. 检查整车点火回路及供电回路		I	I	I	I	I	I	I	I	I	I	I	I
3. 检查更换火花塞	一般使用条件	首次 18500km 更换，之后每隔 22500km 更换一次											
	严酷使用条件	检查，视情况提前更换											
4. 检查曲轴箱通风系统（PCV 阀和通风软管）		I	I	I	I	I	I	I	I	I	I	I	I
5. 检查冷却水管有无损伤，并确认接管部是否锁紧		I	I	I	I	I	I	I	I	I	I	I	I
6. 检查液罐内发动机冷却液液面高度		I	I	I	I	I	I	I	I	I	I	I	I
7. 加注汽油清净剂		定期保养时加注											
8. 更换发动机冷却液及驱动电机冷却液		采用有机酸型冷却液，4 年或 10 万 km 更换一次											
9. 更换空气滤清器滤芯	一般使用条件	首次 18500km 更换，之后每隔 22500km 更换一次，定期保养时清洁											
	严酷使用条件	检查，视情况提前更换											
10. 更换机油	一般使用条件	R	R	R	R	R	R	R	R	R	R	R	R
	严酷使用条件	R：每隔 5000km											
11. 更换机油滤清器每次更换机油时更换		每次更换机油时更换											
12. 检查发动机怠速		I		I		I		I		I		I	
13. 检查排气管接头是否漏气		I		I		I		I		I		I	
14. 检查氧传感器		I		I		I		I		I		I	
15. 检查三元催化转化器		I		I		I		I		I		I	
16. 更换燃油滤清器				R		R		R		R		R	
17. 检查燃油箱盖、燃油管和接头		I				I				I			
18. 检查活性炭罐		I		I		I		I		I		I	

（续）

维护项目	维护时间间隔（HEV 里程数或月数，以先到者为准）										
	x1000km	3.5	11	18.5	26	33.5	41	48.5	56	63.5	71	78.5	86
	月数	6(首保)			30		54		78		102		126
19. 检查更换自动变速器内的齿轮油、前变速器齿轮油、滤清器及后传动总成齿轮油）	一般使用条件	首次 56000km 更换，之后每 60000km 检查油品，必要时更换										
	严酷使用条件	视需要缩短周期										
20. 检查前机舱盖锁及其紧固件	每年											
21. 检查、紧固底盘固定螺栓	I	I	I	I	I	I	I	I	I	I	I	I
22. 检查制动踏板和电子驻车开关					I		I		I		I	
23. 检查制动摩擦块和制动盘	I	I	I	I	I	I	I	I	I	I	I	I
24. 更换制动液	首次 18 个月更换，之后每 24 个月更换一次，例行维护时检查											
25. 检查制动系统管路和软管	I	I	I	I	I	I	I	I	I	I	I	I
26. 检查方向盘、拉杆	I	I	I	I	I	I	I	I	I	I	I	I
27. 检查传动轴防尘罩	I	I	I	I	I	I	I	I	I	I	I	I
28. 检查球销和防尘罩	I	I	I	I	I	I	I	I	I	I	I	I
29. 检查前后悬架装置	I	I	I	I	I	I	I	I	I	I	I	I
30. 检查轮胎和充气压力（含 TPMS）	I	I	I	I	I	I	I	I	I	I	I	I
31. 检查前轮定位、后轮定位												
32. 检查车轮轴承有无游隙	I	I	I	I	I	I	I	I	I	I	I	I
33. 检查冷气或暖气系统	I	I	I	I	I	I	I	I	I	I	I	I
34. 检查空调空气过滤器	I	I	I	I	I	I	I	I	I	I	I	I
35. 检查空调装置的制冷剂	I		I		I		I		I		I	
36. 检查安全气囊系统	I		I		I		I		I		I	
37. 检查车身损坏情况	每年											

三、任务实施

1. 实施要求

本操作任务主要完成对纯电动汽车的日常 B 级维护操作。

2. 实施准备

1）防护装备：绝缘防护装备套装。
2）车辆、台架、总成：比亚迪 e6 或其他纯电动汽车、混合动力汽车。
3）专用工具、设备：汽车举升机、齿轮油加注器。
4）手工工具：新能源汽车维修组合工具。
5）辅助材料：干抹布、润滑脂、冷却液、齿轮油等。

3. 实施步骤

参照相关车型的维护手册，完成维护操作，并在表 1-2-9 操作完成项目上打√。

表 1-2-9　维护项目表

系统类别	检查内容	处理方法	B 级维护	
			项目	配件及材料
1.动力电池系统	安全防护	检查并视情况处理		
	绝缘	检查并视情况处理		
	接插件状态	检查并视情况处理		
	标识	检查并视情况处理		
	螺栓紧固力矩	检查并视情况处理		
	动力电池加热功能检查	检查并视情况处理		
	外部检查	清洁处理		
	数据采集	分析并视情况处理		
2.电机系统	安全防护	检查并视情况处理		
	绝缘检查	检查并视情况处理		
	电机和控制器冷却检查	检查并视情况处理		
	外部检查	清洁处理		
3.电器电控系统	机舱及各部位低压线束防护及固定	检查并视情况处理		
	机舱及各部位插接件状态	检查并视情况处理		
	机舱及底盘高压线束防护及固定	检查并视情况处理		
	机舱及底盘各高、低压电器固定及插接件连接状态	检查并视情况处理并清洁		
	蓄电池	检查电量状态，并视情况处理		
	灯光、信号	检查并视情况处理		
	充电口及高压线	检查并视情况处理		
	高压绝缘检测系统	检查并视情况处理		
	故障诊断系统报警检测	检测、检查并视情况处理		
4.制动系统	驻车制动器	检查效能并视情况处理		
	制动装置	泄漏检查		
	制动液	液位检查		视情况添加制动液
	制动真空泵、控制器	检查（漏气）并视情况处理		
	前后制动摩擦片	检查并视情况更换		
5.转向系统	方向盘及转向管柱连接紧固状态	检查并视情况处理		
	转向机本体连接紧固状态	检查并视情况处理		
	检查转向拉杆间隙及防尘套	检查并视情况处理		
	检查转向助力功能	检查并视情况处理		
6.车身系统	风窗及刮水器	检查并视情况更换、处理		添加风窗洗涤剂
	天窗	检查并视情况处理		
	座椅及滑道	检查并视情况处理		
	门锁及铰链	检查并视情况处理		加注润滑脂
	机舱铰链及锁扣	检查并视情况处理		
	后背门铰链及锁	检查并视情况处理		

（续）

系统类别	检查内容	处理方法	B 级维护	
			项目	配件及材料
7. 传动及悬架系统	变速器（减速器）	检查变速器（减速器）连接、紧固及渗漏		视情况添加专用润滑油
	传动轴	检查球笼间隙及护罩并视情况处理		
	轮毂	检查、紧固，视情况处理		
	轮胎	检查胎压，并视情况处理		
	副车架几个悬置连接状态	检查紧固		
	前后减振器	检查渗漏情况并紧固，并视情况更换		
	机舱铰链及锁扣	检查并视情况处理		
8. 冷却系统	冷却液液位及冰点	液位及冰点测试，视情况添加		冬季时检测冰点，视情况添加冷却液
	冷却管路	检查渗漏情况并处理		
	水泵	检查渗漏情况并处理		
	散热器	检查并清理		

四、任务考核

目标	考核题目	得分
知识目标	1）（多选）下面说法正确的是（　） A. 保养操作中必须注意高压电安全操作 B. 电动汽车主要是针对动力电池组和电机，以及高压线束等进行日常维护 C. 底盘和车身电器方面，新能源汽车和传统汽车的结构差别很大 D. 以上都对	
	2）（判断）新能源汽车和传统燃油汽车驱动方式是相同的（　）	
	3）（判断）汽车维护就是为了减少机件磨损，保证汽车具有良好工作性能，预防故障发生和延长车辆使用寿命而采取的维持性的技术措施。新能源汽车也需要进行日常维护（　）	
2	1）（判断）纯电动汽车的动力电池组与电机代替了传统汽车的发动机来驱动汽车行驶，变速器与传统汽车的变速器略有不同，但底盘和电器部分与普通汽车基本一致（　）	
	2）（单选）纯电动汽车的维护需要做的是（　） A. 换机油　　B. 换机油滤清器　　C. 换燃油滤清器　　D. 动力电池的检查	
	3）（单选）对纯电动汽车按照传统汽车一样，采用（　）个类型维护计划，并根据不同等级做出相应的维护操作 A. 2　　B. 3　　C. 4　　D. 5	
	4）（单选）高低压接插件绝缘性检查要用到的工具是（　） A. 万用表　　B. 示波器　　C. 绝缘电阻表　　D. 诊断仪	
技能目标	1）（判断）使用绝缘手套前，需要检查绝缘手套的绝缘性（　）	
	2）（单选）不属于高压系统的部件的是（　） A. 手动维修开关　　B. 驱动电机　　C. 辅助蓄电池　　D. 空调压缩机	
	3）（判断）取得汽车维修高级修理工的人员可以对电动汽车的高压系统进行维修（　）	

总分：

教师评语：

项目二 新能源汽车故障诊断技术

项目描述

新能源汽车由于结构特征的差别,在故障诊断方法中有其特殊性。本项目主要介绍新能源汽车故障诊断技术,包含以下两个任务:

任务一　新能源汽车警告灯识别与故障原因分析。
任务二　新能源汽车故障诊断流程。

通过以上两个任务的学习,能够掌握纯电动汽车与混合动力汽车的故障警告灯识别与故障原因分析,以及新能源汽车故障诊断流程分析。

任务一　新能源汽车警告灯识别与故障原因分析

学习目标

◎ 知识目标

1. 能够描述新能源汽车仪表警告灯和检查方法。
2. 能够描述常见新能源汽车警告灯和检查方法。

◎ 技能目标

能够进行新能源汽车新车 PDI(出厂前检查)。

课程育人

俗话说"叶落知秋",培养仔细观察,了解的细节的好习惯。仔细观察是发现故障的开端,是认识事物奥秘的向导,我们要注意观察周围的各种事物、各种现象,通过对这些故障显示的外在细节,追根寻源,培养做事精益求精、谦虚谨慎、踏实肯干的品质。

一、任务导入

一辆纯电动汽车仪表故障警告灯点亮,主管要求分析故障原因,你能够完成这个任务吗?

二、获取信息

> **引导问题 1**　新能源汽车仪表有哪些指示灯和警告灯？

1. 新能源汽车常见的指示灯和警告灯

当纯电动汽车或插电式混合动力汽车出现故障时，通常会在仪表上显示出相应的指示灯/警告灯，来提醒驾驶人，并根据车辆的实际运行情况，以及结合故障类型，启动相应的故障模式，具体见表2-1-1。

表 2-1-1　常见指示灯/警告灯及其含义

指示灯/警告灯	功能含义
	动力电池切断：动力电池处于切断状态时，LED 常亮
	动力电池故障：当动力电池发生故障时，LED 常亮
	低电量提示：当动力电池 SOC（荷电状态）低时，LED 常亮，提示驾驶人需充电
	系统报警提示：当系统存在报警或降功率运行时，LED 常亮
	系统故障：当系统出现故障，不能正常工作时，LED 常亮或闪烁
	电机系统故障：当电机系统出现故障，不能正常工作时，LED 常亮
	车辆准备就绪指示：只有该灯亮时，车辆才可以正常行驶，且驾驶过程中常亮。 注意：有些车辆也用 OK 显示代替
	电机及控制器过热警告：当驱动电机或电机控制器过热时，LED 常亮
	外接充电指示灯：当车辆外接充电口连接或者正在充电时，LED 常亮

2. 警告灯异常点亮检查方法

（1）警告灯的检查方法

当新能源汽车出现警告灯点亮的情况后，可以遵循以下原则执行相应的检查，其中包括一看、二查和三清。

一看：看仪表上显示的警告灯，定位故障原因。

二查：查故障码和系统状态，找到故障原因。

三清：清除故障；问题解决以后，通过诊断仪重新清除故障码，从而熄灭仪表上的警告灯。

此外，如果仪表中出现多个警告灯点亮，通常可以参考以下优先级（图2-1-1）的顺序进行诊断。

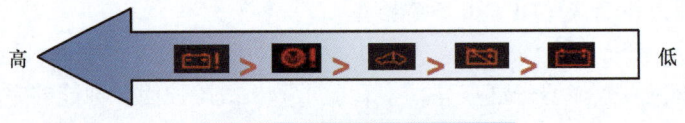

图 2-1-1　仪表警告灯优先级

注意：

1）针对上电以后整车无故障，但是不能进入 Ready（准备）模式的情况，需要先确认变速杆是否在空档，如不在空档应退回空档以后再尝试起动。

2）针对整车无故障，动力性能减弱的情况，需要注意电量低指示灯是否点亮，如点亮请及时充电。

3）针对动力电池充满电以后，动力电池不能连接，动力电池切断指示灯点亮，需要查看外接充电线是否拔掉，外接充电线连接时整车不能行驶。

（2）警告灯常见故障的原因及诊断方法

1）钥匙打到 ON 档后，仪表所有灯不亮或闪烁或比较暗。

可能原因：

① 灯不亮：12V 蓄电池的连接断开，或者 12V 蓄电池严重亏电；

② 灯闪烁或者比较暗：12V 蓄电池亏电。

诊断方法：

① 请检查前舱 12V 蓄电池是否被断开，若被断开，请连接后再试。

② 若蓄电池连接灯不亮，说明 12V 蓄电池严重亏电，需更换蓄电池。

③ 灯闪烁或变暗，说明 12V 蓄电池亏电，需要及时对 12V 蓄电池充电或者更换。

◆ 不更换 12V 蓄电池的方法：在动力电池电量良好，并且充电线断开的情况下，可以通过搭铁线将动力电池与有电的 12V 蓄电池连接，钥匙拧至Ⅱ位置使高压继电器吸合，DC-DC 变换器开始工作以后，即可断开搭铁线连接。在操作过程中请注意安全，正负极不要反接或短接。

注意：有些车辆需要起动以后，DC-DC 变换器才会对 12V 蓄电池进行充电。

◆ 判断 DC-DC 变换器工作的方法：a. 仪表 LED 指示电池电流为负值；b. 通过电压表测试 12V 蓄电池两端的电压大于 13V。

2）12V 蓄电池警告灯常亮 。

可能原因：

下述 4 个方面的原因会导致 12V 蓄电池警告灯常亮。

① 由于存放时间过长，或者过量使用蓄电池导致 12V 蓄电池电压低。

② DC-DC 变换器故障，不能给 12V 蓄电池充电。

③ DC-DC 变换器熔丝熔断，12V 蓄电池上方的熔丝熔断。

④ 连接 DC-DC 变换器至 12V 蓄电池端的线束问题。

诊断方法：

① 首先，尝试通过钥匙重复上电、断电操作，看能否熄灭故障灯，如不能请参照下述方法操作。

② 更换蓄电池或者给蓄电池补充电。

③ 若 DC-DC 变换器不能给 12V 蓄电池充电，则需要对故障进一步排查。

3）动力电池警告灯常亮，整车不能 Ready（准备）。

可能原因：

下述两个方面的问题会报出动力电池故障。

① 动力电池系统（BMS）存在故障。

② 动力电池本体存在故障。

诊断方法：

① 首先，尝试转动钥匙重复上电、断电操作，看能否熄灭警告灯，如不能熄灭警告灯，请执行下面的步骤。

② 维修人员通过诊断仪读取故障，根据具体故障参照整车维修手册进行维修。

③ 检测高压部件必须请专业人员进行，禁止私自操作。必须注意高压安全事项，严格按照手册中的要求进行维修。

4）系统警告灯常亮或者闪烁，整车不能 Ready（准备）。

可能原因：

下述 10 个方面的问题会导致报出系统故障。

① 整车控制器（VCU）严重故障。

② 整车 CAN 通信存在短路/断路故障。

③ 制动真空压力传感器异常。

④ 高压系统（动力电池/电机/压缩机/整车控制器）互锁系统故障。

⑤ 冷却风扇故障。

⑥ 逆变器驱动/继电器驱动故障。

⑦ 加速踏板故障。

⑧ 压缩机或 PTC（电加热器）驱动故障。

⑨ 电机转矩监控故障。

⑩ 低压主继电器驱动故障。

诊断方法：

① 首先，尝试转动钥匙重复上电、断电操作，看能否熄灭警告灯，如不能熄灭警告灯，请执行下面的步骤。

② 维修人员通过诊断仪读取故障，根据具体故障参照整车维修手册进行维修。

5）系统警告灯和动力电池警告灯不亮，但动力电池断开指示灯亮。

可能原因：

下述 4 个方面的问题会使高压回路不能建立，整车无法行驶。

① 高压继电器盒内熔丝熔断。

② 高压继电器（正极\负极\预充电）控制线束有问题。

③ 继电器本身损坏。

④ 预充电阻失效。

诊断方法：

① 此问题涉及高压检查和维修，非专业人员禁止操作。

② 专业人员在检查时，必须严格遵守操作要求，注意安全。

6）电驱动系统警告灯常亮。

可能原因：

下述两个方面故障可能导致动力电池断开，引起电驱动系统失效。

① 电机系统故障。

② 电机控制器故障。

诊断方法：

出现警告灯和动力电池断开时，先查故障，再查动力电池断开指示灯。

① 首先，尝试转动钥匙重复上电、断电操作，看能否熄灭警告灯，如不能熄灭警告灯，请执行下面步骤。

② 维修人员通过诊断仪读取故障，根据具体故障参照维修手册进行维修。

> **引导问题 2** 典型的新能源汽车仪表警告灯有何特殊性？

在仪表设计上，新能源汽车一般设计有一些特殊的故障指示灯，其符号根据具体车型可能有所不同，但是其功能基本上是相似的。下面以北汽新能源纯电动汽车和比亚迪秦混合动力汽车为例，介绍新能源汽车仪表指示灯及显示信息的识别与处理方法，其他车型请参照车主手册及维修手册。

1. 北汽新能源纯电动汽车仪表指示灯及显示信息

北汽新能源 EV 仪表各指示灯等信息如图 2-1-2 所示。

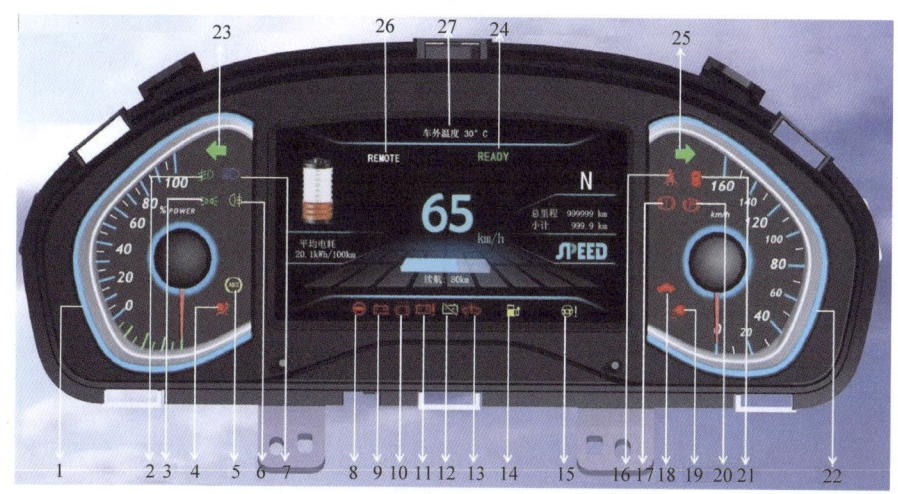

图 2-1-2　北汽新能源 EV 的仪表台及指示灯含义

1—驱动电机功率表　2—前雾灯　3—示廓灯　4—安全气囊指示灯　5—ABS 指示灯　6—后雾灯　7—远光灯　8—跛行指示灯　9—12V 蓄电池故障指示灯　10—电机及控制器过热指示灯　11—动力电池故障指示灯　12—动力电池断开指示灯　13—系统警告灯　14—充电提醒灯　15—EPS 故障指示灯　16—安全带未系指示灯　17—制动故障指示灯　18—防盗指示灯　19—充电线连接指示灯　20—驻车制动指示灯　21—门开指示灯　22—车速表　23、25—左/右转向指示灯　24—READY 指示灯　26—REMOTE 指示灯　27—室外温度提示灯

北汽新能源 EV 仪表指示灯介绍见表 2-1-2。

表 2-1-2　北汽新能源 EV 仪表指示灯

序号	名称	显示位置	符号	颜色	显示文字	点亮条件	处理方式
1	安全带未系	仪表盘		红色	请系安全带	当车辆处于 ON 状态，驾驶人安全带未系，或者前座乘客安全带未系，但前排座有人或重物时	
2	安全气囊	仪表盘		红色		当车辆处于 ON 状态，且安全气囊发生故障时	请检查安全气囊模块
3	车身防盗	仪表盘		红色		车身防盗开启后	

（续）

序号	名称	显示位置	符号	颜色	显示文字	点亮条件	处理方式
4	12V 蓄电池警告灯	显示屏		红色	12V 蓄电池故障	12V 蓄电池电压高/低故障或者 DC-DC 变换器故障	
5	门开报警	仪表盘		红色		驾驶侧门/乘客侧门/行李舱门，任意一个门开时	
6	ABS	仪表盘		黄色		车辆 ABS 系统发生故障时	
7	前雾灯	仪表盘		绿色		前雾灯打开	
8	后雾灯	仪表盘		黄色		后雾灯打开	
9	前照灯远光	仪表盘		蓝色		远光灯打开	
10	左转向灯	仪表盘		绿色		左转向时	
11	右转向灯	仪表盘		绿色		右转向时	
12	电子制动力分配（EBD）	仪表盘		红色	EBD 故障	车辆 EBD 系统发生故障时	
13	制动液液位				请添加制动液	车辆制动液液位低时	添加制动液
13	制动系统故障				制动系统故障	车辆制动系统发生故障时	
14	驻车制动	仪表盘		红色		驻车制动手柄拉起时	
15	充电警告灯	显示屏		黄色	请尽快充电	充电提醒：电量小于30%时，警告灯点亮；在电量低于5%时，提示"请尽快充电"	
16	系统故障	显示屏		红色		• 仪表与整车失去通信时，指示灯持续闪烁 • 车辆出现一级故障时，指示灯持续点亮	
16				黄色		• 车辆出现二级故障时，指示灯持续点亮	
17	充电指示灯	仪表盘		红色	请连接充电枪	充电枪线缆接触不好时，显示"请连接充电枪"	
18	READY 指示灯	显示屏		绿色		车辆准备就绪时	
19	跛行指示灯	显示屏		红色	车辆进入跛行状态	加速踏板故障时	

（续）

序号	名称	显示位置	符号	颜色	显示文字	点亮条件	处理方式
20	电子辅助转向（EPS）故障	显示屏		黄色	EPS系统故障	EPS系统发生故障时	
21	档位故障	显示屏	N	—		档位故障触发后，档位警告灯持续闪烁	
22	电机冷却液温度过高	显示屏		红色	电机冷却液温度过高	当电机或电机控制器冷却液温度过高时	
23	电机转速过高	文字提示区域	—		电机转速过高	当电机转速过高时	
24	请尽快离开车内	文字提示区域			请尽快离开车内	当遇到动力电池严重故障时	
25	动力电池断开	显示屏		黄色		当车辆动力电池断开时	
26	动力电池故障	显示屏		红色	动力电池故障	当车辆动力电池发生故障时	
27	示廓灯	仪表盘		绿色		当示廓灯打开时	
28	绝缘故障	文字提示区域			绝缘故障	当车辆发生绝缘系统故障时	
29	驱动电机系统故障	文字提示区域			驱动电机系统故障	当车辆驱动电机系统发生故障时	
30	车身控制模块故障	文字提示区域			车身控制模块故障	当车辆车身控制模块发生故障时	

北汽新能源EV仪表的按钮（操纵杆）显示模式见表2-1-3和表2-1-4。

表2-1-3　北汽新能源EV仪表按钮A显示模式

当前显示模式	开关按住时间	开关放开后显示模式
平均电耗	$t<2s$	保养里程
保养里程	$t<2s$	平均电耗
	$t>10s$	保养里程复位至10000km

表2-1-4　北汽新能源EV仪表按钮B显示模式

当前显示模式	开关按住时间	开关放开后显示模式
车速	$t<2s$	车速
电压值	$t<2s$	数字电压值
电流值	$t<2s$	数字电流值
转速值	$t<2s$	数字转速值
瞬时电耗	$t<2s$	瞬时电耗
任意模式	$t>3s$	清零
充电模式	—	车辆充电信息

2. 比亚迪仪表指示灯及显示信息

以比亚迪秦混合动力汽车为例，组合仪表主要用于显示整车的各种状态和警告信息，包括车速表、发动机转速表、燃油表、发动机冷却液温度表、功率表、电量表、里程表、能量流程图、档位、时间、室外温度、行车信息、故障提示信息等显示内容和各种故障警告灯/指示灯。

（1）组合仪表的显示模式

根据车辆的配置，组合仪表有两种显示模式，分别如图 2-1-3 和图 2-1-4 所示。

图 2-1-3　组合仪表显示模式一

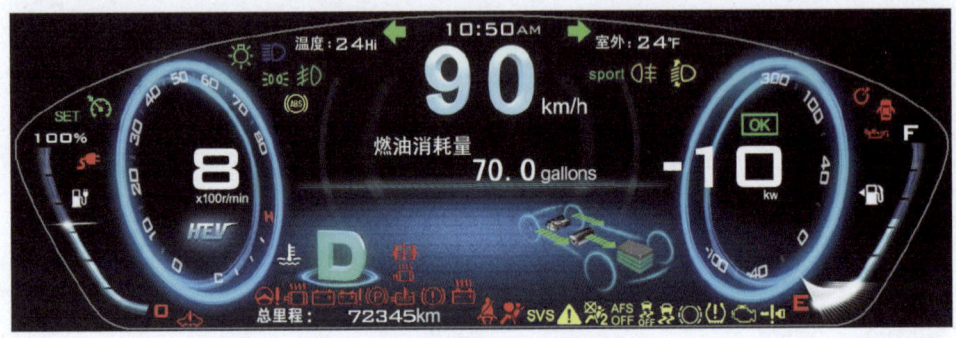

图 2-1-4　组合仪表显示模式二

（2）组合仪表的指示灯

比亚迪秦组合仪表的部分指示灯图案见表 2-1-5。

表 2-1-5　比亚迪秦部分指示灯图案

指示灯图案	指示灯名称	说明
OK	READY 指示灯	M2 电机控制器通过 CAN 发送 READY 指示灯点亮信号给组合仪表
EV	纯电动模式指示灯	显示纯电动模式
HEV	混合动力模式指示灯	显示混合动力模式
ECO	经济模式指示灯	显示经济模式
SPORT	运动模式指示灯	显示运动模式
	动力电池充电连接指示灯	工作于所有电源档位：导线直接传输，（车端）插上充电枪时，点亮指示灯
	动力电池电量低指示灯	·剩余电池容量≤ 20%，指示灯点亮 ·剩余电池容量＞ 20%，指示灯熄灭
	动力系统故障警告灯	故障
	动力电池过热警告灯	故障

（续）

指示灯图案	指示灯名称	说明
	动力电池故障警告灯	故障
	电机冷却液温度过高警告灯	故障
	电机过热警告灯	故障

以下介绍故障指示灯异常点亮的原因和处理方法。

1）动力系统故障警告灯。比亚迪秦动力系统故障警告灯如图 2-1-5 所示。

图 2-1-5　动力系统故障警告灯

表 2-1-6 说明了动力系统故障警告灯点亮的基本原因。该故障警告灯点亮时，车辆将不能被起动或者是仅发动机可以运行，电力系统将被关闭，需要到维修站进行维修。

表 2-1-6　动力系统故障警告灯状态表

信号来源	故障类型	电源档位	故障现象
动力电池管理器	1. 一般漏电警告 2. 严重漏电警告	所有档位	点亮故障警告灯 显示"高压系统漏电"
	碰撞信号警告	ON 档	点亮故障警告灯
	放电主接触器烧结故障	退电检测	点亮故障警告灯
	负极接触器烧结故障	上电检测	点亮故障警告灯
驱动电机控制器	动力系统故障	ON 档	点亮故障警告灯
P 位电机控制器	P 位系统故障	ON 档	点亮故障警告灯

2）动力电池过热警告灯。动力电池过热警告灯如图 2-1-6 所示。

图 2-1-6　动力电池过热警告灯

该警告灯一般在动力电池温度过高的情况下会点亮。

动力电池温度≥65℃或与动力电池管理系统（BMS）失去通信时，该警告灯点亮。

动力电池温度＜65℃时，该警告灯熄灭。

该故障警告灯点亮时，车辆将降低电力驱动功率或电力系统将被关闭，需要到维修站进行维修。

3）动力电池故障警告灯。动力电池故障警告灯如图2-1-7所示。

图 2-1-7　动力电池故障警告灯

表2-1-7说明了动力电池故障警告灯点亮的基本原因。该故障警告灯点亮时，车辆将不能被起动或者是仅发动机可以运行，电力系统将被关闭，需要到维修站进行维修。

表 2-1-7　动力电池故障警告灯状态表

信号来源	故障类型	电源档位	故障现象
电源管理器	动力电池组充电警告 动力电池组放电警告 动力电池组温度警告 过电流警告 电压过低警告 电压过高警告	所有电源	点亮警告灯

4）电机冷却液温度过高警告灯。电机冷却液温度过高警告灯有多种形式，比亚迪汽车上此灯如图2-1-8所示。

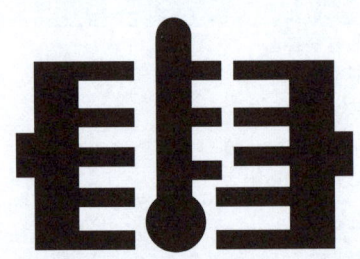

图 2-1-8　电机冷却液温度过高警告灯

表2-1-8说明了该故障警告灯点亮的基本原因。该故障警告灯点亮时，车辆将降低电力驱动功率或电力系统将被关闭，需要到维修站进行维修。

表 2-1-8　电机冷却液温度过高警告灯状态表

信号来源	故障类型	电源档位	故障现象
驱动电机控制器	电机冷却液温度由低往高变化，当采集到的温度值≥75℃时	ON档	点亮警告灯
	电机冷却液温度由高往低变化，当采集到的温度≤72℃时	ON档	熄灭警告灯

5）电机过热警告灯。比亚迪秦电机过热警告灯如图 2-1-9 所示。

图 2-1-9　电机过热警告灯

表 2-1-9 说明了该故障警告灯点亮的基本原因。该故障警告灯点亮时，车辆将降低电力驱动功率或电力系统将被关闭，需要到维修站进行维修。

表 2-1-9　电机过热警告灯状态表

信号来源	故障类型	电源档位	故障现象
驱动电机控制器	驱动电机过热警告	ON 档	点亮警告灯
	智能功率模块（IPM）散热器过热警告	ON 档	点亮警告灯

三、任务实施

1. 实施要求

本操作任务主要进行新能源汽车仪表故障警告灯的识别与原因分析。

2. 实施准备

1）防护装备。

2）车辆、台架、总成：北汽 EV 系列；丰田普锐斯混合动力；或其他同类新能源车辆。

3）手工工具：新能源汽车维修组合工具。

4）辅助材料：高压电维修警告牌和设备、绝缘地垫、二氧化碳类型灭火器、清洁剂。

3. 实施步骤

北汽 EV160 仪表总成，配置 157.48mm（6.2in）液晶显示器。

（1）机械表盘

1）驱动电机功率表。0%~100% 指示当前驱动电机输出的实际功率与可输出最大功率的比，功率数值越大表明当前车辆动力越强；否则，反之。

功率表的绿色量程部分表示制动能量回收强度，指针越靠近表盘底端，表示制动能量回收强度越强。

2）车速表。车速表的指针所指向的位置指示了汽车当前的速度。可指示的范围为 0~160km/h。

（2）行车电脑显示屏

1）行车电脑显示屏可显示多种不同的行车界面，通过按钮 A\B 调节切换。

数字电压值：指车辆动力电池的电压值，如图 2-1-10 所示。

图 2-1-10　数字电压值

数字车速：与机械表盘车速指示值相同，表示当前车辆行驶速度，右侧下部显示为 speed（速度）字样，如图 2-1-11 所示。

图 2-1-11　数字车速

数字电流值：指示当前动力电池充放电的电流值，正值表示动力电池正在放电，负值表示动力电池正在充电，如图 2-1-12 所示。

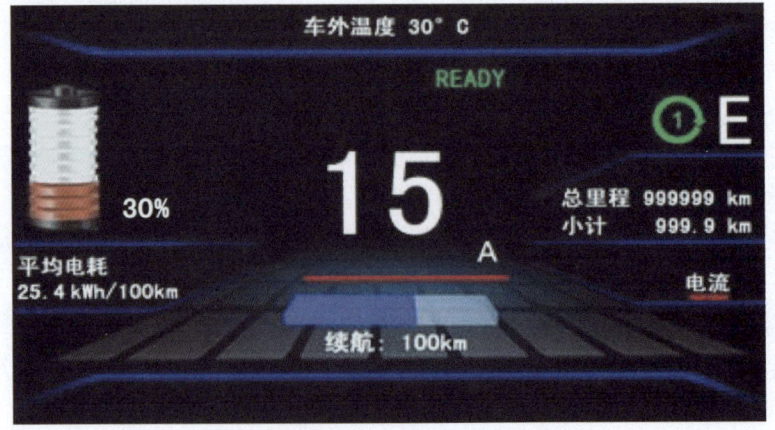

图 2-1-12　数字电流值

数字驱动电机转速值：指示当前驱动电机的转速，如图 2-1-13 所示。

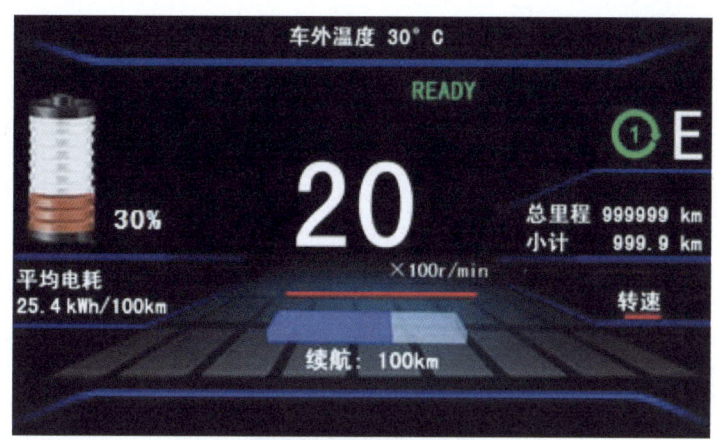

图 2-1-13　数字驱动电机转速值

瞬时电耗：指示车辆行驶时的瞬时电耗强度，从中间至两侧电耗依次增强，如图 2-1-14 所示。

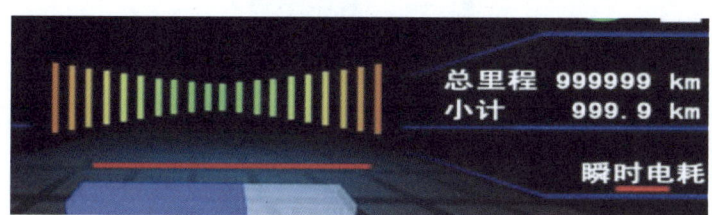

图 2-1-14　瞬时电耗

保养里程：仪表初次默认保养里程为 5000km，后续每 10000km 保养一次，如图 2-1-15 所示。当距离车辆保养的里程数小于 150km 时，每次车辆打到 ON 档时，行车电脑显示屏会显示文字提示"请保养车辆"，显示持续 5s，随后自动消除。

提示：当仪表提示"请保养车辆"时，请尽快前往 4S 店进行车辆保养。仪表处于保养里程界面时，通过长按按钮 A 10s，可以复位保养里程至 10000km。

图 2-1-15　保养里程

平均电耗：指示车辆行驶时的平均耗电量，以 kW·h/100km 为单位，如图 2-1-16 所示。

提示：车辆刚起动的一段时间内，显示的电耗可能比较高，随着行车时间越长，平均电耗会趋于稳定。平均电耗的显示可辅助驾驶人养成良好的驾车习惯。

图 2-1-16 平均电耗

电量表：电量表共分为 10 个格，每个格表示 10% 的电量。当电量剩余 3 个格时显示为橙色；当电量仅剩 1 格时，显示为红色。此时请尽快就近选择充电桩对车辆进行充电，如图 2-1-17 所示。

图 2-1-17 电量表

按钮 A/B：仪表下端有两个按钮，从左至右分别称为按钮 A（表 2-1-10），按钮 B（表 2-1-11）。

表 2-1-10 按钮 A

当前显示模式	开关按住时间	开关放开后显示模式
平均电耗	$t < 2s$	保养里程
保养里程	$t < 2s$	平均电耗
	$t < 10s$	保养里程复位至 10000km

表 2-1-11 按钮 B

当前显示模式	开关按住时间	开关放开后显示模式
车速	$t < 2s$	车速
电压值	$t < 2s$	数字电压值
电流值	$t < 2s$	数字电流值
转速值	$t < 2s$	数字转速值
瞬时电耗	$t < 2s$	瞬时电耗
任意模式	$t > 3s$	小计清零
充电模式	$t < 2s$	车辆充电信息

2）续驶里程。指示车辆当前电量可行驶的距离，仪表显示精度最小为 1km，如图 2-1-18 所示。

提示：续驶里程会受驾驶方式、天气、温度、行车环境等数据影响。

图 2-1-18　续驶里程

3）档位显示。车辆档位显示位于行车电脑液晶屏上，分别为 R、N、D、E 四个档位，其中 E 位表示车辆处于制动能量回收状态（图 2-1-19）。此时档位左侧会出现图 2-1-19 中显示的数字，数字表示当前能量回收的强度。0 表示此时制动能量回收功能已关闭。

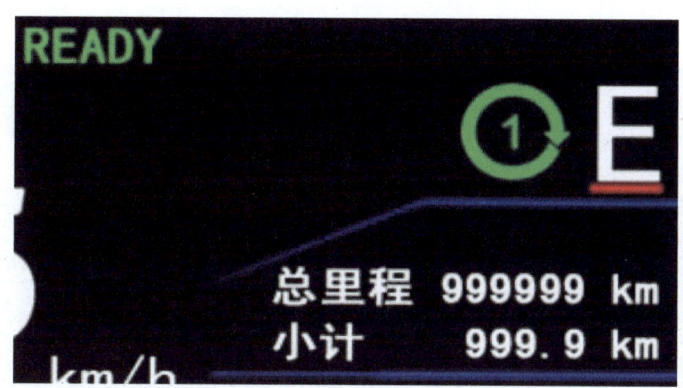

图 2-1-19　档位显示

4）总里程、小计里程。总里程是该车辆从出厂后开始的一切行驶里程的累积。不能通过按钮进行清零设置。总里程的数字有效位为 6 位，精度为 1km。显示范围为 0~999999km，当达到最大值时，会停留在 999999km，如图 2-1-20 所示。

小计里程的数字有效位为 4 位，精度为 0.1km。显示范围为 0~999.9km，到达最大值时，会自动清零并重新开始计算小计里程。车辆停止时，小计里程停止计算。按下按钮 B 的时间大于 3s 将使小计里程清零。

图 2-1-20　总里程、小计里程

4. 充电状态

充电状态的显示如图 2-1-21 所示。

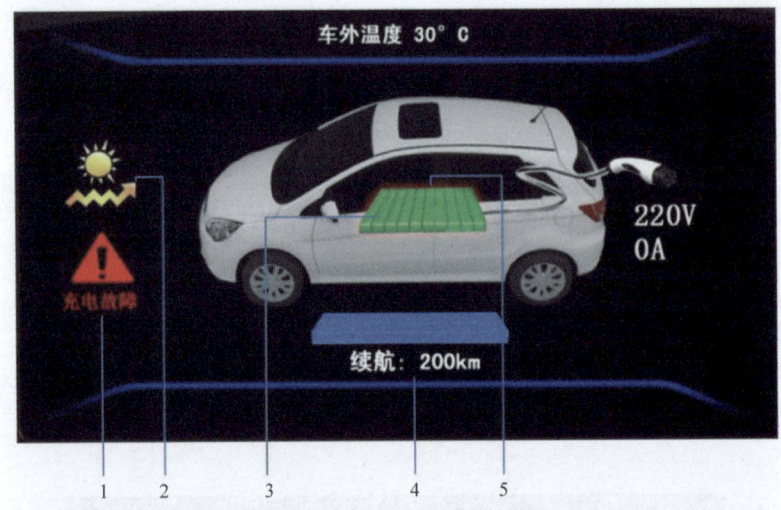

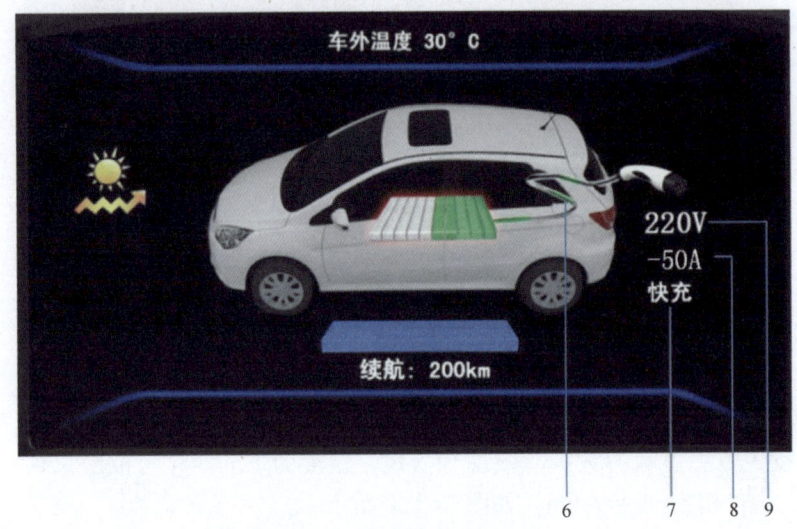

图 2-1-21 充电状态显示

1—充电故障指示状态　2、5—动力电池正在加热①　3—电量　4—续驶里程　6—充电动态电流
7—快慢充电状态　8—充电电流②　9—动力电池电压

① 图注 2 点亮表示动力电池正在进行加热，此时图注 5 动力电池外围会出现一层红色光晕。

② 充电电流负值表示动力电池正在充电，正值表示动力电池正在放电。

车辆进入充电状态后，组合仪表的行车电脑显示屏自动点亮，显示当前充电信息，10s 后屏幕熄灭，若再次需要查看充电信息，可通过以下方式点亮正处于充电状态的车辆组合仪表：

- 通过按下按钮 B 可以再次点亮液晶屏，显示充电信息 10s 后熄灭，反复如此。
- 按下遥控钥匙的闭锁键，远程操控点亮行车电脑显示屏，10s 后自动熄灭，反复如此。

1）充电已满。动力电池电量充满后，行车电脑显示屏自动点亮，蜂鸣器鸣叫，提示电量已充满，10s 后屏幕熄灭，如图 2-1-22 所示。

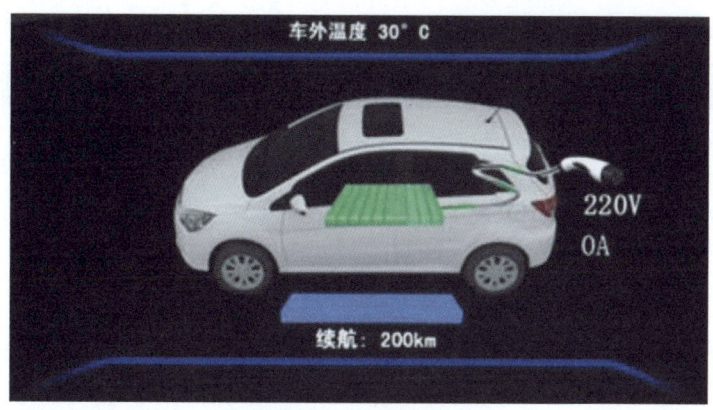

图 2-1-22　充电已满提示

2）充电故障。充电过程中车辆出现故障，行车电脑显示屏自动点亮，充电故障指示灯点亮，蜂鸣器鸣叫，提示 10s 后熄灭，如图 2-1-23 所示。

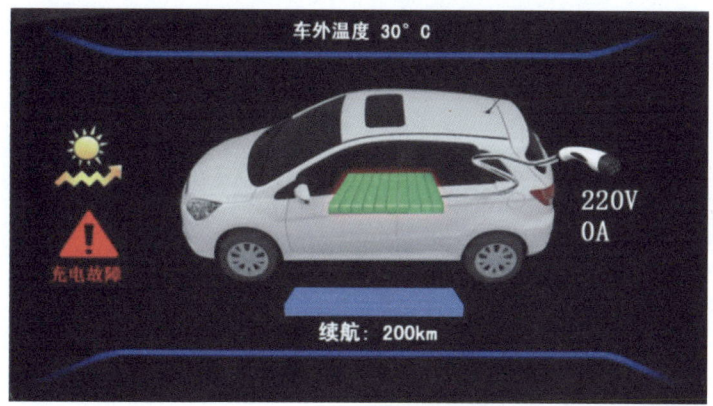

图 2-1-23　充电故障提示

5. 文字显示区域

图 2-1-24 中红线处为文字显示区域，默认显示室外温度。当出现提示信息或故障信息时，室外温度信息将会被替换。

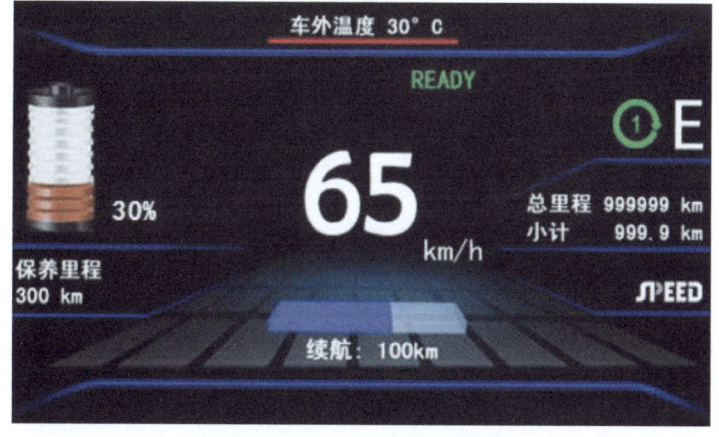

图 2-1-24　文字显示区域

四、任务考核

目标		考核题目	得分
知识目标	1	1）（单选）新能源汽车的12V蓄电池的故障警告灯常亮，可能原因有（　　） A.由于存放时间过长或者过量使用导致12V蓄电池电压较低 B.DC-DC变换器故障，不能给12V蓄电池充电 C.DC-DC变换器熔丝熔断，12V蓄电池上方的熔丝熔断 D.以上都对	
		2）（判断）当纯电动汽车或插电式混合动力汽车出现故障时，通常在仪表上会显示出相应的故障警告灯来提醒驾驶人。（　　）	
		3）（判断）当新能源汽车出现故障警告灯点亮的情况后，可以遵循以下原则执行相应的检查，通常包括一看、二查和三清。（　　）	
	2	1）（判断）在仪表设计上，新能源汽车一般设计有一些特殊的故障指示灯，不同的车型差别很大。（　　）	
		2）（单选）关于北汽新能源EV仪表指示灯介绍，下面说法错误的是（　　） A.安全带未系，仪表盘上一定会有安全带指示灯亮起 B.安全气囊指示灯点亮，应该对安全气囊系统进行检查 C.蓄电池警告灯是在仪表盘点亮的，它的颜色是红色 D.ABS故障警告灯亮，表明ABS系统有故障	
		3）（判断）电机冷却液的温度过高时，仪表的显示屏上会相应地点亮故障警告灯，故障警告灯的颜色为红色。（　　）	
技能目标		1）（判断）使用绝缘手套前，不用检查是否破损。（　　）	
		2）（单选）关于北汽EV160仪表总成，配置157.48mm（6.2in）液晶显示器，以下说法有误的是（　　） A.驱动电机功率表:0%~100%指示当前驱动电机输出的实际功率与可输出最大功率之比，功率数值越大，表明当前车辆动力越强；否则，反之 B.车速表的指针所指向的位置指示了汽车当前的速度。可指示的范围为0~200km/h C.行车电脑显示屏可显示多种不同的行车界面，通过按钮A\B调节切换 D.数字车速：与机械表盘车速指示值相同，表示当前车辆行驶速度，右侧下部显示speed（速度）字样	
		3）（判断）关于北汽EV160仪表总成的续驶里程，指示车辆当前电量可行驶的距离，仪表显示精度最小为5km。（　　）	

总分：

教师评语：

任务二　新能源汽车故障诊断流程

学习目标

◎ 知识目标

1. 能够描述新能源汽车故障诊断的流程和方法。

2. 能够描述利用诊断仪器进行新能源汽车故障诊断的方法。

◎ 技能目标

1. 能够分析并确定新能源汽车故障的诊断思路。

2. 能够利用故障诊断仪器进行新能源汽车故障诊断。

课程育人

①注重培养学生更完整、更精密、更规范的职业技能，传承汽修人科学、严谨的工匠精神。②学生在线路检测的过程中，应不断优化连接方案、布线工艺，做到精益求精。③积极培育和践行社会主义核心价值观。敬业、诚信、友善是公民个人层面的价值准则，每个公民都应谨记和遵守，否则就极易产生汽修行业"小病大修"的问题。

一、任务导入

一辆纯电动汽车出现不能行驶的故障，车辆高电压动力驱动系统关闭警告灯点亮。主管要求分析故障原因，写出诊断流程，并利用仪器进行诊断，你能够完成这个任务吗？

二、获取信息

　新能源汽车检修时应遵循怎样的诊断流程？

1. 新能源汽车故障诊断基本流程

带高电压混合动力汽车或纯电动汽车发生故障时，"基本故障诊断流程"可以为技术人员提供诊断思路，也能提高车辆的诊断和修理效率（图 2-2-1）。

"基本故障诊断流程"是具体故障诊断思路的一个基本原则，在实际维修诊断过程中，不一定需要严格遵循这样的诊断思路，因为在具体维修诊断中，有些步骤凭借个人的经验和之前的维修经历，可以直接给出正确的答案，没有必要再浪费时间重复步骤去验证。

新能源汽车的基本诊断流程见图 2-2-1。

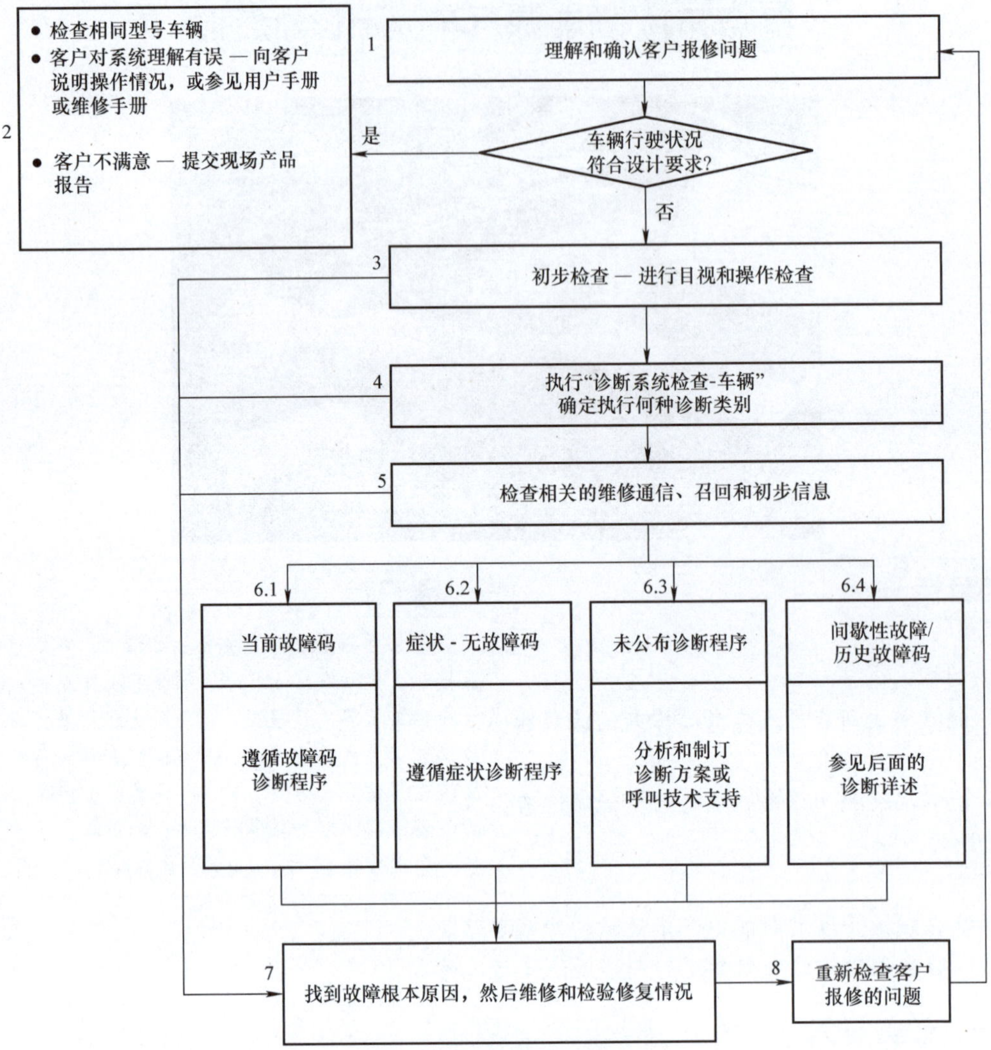

```
2
• 检查相同型号车辆
• 客户对系统理解有误 — 向客户
  说明操作情况，或参见用户手册
  或维修手册
• 客户不满意 — 提交现场产品
  报告

1  理解和确认客户报修问题
   车辆行驶状况
   符合设计要求？  是
                 否
3  初步检查 — 进行目视和操作检查
4  执行"诊断系统检查-车辆"
   确定执行何种诊断类别
5  检查相关的维修通信、召回和初步信息

6.1 当前故障码        6.2 症状-无故障码     6.3 未公布诊断程序    6.4 间歇性故障/历史故障码
    遵循故障码           遵循症状诊断          分析和制订            参见后面的
    诊断程序             程序                  诊断方案或            诊断详述
                                               呼叫技术支持

7  找到故障根本原因，然后维修和检验修复情况
8  重新检查客户报修的问题
```

图 2-2-1 基本故障诊断流程

（1）理解并确认客户报修问题

诊断流程的第一步是尽可能多地了解客户情况。例如，这个故障显现是何时出现的？在何处出现该状况？该状况持续了多长时间？该状况多久发生一次？为了确认客户报修问题，必须首先熟悉系统的正常工作情况。

（2）确认车辆行驶状况

车辆正常运行时，存在该情况，那么客户描述的故障情况可能属于正常情况。在与客户描述情况相同的条件下，与操作正常的类似车辆进行比较，如果其他车辆存在类似情况，那么这可能是车辆的设计原因。

（3）预检并进行全面的目视检查

目视检查包括如下步骤：

1）对车辆进行外观全面检查。

2）检测是否有异常的响声或异味。

3）采集故障码（DTC）信息，以便进行有效修理。

（4）执行系统化的车辆诊断与检查

通过预检获取的信息，针对故障区域进行系统化的诊断和检查，确认系统工作是否正常，并确定执行何种诊断类别。

（5）查询或检索相关的案例信息

查阅已有案例信息，确定是否之前已有这样的故障维修案例，这样可以最大限度地缩短后期维修和诊断的时间。

（6）确定诊断类别

1）针对当前故障码：按照指定的故障码诊断，以进行有效的诊断和维修。

2）针对无故障码：选择合适的症状诊断程序，按照症状诊断思路和步骤诊断、维修。

3）针对没有已公布的诊断程序：分析问题，制订诊断方案。从维修手册中查看故障系统的电源、搭铁、输入和输出电路，确定接头和其他多条电路相连接的部位。查看部件的位置，确认部件、连接器或线束是否暴露在极端的温度或湿度环境中，以及是否会接触到道路，或者具有腐蚀性的蓄电池酸液、机油或其他油液。

4）针对间歇性/历史故障码：间歇性故障是一种不连续出现，很难重现且只在条件符合时才发生的故障。一般情况下，间歇性故障是由电气连接器和线束故障、部件故障、电磁/无线电频率干扰、行驶状况导致的。以下方法或工具有利于定位和修理间歇性故障或历史故障码：

① 结合专业知识和可用的维修信息。

② 判断客户描述的症状和状况。

③ 使用带数据流读取功能的故障诊断仪、数字式万用表（图 2-2-2），读取故障数据。

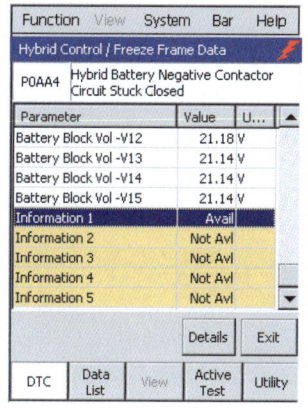 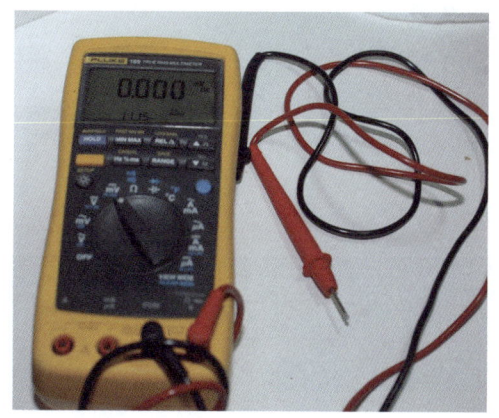

图 2-2-2　使用有数据记录功能的故障诊断仪或万用表

（7）找到故障根本原因，再修理并检验修复情况

找到故障根本原因后，进行修理并检验是否正确操作。确认故障码或症状已消除。

（8）重新检查客户报修问题

如果未能找到问题所在，必要时重新检查，重新确认客户报修问题。

2. 新能源汽车故障诊断基本方法

（1）诊断前注意事项

必须查询并依照新能源汽车的维修手册，依规依序操作：

1）新能源汽车高压电气系统，包含动力电池、变换电路、驱动电机系统、电子控制系统和线束等。为了保证安全,所有的高压电线均已采取密封或隔离措施,高压电线束采用橙色线色加以区分。维修手册上清楚标注出所有橙色线为高压电线(200~500V)。

2)维护时注意"READY"指示灯,"READY"灯点亮发动机可能在运转中,以此判断车辆此时是处于工作还是停机状态。

注意:"READY"指示灯熄灭后电源仍会持续 5min 供电。

在执行车辆维修工作之前,都要确保"READY"指示灯是熄灭的。故应关闭点火开关,并把车钥匙取下来。

3)在维护检修时按规定着装,禁止佩戴首饰、手表、戒指、项链、钥匙等。维护检修前应准备吸水毛巾或布、灭火器、绝缘胶布、万用表,必须选用适用于电工作业的绝缘的、耐碱性的橡胶手套,以及耐碱性类型的鞋子和护目镜,防止电解液溢出等造成的意外伤害。

(2)诊断前操作准备

对新能源汽车进行诊断、维修、处理损坏车辆、进行事故恢复或急救工作时,必须首先禁用高电压系统。具体方法如下:

1)档位开关置于 P 位,采取驻车制动,拔下车钥匙。

2)断开辅助电池负极端子。

3)带上绝缘手套拆下手动维修开关,将手动维修开关用绝缘胶布贴封起来,隔离外露区域与高压系统的接线端或连接器。

4)断开手动维修开关后,在开始检查前等待 5min。使用万用表去检测需要维修的高电压系统输入与输出线路的每一个相位电压,读数必须小于规定值(一般为小于 3V)。

更多详细的操作步骤和注意事项,需要参考高压安全教材对应内容。

(3)诊断与维修基本步骤

第一步:初步判断故障前行驶状况、故障时车辆状况及相关信息,并进行分析。

新能源汽车在故障状态下均会进入失效保护模式,虽然不同的汽车制造厂商设计的失效保护模式不一定相同,但是主要的动力驱动系统模式是很相似的。表 2-2-1 为普锐斯失效保护模式列表。

表 2-2-1 普锐斯失效保护模式列表

故障举例	故障:× 正常:○					车辆故障状态
	发动机	动力电池	电机(MG2)	电机(MG1)	油泵电机(MGR)	
MG1 的分解器失效	×	○	○	×	○	电机驱动正常,但发动机不能起动,即 MG1 电机失效
MG2 的分解器失效	○	○	×	○	○	发动机能起动,但是车辆不能被驱动,即 MG2 电机失效
动力电池 ECU 内部故障	×	继电器保持断开	×	×	×	车辆不能被驱动
动力电池自身故障	×	继电器保持断开	×	×	×	车辆不能被驱动
温度传感器等故障	○	○	○	○	○	车辆正常驱动或降低驱动功率,仪表警告灯点亮

第二步：采用车辆故障诊断仪诊断汽车故障时，检查并记录系统中所有的故障码，确认高电压系统存在的故障码，并将故障码按优先级排序。

例如，图 2-2-3 为普锐斯故障码的具体含义：

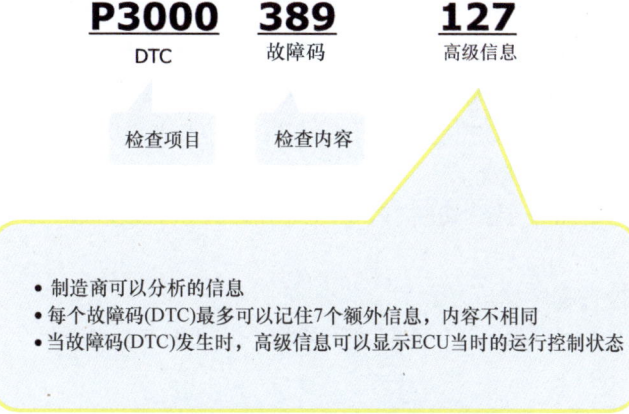

图 2-2-3　普锐斯车辆故障码具体含义

第三步：检查并记录每一个系统，并检查历史记录数据。因为历史记录数据可以被用于故障再现试验，因为它记录了故障被检测到时，行驶和操作的状态。

表 2-2-2 为普锐斯高电压系统中历史记录数据的时间顺序。

表 2-2-2　普锐斯高电压系统中历史记录数据的时间顺序表

目录	含义
END RUN TIME	在一次系统起动中发动机运转的时间
DTC CLEAR WARM	在清除 DTC 后系统起动的次数
DTC CLEAR RUN	在清除 DTC 后行驶的里程数 （通过比较 DTC CLEAR RUN 和 Data List 可以了解到故障发生后的行驶里程）
DTC CLEAR MIN	在清除 DTC 的时间
OCCURRENCE ORDER	故障发生的顺序

注意：目前大多数故障诊断仪的故障码读取系统界面中，会在故障码后显示故障码出现的优先顺序，提示检车诊断维修人员排查故障的正确顺序。

第四步：在分析故障码时，需要区分与故障不关联的故障码。例如，在普锐斯车型中，不关联的故障有：

① 在日光照射不到的条件下，故障码 B1424（日光传感器回路异常）有时会输出。

② 高电压系统有故障时，再生制动器不起作用，电子制动系统 ECU 从 HV ECU 接受故障信号，并输出故障码 C1259（HV 系统再生故障）、C1310（HV 系统故障）。

③ 电动助力系统 ECU 从 HV ECU 接受故障信号，并输出故障码 C1546（HV 系统故障）。

④ 当 12V 蓄电池端子断开，电子悬架系统输出故障码 B2421——转向中间位置自动校正不完全故障。

⑤ 维修人员按照故障码优先顺序检查 P0A60-501（相位 V 电流传感器故障），在故障恢复后清除故障码，并检查故障是否能够重现，以确定故障可靠排除。

第五步：主动测试功能应用。主动测试主要用于对新能源车辆进行故障检查，并使车辆保持特定的运行状态。例如，在丰田普锐斯车型中的主动测试项目有：

① 诊断模式 1：将档位开关置于 P 位，连续运行发动机并取消牵引力的控制，用于检查发动机点火正时、HC/CO 的排放情况、检查发动机运转情况、转速表工作情况。

② 诊断模式 2：取消牵引力控制，用于检查发动机点火正时、HC/CO 的排放情况、检查发动机运转情况、转速表工作情况。

③ 变频器驱动强制停止：持续切断 HV ECU 内部的功率晶体管，用于确认是否在变频器或 HV ECU 内部有漏电。

例如，其基本的检查程序如下。

① 诊断仪驱动 HV ECU 输出一个长期关闭的指令，如图 2-2-4 所示。

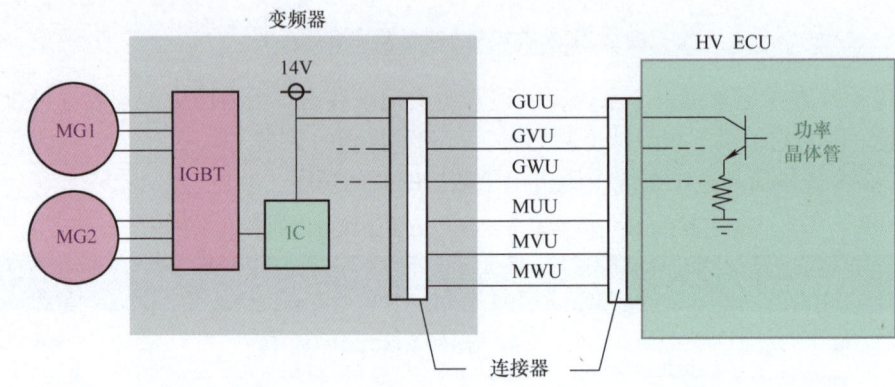

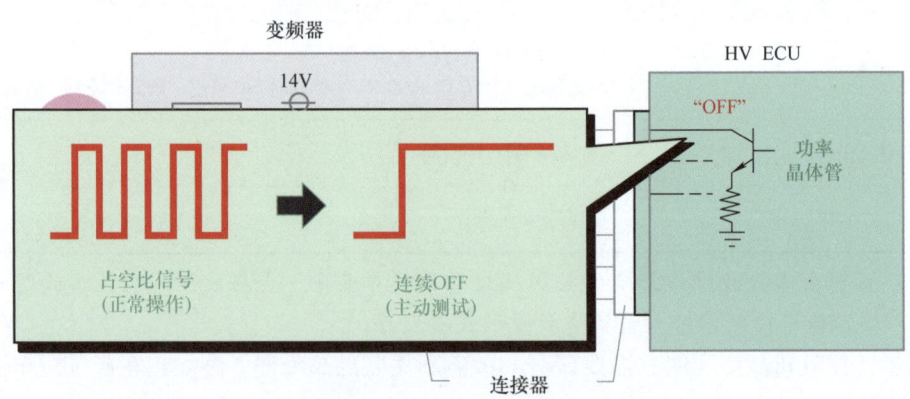

图 2-2-4　HV ECU 输出关闭指令

② 系统检查变频器 U.V.W. 信号，每一个输入端的电压应该是 12~16V，如图 2-2-5 所示。

项目二 新能源汽车故障诊断技术

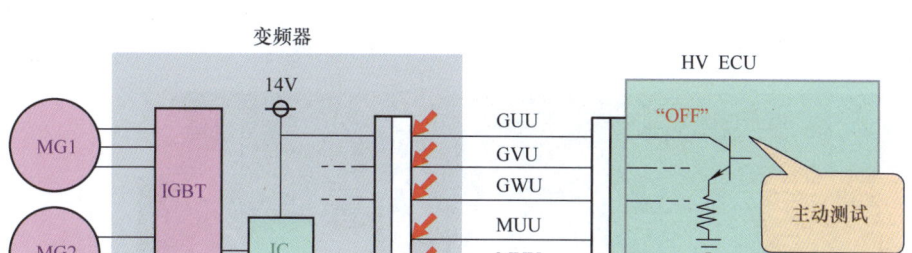

图 2-2-5　系统执行输入端检查

③ 系统执行变频器电压检查，变频器输出端的电压应该是 14~16V，如图 2-2-6 所示。

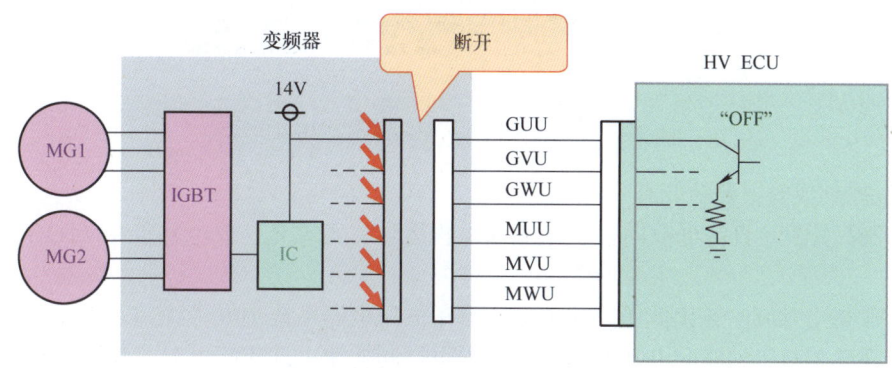

图 2-2-6　系统执行输出端检查

以上任何一步检查失效，均可以判断对应步骤中的零部件发生高电压泄漏故障。

3. 诊断与修理后检验

注意：进行修理后，部分故障码需要点火开关先置于 OFF 位置，再置于 ON 位置后，才可使用故障诊断仪清除。

第一步　将点火开关置于 OFF 位置。
第二步　安装好所有诊断、维修时拆下或更换的部件或连接器。
第三步　在拆下或更换部件或模块时，可能还需重新进行程序设定。
第四步　将点火开关置于 ON 位置。
第五步　清除故障码。
第六步　将点火开关置于 OFF 位置持续 60s。
第七步　如果修理与故障码有关，则再现运行故障码出现时的条件，并使用"冻结故障状态"功能，以便确认不再设置故障码。

引导问题 2　**比亚迪 e5 汽车纯电动汽车控制逻辑**

比亚迪 e5 的高压电控总成（四合一）（图 2-2-7）主要包括：集成双向交流逆变式电机控制器模块、车载充电器模块、DC/DC 变换器模块、高压配电模块。

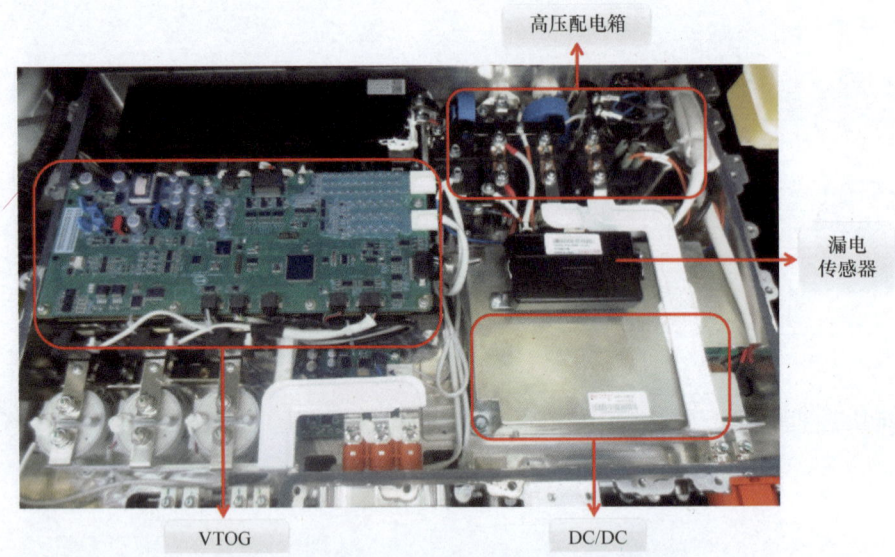

图 2-2-7　比亚迪 e5 汽车高压电控基本组成

高压电控总成的主要功能有：

1）控制高压交 / 直流电双向逆变，驱动电机运转，实现充、放电功能（VTOG、车载充电器）。

2）实现高压直流电转化低压直流电，为整车低压电器系统供电（DC/DC）。

3）实现整车高压回路配电功能以及高压漏电检测功能（高压配电箱、漏电传感器模块）。

4）CAN 通信、故障处理记录、在线 CAN 程序烧写以及自检等功能。

1. 高压配电箱

（1）基本结构

高压配电箱基本结构由铜排连接片、接触器、霍尔电流传感器、预充电阻、动力蓄电池包正负极输入等组成，如图 2-2-8 所示。接触器由电池管理器控制，控制充放电。

图 2-2-8　高压配电箱基本结构

（2）控制电路图

由电路图 2-2-9 可以看出，高压配电箱内的 5 个接触器线圈⊖端子，均由电池管理器 BMS 控制线圈的拉低端，进而完成直流充电、交流充电、正常上电等一系列功能。

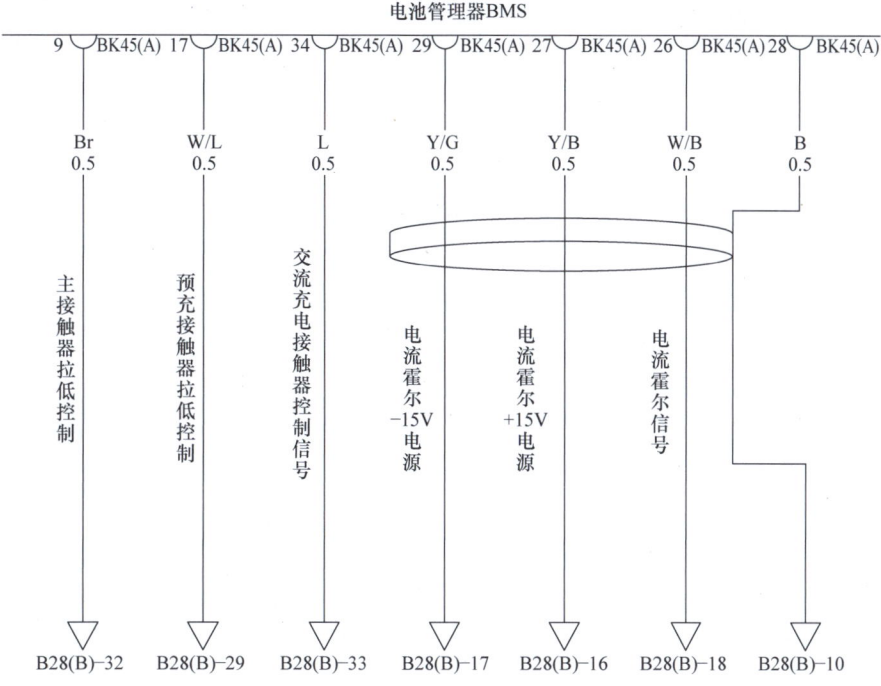

图 2-2-9　高压配电箱线圈控制端子

（3）各接触器在不同条件下的工作状态

根据比亚迪 e5 汽车的不同工作状态，将不同工况下接触器的工作状态列入表 2-2-3。

1）直流充电状态下，交流充电接触器的继续工作，是为了维持 DC/DC 变换器的电源供应。

2）若是在上 OK 电⊖，再插入交流充电枪的前提下，双路电继电器工作，按照比亚迪车辆的逻辑，将首先保证充电状态，仪表的 OK 电熄灭，插枪灯点亮。

表 2-2-3　不同工况下的接触器工作状态

接触器名称	整车上 OK 电	交流充电[①]状态	直流充电
主接触器	◎		
预充接触器	◎	◎	◎
交流充电接触器		◎	◎
直流充电正极接触器			◎
直流充电负极接触器			◎

① 交流充电有车辆对外供给交流电负载（VTOL，Vehicle To Lord）、车辆对车辆的补充充电（VTOV，Vehicle To Vehicle）、车辆对电网放电状态（VTOG，Vehicle To Grid），主要用于将故障车辆的动力蓄电池包的电量快速泄放，降低电池剩余电量 SOC，以保维修安全。

⊖ BMS 将这些接触器的线圈端子集合在一起，纳入到 BK45（A）端子，而动力蓄电池包接触器拉低控制端子纳入到 BMS 的 KXK45 端子。

⊖ 比亚迪的术语 OK 电，类似于其他车型的"READY"。

2. VTOG

VTOG 主要功能[一] 为：

(1) 驱动控制（放电）

采集加速踏板、制动、档位、旋变信号等控制电机正向、反向驱动，正、反转发电功能；具有高压输出电压和电流控制限制功能，具有电压跌落、过流、过温、IPM 过温、IGBT 过温保护、功率限制、扭矩控制限制等功能；同时具备电控系统防盗、能量回馈控制、主动泄放、被动泄放控制。

(2) 充电控制

交、直流转换，双向充、放电控制功能；自动识别单相、三相相序并根据充电电流控制充电方式，根据充电设备识别充电功率，控制充电方式；根据车辆或其他设备请求信号控制车辆对外放电；断电重启功能；在电网断电后又供电时，可继续充电功能。

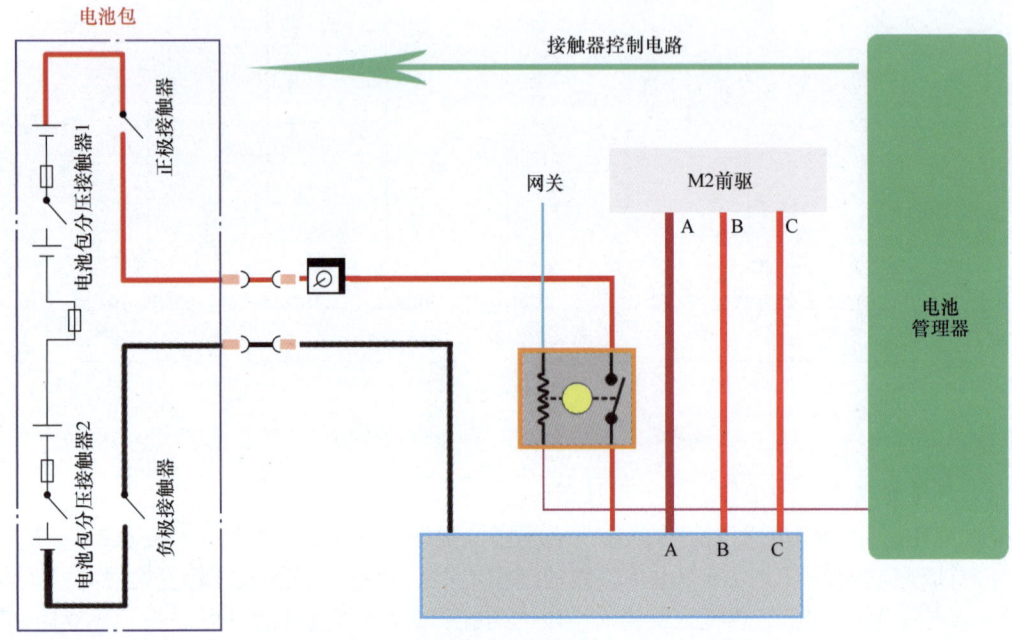

图 2-2-10　比亚迪 e5 的 VTOG 的基本功能

通过图 2-2-10 可以看出，比亚迪 e5 的 VTOG 最基本的功能，就是接受高压动力蓄电池包的能量输入，经过 VTOG 转换为三相交流电，输送到电机。

(3) 防盗功能

比亚迪 e5 启动防盗功能的基本工作原理如图 2-2-11 所示。

防盗的主要工作由 VTOG 完成，可以简单的认为是电机控制器与车身模块、智能钥匙模块，通过网关进行对码。

新能源汽车的防盗控制沿袭传统汽车防盗的模式与理念，例如比亚迪 e5 汽车锁定电机，类似于传统燃油车辆锁定发动机，这与北汽、吉利的新能源汽车的防盗（主要锁定重要控制模块

[一] 比亚迪新能源汽车 VTOG 的设计思路将高压的电流升降压、直流变为三相交流、控制电机等诸多功能集合在一起。北汽新能源、吉利新能源的设计思想则不同，相当于 PEU、VCU 等功能的集合。

的电路）明显不同。

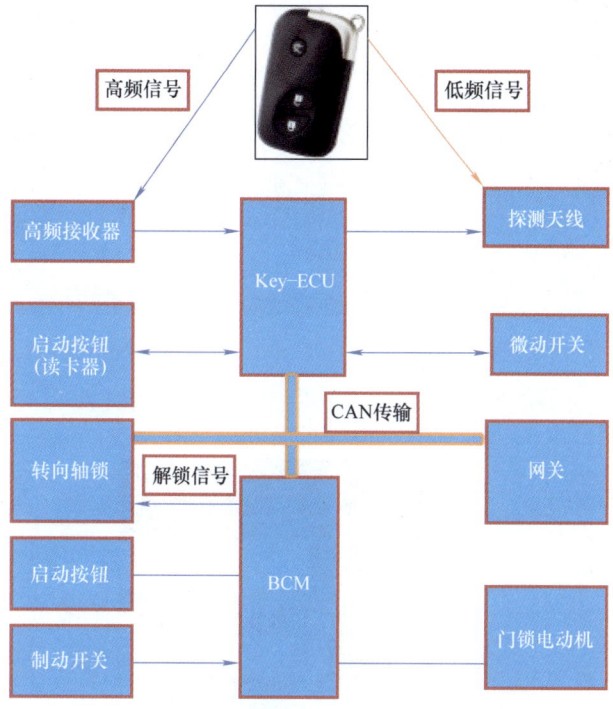

图 2-2-11　比亚迪的 e5 启动防盗功能原理图

3. DC/DC 变换器

比亚迪 e5 汽车上的 DC/DC 变换器的作用类似于传统汽车发动机上的发电机，如图 2-2-12 所示。

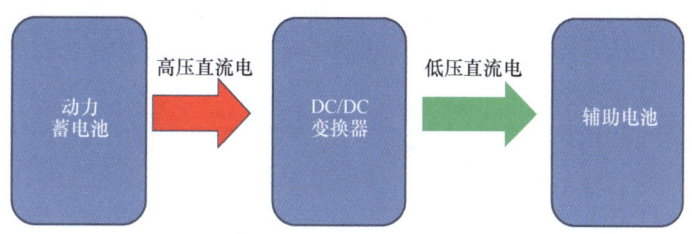

图 2-2-12　比亚迪的 e5 的 DC/DC 变换器主要功能

当然在纯电动汽车里面，最重要的作用是和辅助电池（低压小电池）并联，其主要作用是：

1）维持与稳定辅助电池，在不同工况下的电压稳定。DC 低压输出端与辅助电池并联（如图 2-2-13 所示），给整车低压系统提供 13.8V 电源。

2）在休眠状态等汽车闲暇时间，对辅助电池进行补充充电。

4. 漏电传感器

高压系统漏电时，漏电传感器会发出一个信号给电池管理器，电池管理器接收到漏电信号后会根据漏电情况马上报警或者控制马上断开高压系统，防止高压漏电对人或者物品造成伤害和损失。漏电传感器外观如图 2-2-14 所示。

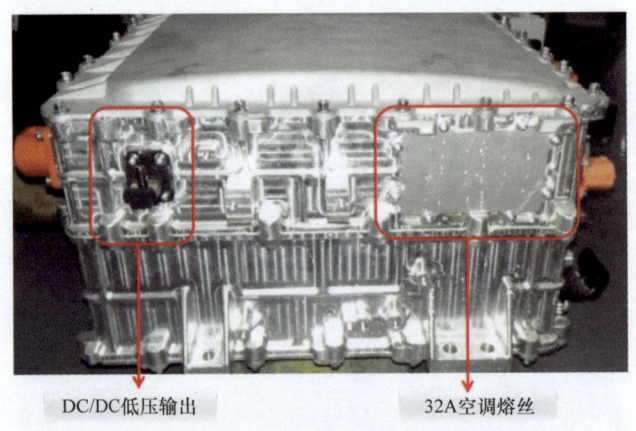

图 2-2-13　比亚迪 e5 的 DC/DC 低压输出功能

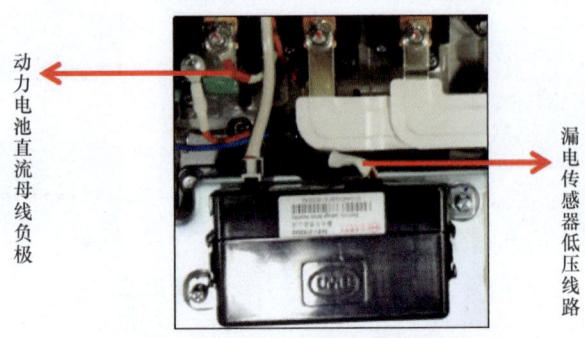

图 2-2-14　比亚迪的 e5 的漏电传感器

（1）电动汽车绝缘性的检测

我国制定的关于电动汽车的国家标准与国际标准是一致的，标准中规定电动汽车的绝缘状况以绝缘电阻来衡量。动力蓄电池的绝缘电阻定义为：如果动力蓄电池与地（车底盘）之间的某一点短路，最大泄漏电流所对应的电阻。

对电动汽车绝缘电阻的研究方法大同小异，主要是在直流母线正、负极和底盘（接地端）之间接入电阻，通过电子开关或高压继电器接通电阻和电底盘，然后测量这些电阻上的电压或电流，再计算得到绝缘电阻的大小。这些方法都需要电子开关或高压继电器以及电流传感器或电压传感器。

因为纯电动汽车要测量的绝缘电阻各支路都是由动力蓄电池供电，因此电动汽车直流母线（包括各支路）的绝缘电阻也同样适用上述定义。实际上，直流母线正、负极两分别有自己的对地电阻，可以将它们等效为两个电阻：R_P 和 R_N，其电路模型如图 2-2-15 所示，其中 V_b 代表动力蓄电池电压，地即为电动汽车底盘，V_P 为正对地电压，V_N 为地对负电压，那么整车绝缘电阻按照动力蓄电池绝缘电阻的定义应该取两者之中的较小者，因为如果高压回路的一端与底盘短接时，则产生的电流取决于另一端子的对地电阻，显然这个电阻越小，则允许流过的电流就越大，产生的危害性就越大。

参考电动汽车国家标准，如果人或其他物体构成高压电路与地之间的外部电路，最坏的情况下泄漏电流不允许超过 2mA，这是人体没有任何感觉的阈值。虽然正常情况下电动汽车的绝缘电阻是很大的。

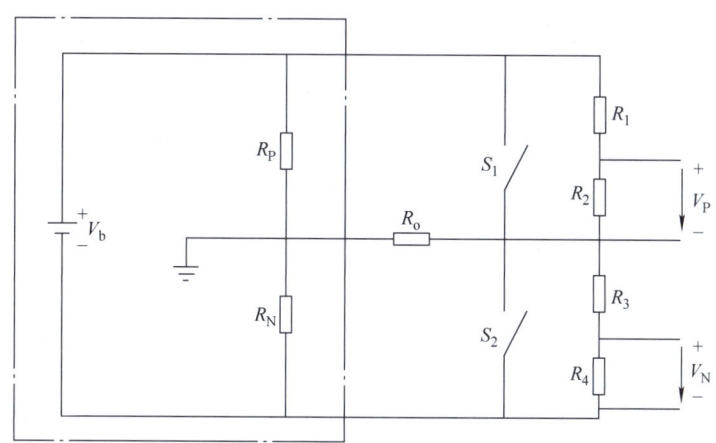

图 2-2-15　电动汽车绝缘性的电阻检测原理图

V_b—动力蓄电池电压　V_P—正对地电压　V_N—地对负电压　R_P—直流正极母线对地电阻　R_N—直流正极母线对地电阻
R_1、R_2—正极母线侧检测电阻　R_3、R_4—正极母线负极侧检测电阻　R_0—检测电路中间串联电阻
S_1—正极母线侧电子开关　S_2—负极母线侧电子开关

但事实上，高压母线两端子对地线的绝缘电阻阻值是有限的，而且一般认为它们是不等的，只是理论上存在有两种极限情况。

1）理想绝缘。如果直流高压回路完全绝缘，即理想绝缘，任何一点对地短接都不会产生电流，可以认为绝缘电阻是"无限大的"。

2）绝缘短路。如果直流高压回路一端与底盘短接，就会有电流流过外部电路，电流的大小就仅取决于外部电阻，此时绝缘电阻为零。

电动汽车绝缘性能检测装置主要完成测量、预警、显示和通信四大部分的功能。为实现整车功能控制和高压自动切断保护，在电动汽车的高压系统中必须配置可自动切断主回路的接触器。根据整车设计需要，有些电动车辆的主回路上甚至有两个以上的相关部件，如果高压接触器发生闭合或断开失效，且不能及时采取有效措施，轻者会发生不能实现正常控制的情况，重者会产生重大安全事故，所以对高压接触器的执行状态进行有效、实时的监控，对电动汽车的安全、可靠运行有十分重要的意义。

> 什么叫绝缘体？绝缘体是指为了隔离人、其他带电或者不带电结构，在带电元器件表面上裹上一层不导电物质，这种不导电的物质就是绝缘体。
> 绝缘性能代表系统绝缘能力的大小，绝缘能力大小通常用绝缘电阻、泄漏电流来表示。
> 泄漏电流指的是系统内流过绝缘材料表面的电流，反映电气系统绝缘性高低。泄漏电流数值越大，说明系统绝缘性能越差。

（2）漏电传感器的检测策略

新能源汽车高压系统设置有漏电传感器，其主要用于对电动汽车直流动力电源主线与其外壳及车身底盘之间的绝缘阻抗进行检测。

漏电传感器的检测与图 2-2-14 相比作出适当的简化，电路图如 2-2-16 所示，主要变化如下所示：

① 重点检测动力蓄电池输出相连接的负极导线与车身底盘之间的绝缘电阻 R_N，作为新能源汽车漏电指标。

② 取消连接在动力蓄电池及检测电路中间串联电阻 R_0，取而代之是电容 C。

③ 将正极 V_P 为正对地电压的检测电阻 R_1、R_2 合并为定值电阻，V_N 为地对负电压的检测电阻 R_3、R_4 也合并为定值电阻。

通过检测与动力蓄电池输出相连接的负极导线与车身底盘之间的绝缘电阻大小，来判断高压部件的漏电程度。

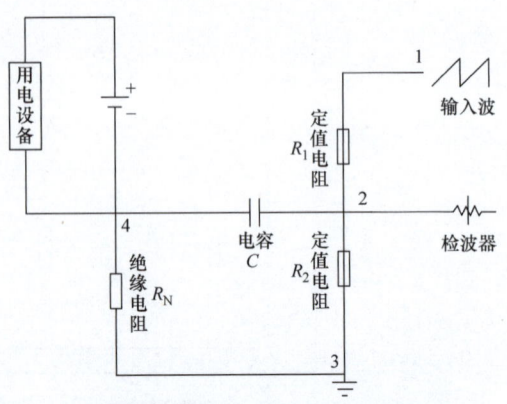

图 2-2-16　漏电传感器的检测原理

下面按照两种极端情况下，阐述动力蓄电池包漏电的思路：

① 当动力蓄电池包完全绝缘时，绝缘电阻为无穷大，视为断路，则输入波的从端子 1 输出，经过两个电阻相同的定值电阻，流入 3 接地搭铁。因此，在串联的两个定值电阻端子 2 检波器检测为输入一半的高压电，此时认为动力蓄电池负极绝缘电阻 R_N 为 ∞。

② 假设当动力蓄电池负极绝缘电阻 R_N 为 0，完全短路导通，此时电容 C 与定值电阻 R_2 实际上是并联关系，电容 C 由于正极板的电压逐渐上升到与输入波相同电压，电压断开截止，此时最终检波器检测为输入一半的高压电。

而在实际工程中动力蓄电池负极绝缘电阻 R_N 为 0，不可能是无穷大，也不会完全为 0，介于两者之间，因此检测波电压在输入波形电压的一半左右。

漏电传感器主要是检测动力蓄电池包负极相连接的导线与车身底盘之间绝缘电阻，通过阻值来判断动力蓄电池包及系统高压部件的漏电程度。当负极到车身之间的绝缘阻值小于等于 100~120kΩ 时，为一般漏电；小于等于 20kΩ 时，为严重漏电。

因此，当高压部件有漏电时，漏电传感器会发出一个信号给电池管理器。电池管理器接收到漏电信号后，会采取禁止充、放电等相关保护操作并报警，从而防止动力蓄电池包及高压部件的高压电外泄，造成人或物品的伤害和损失。

不同车型漏电传感器安装位置不同，比亚迪秦车型的漏电传感器安装于车身后包围搁物板前加强横梁上。

5. 动力蓄电池包绝缘性的检测

动力蓄电池包的漏电检测思路基本上是依照漏电传感器的原理，只是过程有所简化。

动力蓄电池包的漏电检测步骤：

1）测量动力蓄电池组系统负极与托盘之间的开路（图 2-2-17）电压 V_1。

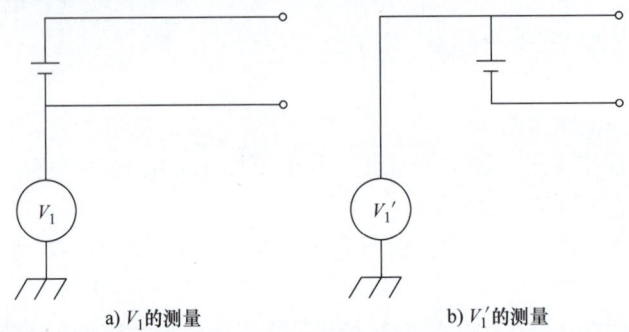

a）V_1 的测量　　　　　b）V_1' 的测量

图 2-2-17　动力蓄电池组系统负、正极与托盘之间的开路电压检测

2）测量动力蓄电池组系统正极与托盘之间的开路电压 V_1'。

3）准备好绝缘手套及一个电阻值为 100kΩ 的 R_0 电阻。比较动力蓄电池组系统负极与托盘之间的开路电压 V_1 和动力蓄电池组系统正极与托盘之间的开路电压 V_1'，有两种情况（图 2-2-18）：

① 如果 $V_1 > V_1'$，则在动力蓄电池组系统负极与托盘之间并联 R_0 电阻。同时，用电压表测量 R_0 电阻两端的电压 V_2。

② 如果 $V_1 < V_1'$，则在动力蓄电池组系统正极与托盘之间并联 R_0 电阻。同时，用电压表测量 R_0 电阻两端的电压 V_2'。

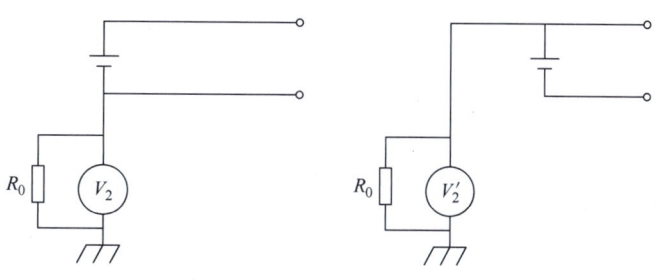

图 2-2-18　动力蓄电池组系统负、正极并联电阻 R_0 与托盘之间电压检测

4）计算动力蓄电池组系统的绝缘电阻⊖（图 2-2-19）

① 如果 $V_1 > V_1'$，绝缘电阻 R_N 的值由下式计算：$R_N = (V_1 - V_2) \times R_0 / V_2$。

② 如果 $V_1 < V_1'$，绝缘电阻 R_N 的值由下式计算：$R_N = (V_1' - V_2') \times R_0 / V_2'$。

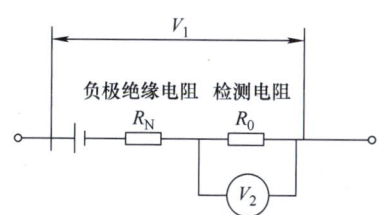

图 2-2-19　动力蓄电池组系统绝缘电阻 R_N 检测原理

R_N 的计算方法如下所示：

$$\frac{V_1}{R_N + R_0} = \frac{V_2}{R_0}$$

$$\therefore R_N + R_0 = \frac{V_1 \cdot R_0}{V_2}$$

$$\therefore R_N = \frac{V_1}{V_2} R_0 - R_0 = \left(\frac{V_1}{V_2} - 1\right) R_0$$

$$= \frac{V_1 - V_2}{V_2} \cdot R_0$$

⊖ 按照标准计算方法计算得到的绝缘电阻值，除以动力电池组系统的标称电压 U，所得值要求大于 500Ω/V。
参考标准：《ISO／DIS 6469—1:2000 电动道路车辆安全要求第 1 部分：车载储能装置》。

> **引导问题 3**   比亚迪 e5 汽车无法上电的检修流程

下面介绍比亚迪 e5 汽车无法上电的检修方法及排查思路。

1. 比亚迪 e5 上电的基本条件

若是需要排除 e5 的高压电控系统的故障[一]，首先必须了解这款车的上电逻辑，这种故障类型通常表现为"无法上 OK 电"。

比亚迪 e5 上电的基本条件如下：

1）整车的高压互锁（结构互锁、功能互锁）应该正常，所有的高压导线均正常连接。
2）低压铁电池应该处于激活状态，比亚迪 e5 的低压启动铁电池端子连接。
3）漏电传感器检查无漏电，高压动力蓄电池包正常。
4）电池管理器 BMS 正常，预充接触器、主接触器应该正常。
5）防盗系统正常，而且解除防盗。
6）其他条件满足，包括主控制器自检正常，可以控制车辆行驶，无交流充电枪连接信号等。

通常在故障排除思路上，先排除"高压电控"的故障，等到汽车可以上 OK 电之后，再排除"车载充电机 OBC、车身"等其他故障，因此，高压电控的故障诊断与排除是新能源车型的首要工作。

2. 比亚迪 e5 电控高压故障点介绍

比亚迪 e5 高压电控涵盖 OBC、BMS、VTOG、高压配电箱、接触器、动力蓄电池包、空调压缩机等涉及到直接、间接影响到高压电路的故障。故障排除的思路是优先处理低压电路设置故障，然后考虑高压故障。可以按照不同的特点总结为下列故障点。

（1）高压互锁线路

比亚迪 e5 的高压互锁按照原理分为结构型、功能型两种互锁类型。结构性互锁就是高压线的两根细小的针脚，如图 2-2-20 所示。

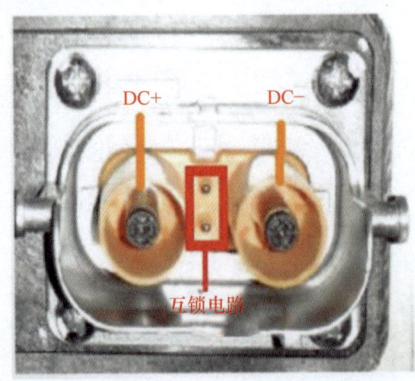

图 2-2-20　比亚迪 e5 的动力蓄电池包的正、负极插头的互锁针脚（结构性互锁）

另外一种是功能性互锁，比亚迪 e5 四元件功能型的低压控制互锁回路结构如图 2-2-21 所示。

[一] 一般而言，高压电控系统的故障，一种可能是低压线路设置故障，但是故障表征为高压故障。当然，不排除在高压线束的故障，通常是各条高压线的松脱，但是由于比亚迪 e5 车有 2015、2016、2017 多个年款，在整车细节上有一些不同，在设置故障应该注意。例如：2016 款 e5 300 型压缩机互锁不在高压电控箱插头，没有互锁故障。因此有时候电动压缩机接插件松脱，导致高压互锁断路是无法实施的。

项目二　新能源汽车故障诊断技术　**65**

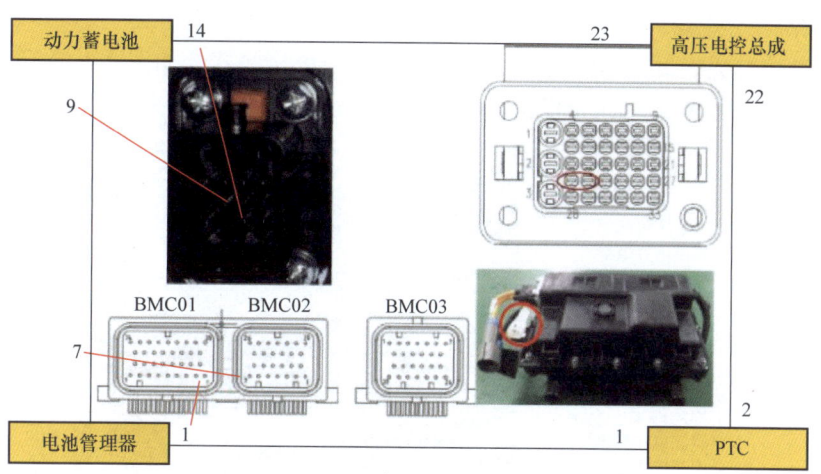

图 2-2-21　比亚迪 e5 的（低压控制）互锁回路

在这个低压控制互锁回路中，涉及 PTC（空调暖水箱）、电池管理器 BMS、动力蓄电池包、高压电控总成，这些低压电路的故障，按照故障点出现的频率阐述如下。

1）PTC。PTC 有高压互锁控制 B52 插头，这个低压插头在整车机舱的左前方，如图 2-2-22 所示，由于驾驶人或者维修人员将机盖打开，可能操作方面容易接触，容易引发故障。

图 2-2-22　比亚迪 e5 车 PTC 的 B52 插头

2）BMS。需要注意的是电池管理器 BMS 的 BK45（A）、BK45（B）、KXK45（C）这三个插头⊖接插件情况，这些插头有许多涉及到电池管理系统、接触器拉低信号、霍尔电压信号等大量的低压线。为了展示的方便，下面以 e5 车的教学台架展示出来，如图 2-2-23 所示。

图 2-2-23　比亚迪 e5 车的 BMS 的三个低压插头

⊖　有时也称为 BMC01、BMC02、BMC03 插头。

（2）接触器、分压器线路

1）高压电控总成内部接触器。在高压电控里有 5 个接触器，如图 2-2-24 所示，分别是主接触器、交流充电接触器、直流正极接触器、直流负极接触器、预充接触器。

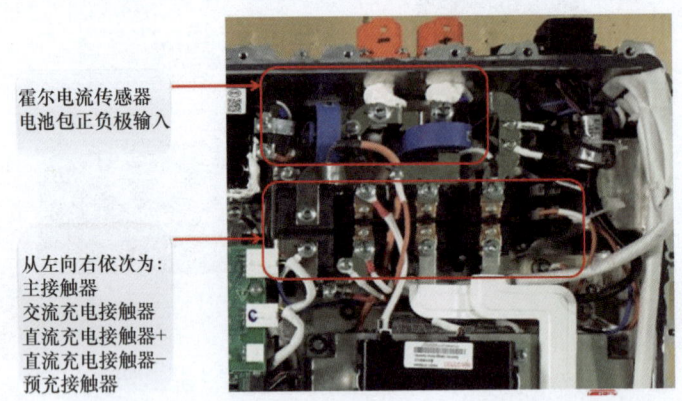

图 2-2-24　比亚迪 e5 的高压电控 5 个接触器的外观

接触器本质上就是继电器的作用，如图 2-2-25 所示，可以在主预充接触器看出，触点的下游串联预充电阻。

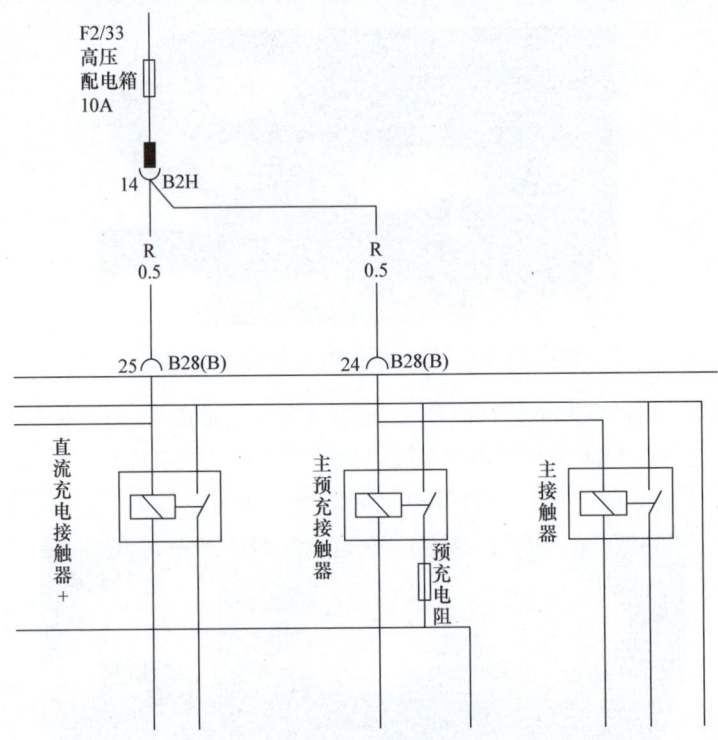

图 2-2-25　接触器电路

2）主接触器的故障。例如：BMS 的 BMC01-9 针脚（Br 线）松脱（如图 2-2-26 所示），导致无法上 OK 电的现象。使用解码仪：查看车辆从 ON 档上 OK 档电瞬间，预充接触器的状态变化情况，一直为断开状态。

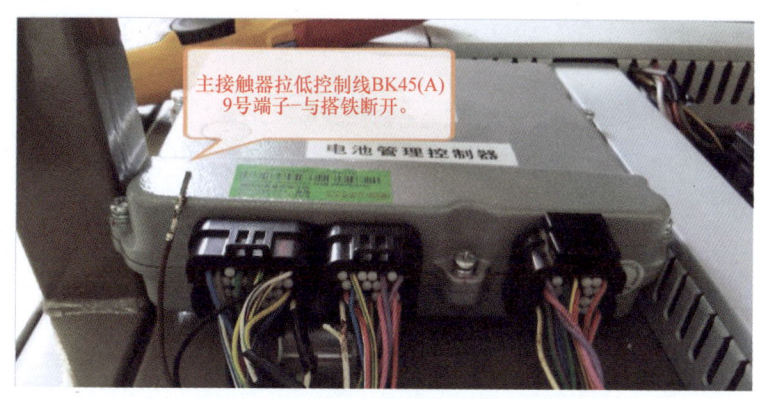

图 2-2-26 主接触器拉低控制线断开

3）动力蓄电池包里接触器。在 2015 年的比亚迪 e5 车电池包里面，主要有正极接触器、负极接触器、两个分压接触器 4 个元件。分压接触器本质上就是一个继电器卡在动力蓄电池包的单体电池之间，控制分压接触器的线圈端子的两根线，经过动力蓄电池包的 KXK51 插座引出来，如图 2-2-27 所示。

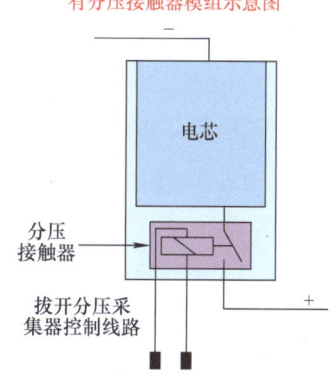

图 2-2-27　比亚迪 e5 车电池包接触器内部电路（四线）

这 4 个接触器、分压器（结构如图 2-2-28 所示）均有控制脚、电源脚。这 4 个元件伸出动力蓄电池包的有 8 根线，其中：

正极接触器的电源、控制脚进入 BMS 的插头 KXK45（C）的 21 脚、11 脚；
负极接触器的电源、控制脚进入 BMS 的插头 KXK45（C）的 20 脚、3 脚；
分压接触器 1 的电源、控制脚进入 BMS 的插头 KXK45（C）的 14 脚、3 脚；
分压接触器 2 的电源、控制脚进入 BMS 的插头 KXK45（C）的 15 脚、4 脚。
很明显，上述 4 个接触器元件，只要 8 根线任意一根线断开，将会导致动力蓄电池包故障，导致无法上 OK 电。

（3）与高压电控紧密连接的各个模块的电源、搭铁线路

与高压电控紧密连接的各个模块的电源、搭铁线路，如动力蓄电池包的 4 个接触器，均带有模块，控制这 4 个模块的电源、搭铁线路均会导致无法上 OK 电。

例如电流霍尔传感器虽然名称上还是传感器，但本质上就是一个小模块，通过图 2-2-29 所示连接，当电流霍尔传感器正、负极电源端子断开，也就是断开 BK45（A）插座的 27、29 线，

会导致霍尔电流传感器无法工作，导致无法读取到高压动力蓄电池包的正极的充、放电流。

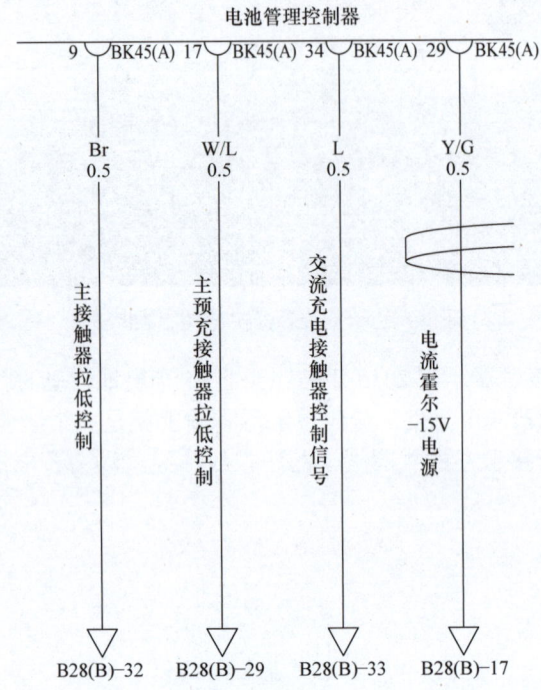

图 2-2-28 电池管理器控制的三个接触器线圈拉低端子

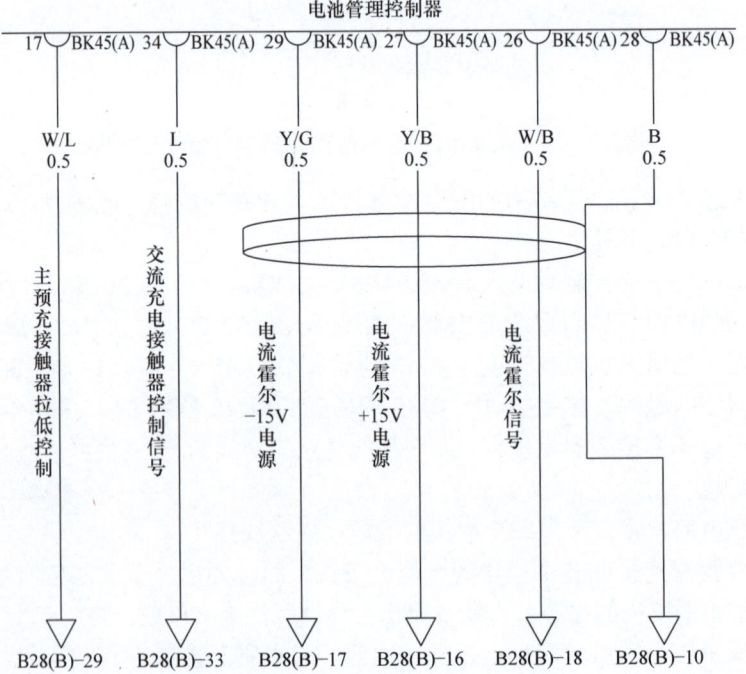

图 2-2-29 BMS 与霍尔电流传感器的连接

（4）熔丝电路

熔丝通常是一个电路的上游，可以管控下游的各个元件，其中 F2/4、F2/33 熔丝均可以管控。

如图 2-2-30 所示就是 F2/4 熔丝，该熔丝位于电路上游，分为 4 条线路，分别与直流充电器继电器并联、去 DC、BMS 线路、去高压配电箱及后续 5 个接触器、去网关及组合仪表。通过电路图可以判断：不上 OK 电，DC、BMS 均无法工作，网关不工作，电脑无法进入、组合仪表黑屏。

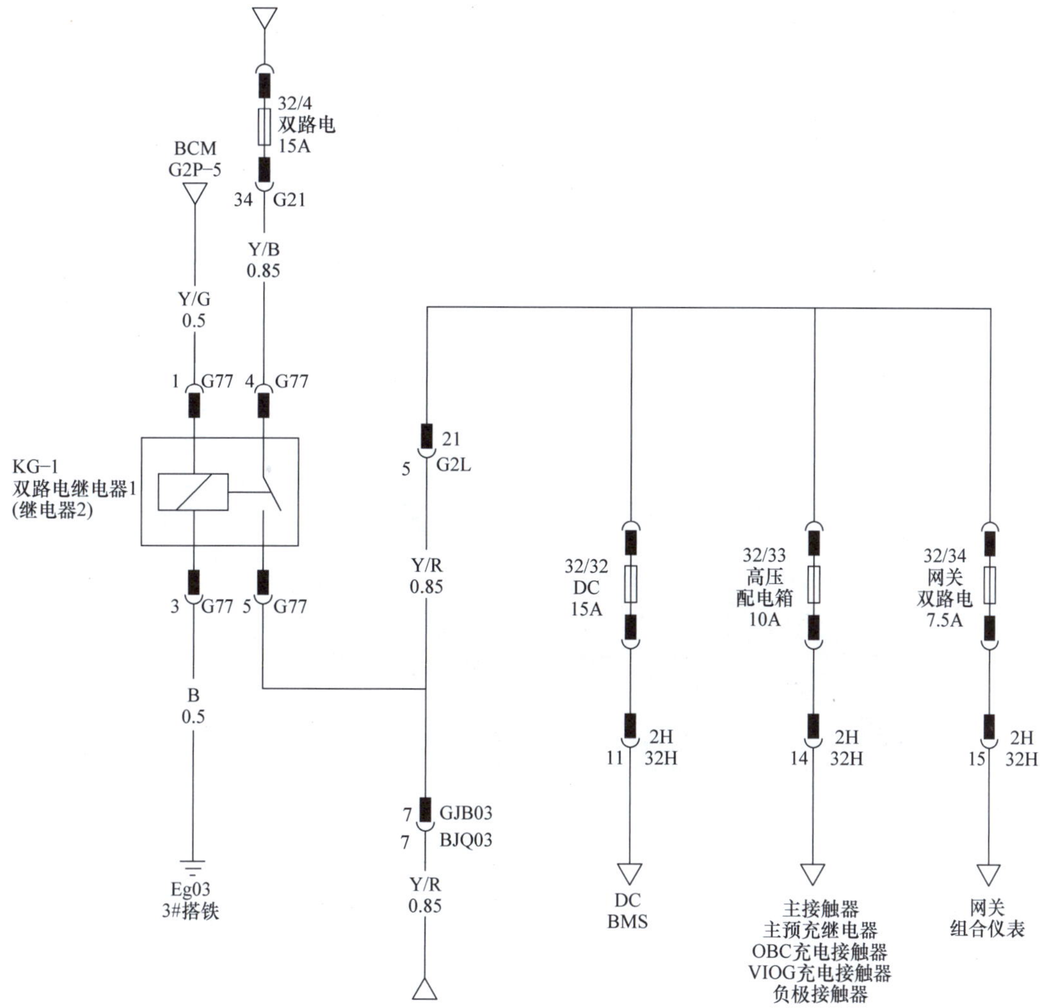

图 2-2-30　F2/4 熔丝电路图

3. 比亚迪 e5 充电系线路

充电系统的基本原理如下图 2-2-31 所示：VTOG 充电时，自动识别单相、三相相序，并根据充电电流控制充电方式，根据充电设备识别充电功率，控制充电方式。

交流充电的基本流程：

（1）确认连接状态

交流充电时，首先是车辆控制装置通过测量检测点 3（PE）之间的电阻值（搭铁），其次可检测 CC 与 PE 之间的电阻，查询到充电枪的充电功率。如图 2-2-32 所示，来判断车辆插头与车辆插座是否完全连接。

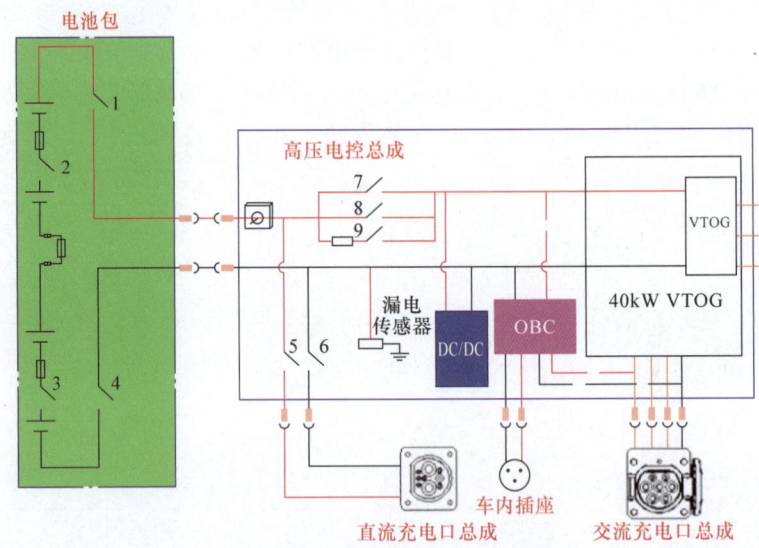

图 2-2-31　充电系统的基本原理

1—正极接触器　2—电池包分压接触器 2　3—电池包分压接触器 1　4—负极接触器　5—直流充电正极接触器
6—直流充电负极接触器　7—主接触器　8—交流充电接触器　9—预充接触器

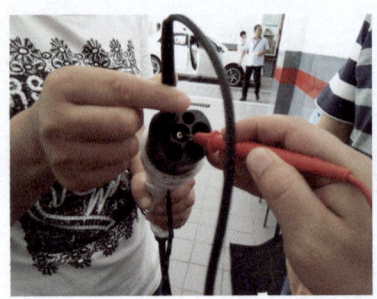 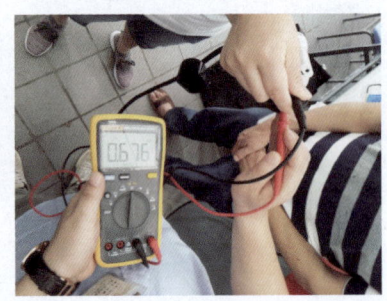

RC	充电电缆额定容量
1.5kΩ/0.5W	10A
680Ω/0.5W	16A
220Ω/0.5W	32A
100Ω/0.5W	63A

图 2-2-32　检测交流充电枪（慢充）CC 与 PE 之间的电阻值

（2）设定容量确定

车辆控制装置通过测量检测点 CC 与 PE 之间的电阻值，来确认当前充电连接装置（电缆）的额定容量。

检测 2014 款秦 DM 的便携式交流充电枪的 CC 与 PE 端子电阻，电阻为 0.676kΩ，根据表格显示，交流充电插枪电缆额定容量 16A。

理论额定充电功率 220V × 16A=3520W。

4. 比亚迪 e5 的高压电控 CAN 线路

通常，将比亚迪 e5 的高压电控总成简称为"四合一"，主要就是集成双向交流逆变式电机控制器模块、车载充电器模块、DC/DC 变换器模块、高压配电模块 4 个模块组成。

比亚迪 e5 的高压电控总成故障可以从两个方面入手，一是高压电控与仪表线束的 CAN 通信。如图 2-2-33 所示，主要就是高压电控单元 B28（B）的 14、15 脚，转接器 BJG04 的 19、18 号端子，进入仪表短接器的 G08（C）的 2、12 号端子，最后回转到高压电控单元 B28（B）的 49、50 脚。

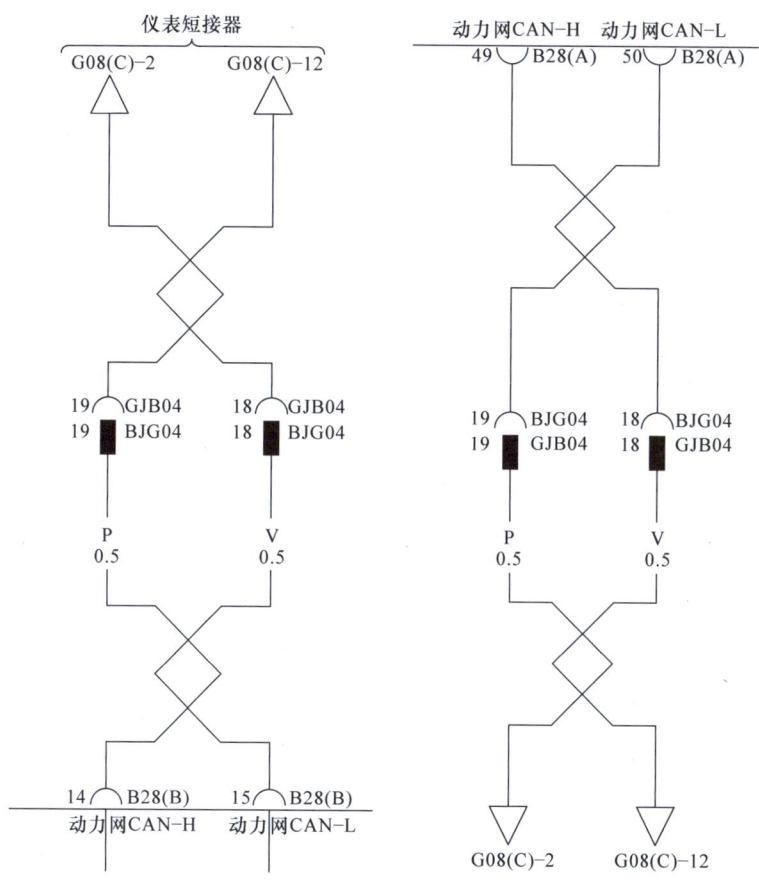

图 2-2-33　高压电控的外部 CAN 线

还有就是高压电控与动力蓄电池包的电池子网通信、与 BMS 的动力网、充电网的 CAN 通信，如图 2-2-34 所示。

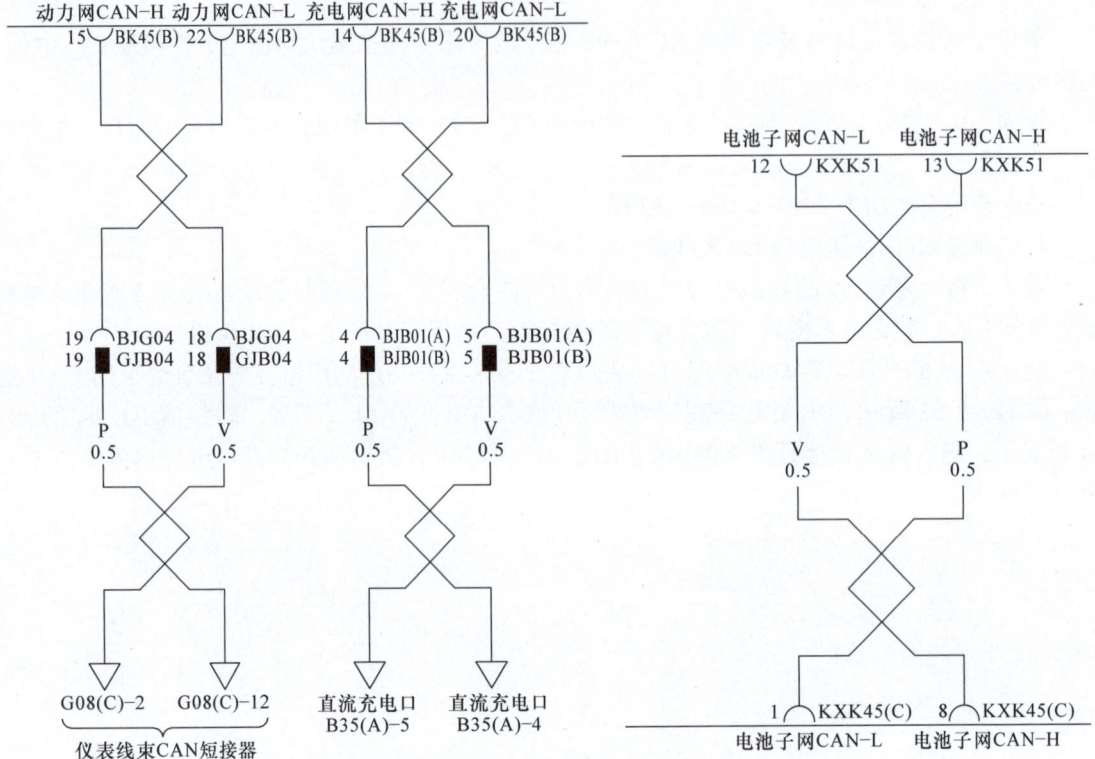

图 2-2-34　高压电控与 BMS、BMS 与动力蓄电池包的 CAN 线

比亚迪 e5 无法上电的检修流程的总结

e5 车的高压电控的故障案主要从下列六个方面考虑：

① 高压互锁线路。

② 接触器、分压器线路。

③ 与高压电控的各个模块电源线路。

④ 熔丝线路。

⑤ 充电系线路。

⑥ 高压电控 CAN 线路。

从宏观上梳理高压电控故障的基本思路，并通过实训案例解析，会促进汽修实战的故障诊断与排除。

比亚迪新能源车型除了 e5，还有秦、唐、宋、e6 车型，可以通过 e5 的思路触类旁通，在实车维修中快速理解高压电控技术并进行故障分析排除。

三、任务实施

1. 实施要求

本操作任务主要通过新能源电路图学习，进行新能源汽车故障诊断流程的分析与制定，并初步研判故障类型。

2. 实施准备

本任务采用理实一体化教学模式,专业教师 1 名,学员 40 名,个人防护设备 6 套,按照 6~7 人一组进行分组,每组任命 1 名小组长,进行具体任务的分工和工量具的清点,实训前准备,如表 2-2-4 所示。

表 2-2-4 比亚迪高压电控单元电路连接图绘制实训工具清单

实训项目	实训器材	数量
比亚迪高压电控单元电路连接图绘制	比亚迪 e5 纯电动汽车电路图	6 本
	白纸、直尺、文具等	6 套

3. 实施步骤

1)准备好相关工作台面,阅读电路图,开始研究动力网的 CAN 线路。首先从重要的转折点——仪表线束转接头 3 开始,如图 2-2-35 所示。

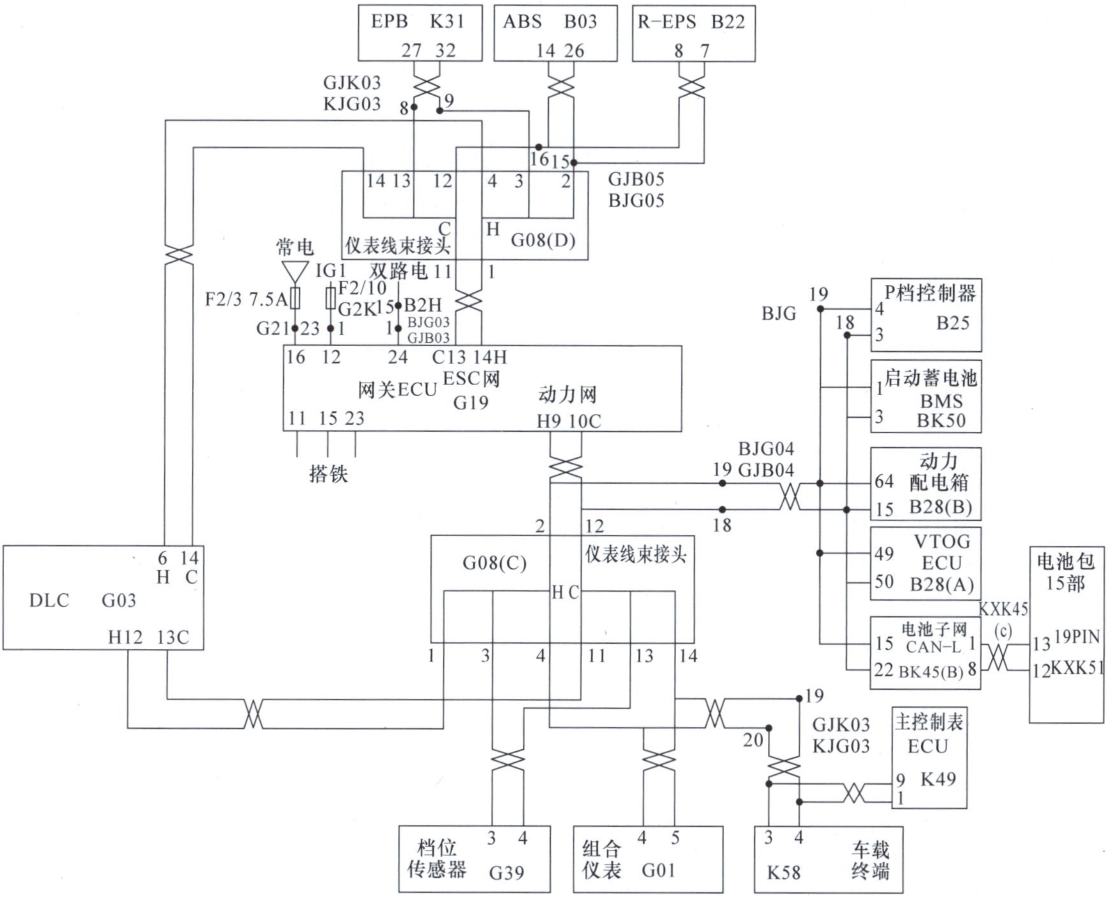

图 2-2-35 比亚迪 e5 的 DLC、网关 CAN 线图(宏观)

2)根据图 2-2-36 可以看出,仪表板线束接头 3 向下主要是 DLC、换档机构、组合仪表、车载终端。

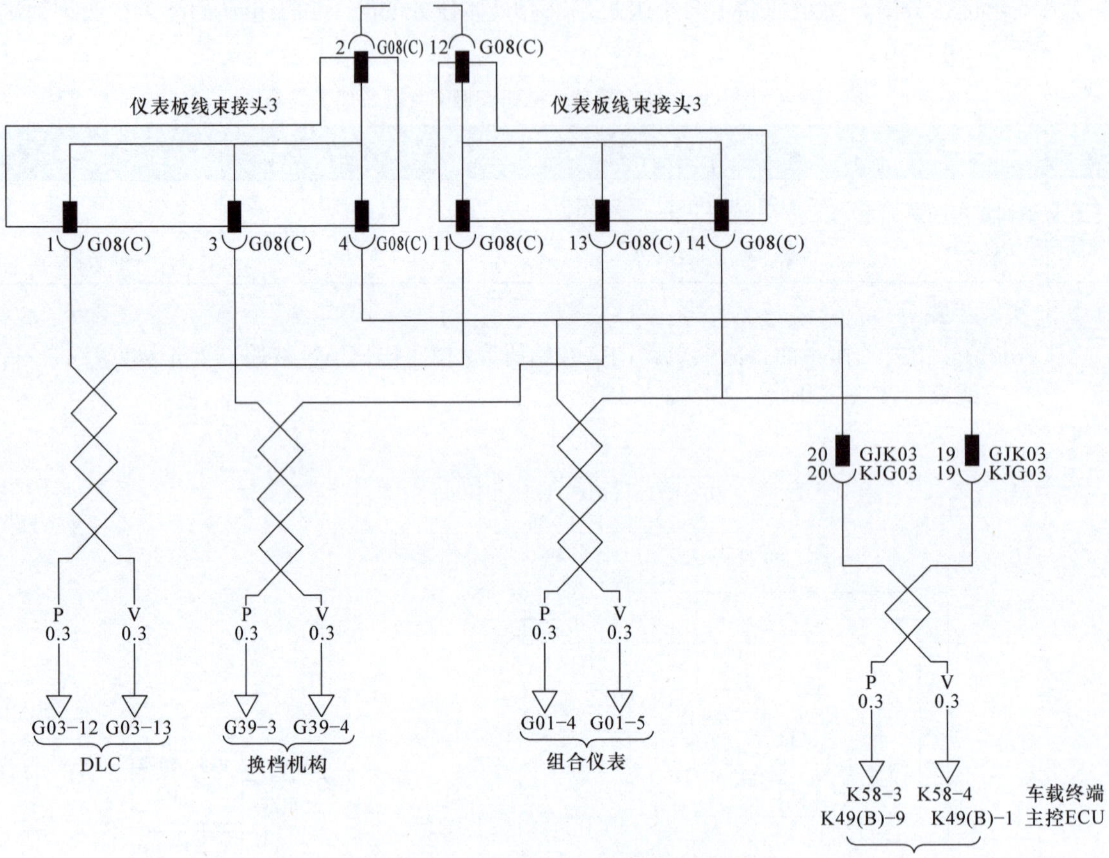

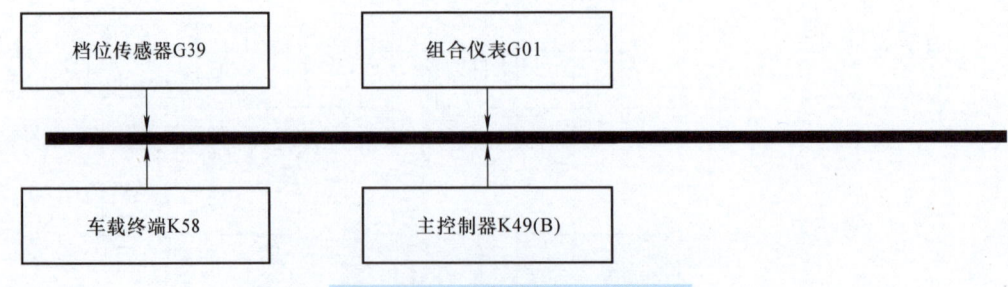

图 2-2-36 仪表板线束接头 3 的连接

据此绘制 4 个模块与动力网的 CAN 线连接，如图 2-2-37 所示。

图 2-2-37 动力网的 CAN 线连接

3）由图 2-2-38 可以看出，仪表板线束转接头 3 向上，主要是网关 ECU、P 档控制器、启动 BMS、动力配电箱、VTOG ECU、电池管理器。

据此绘制 5 个模块与动力网的连接，如图 2-2-39 所示。

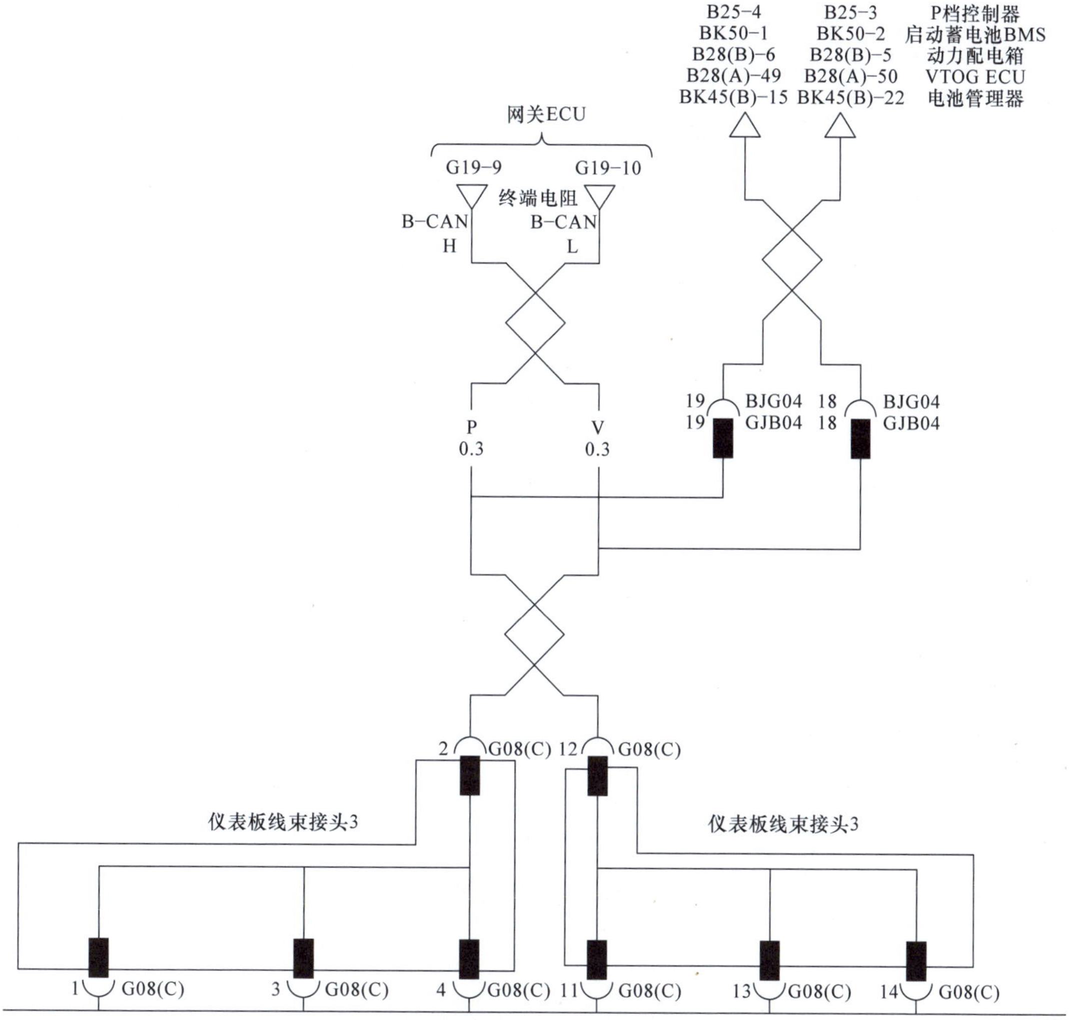

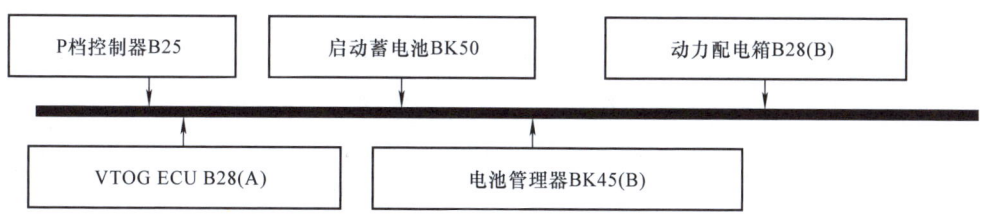

图 2-2-38 动力网 CAN 线与仪表板线束接头 3 的连接

图 2-2-39 比亚迪 e5 车 5 个模块与动力网的连接

4）观察网关 G19 的 CAN 连接。网关是比亚迪 e5 车 CAN 的核心，汇聚了整车的舒适网、ESC 网、车身网、动力网，各网络的网关连接如图 2-2-40 所示。

5）为了适合不同情况下的工作状态，网关的电源及保险有三套系统：最低模式的 Key-Less 系统的 F2/3 熔丝，适合充电状态下的充电系统熔丝 F2/34 熔丝，适合汽车运行的 IG1 电的

F2/10 熔丝，这 3 个熔丝的连接如图 2-2-41 所示。

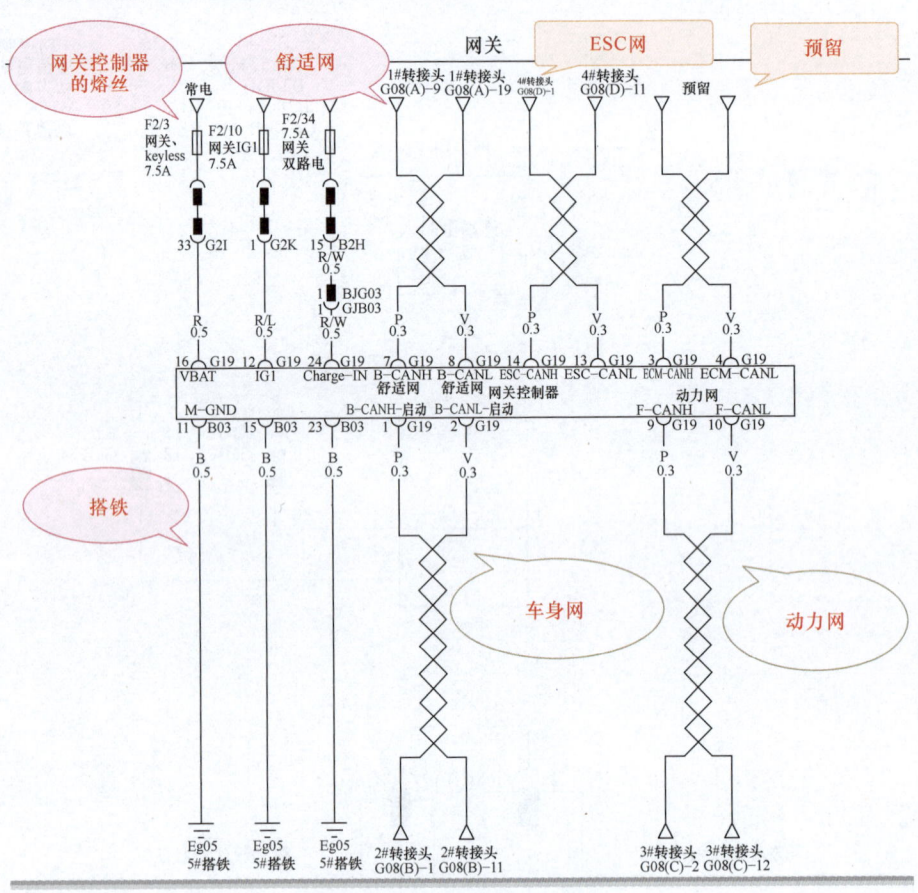

图 2-2-40　各网络的网关连接

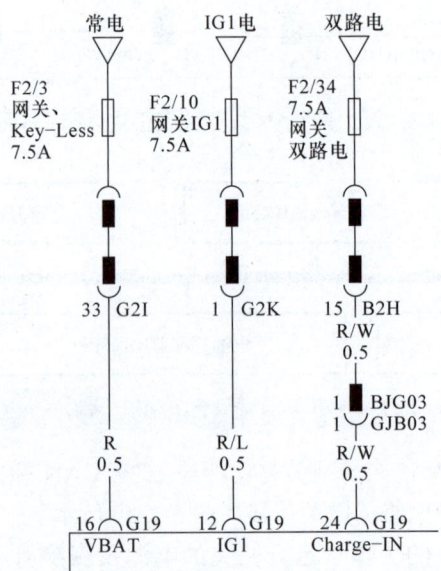

图 2-2-41　网关的熔丝

6）将上述内容整合如下：网关的熔丝连接如表 2-2-5 所示。

表 2-2-5　网关的熔丝

名称	作用	对网络控制作用
F2/3 熔丝	最低模式的 Key-Less 系统的熔丝	保证在最低模式的 Key-Less 系统可以正常使用
F2/34 熔丝	适合充电状态下的充电系统熔丝	保证充电状态下的 CAN 通信
IG1 的熔丝	适合汽车运行的熔丝	保证汽车运行的 CAN 通信

动力网网关连接的 9 个模块如表 2-2-6 所示。

表 2-2-6　动力网网关连接的 9 个模块

模块名称	作用	对网络的控制作用级别
档位传感器 G39	接受档位位置信号	次优先级
车载终端 K58	报送车载终端	次优先级
组合仪表 G01	报送组合仪表并显示	次优先级
主控制器 K49(B)	报送主控制器	次优先级
P 档控制器 B25	监测 P 档位锁定信号	优先级
启动蓄电池 BK50	唤醒低压蓄电池	优先级
动力配电箱 B28（B）	联络漏电传感器	优先级
VTOG ECU B28（A）	报送 VTOG 电脑	优先级
电池管理器 BK45（B）	报送 BMS	优先级

7）依据表 2-2-7 思考：若是断开低压小电池插头 BK50，是否影响上 OK 电？

表 2-2-7　断开低压小电池插头 BK50，判断是否可以上 OK 电

动作	现象	原因分析
断开低压小电池插头 BK50	无法上 OK 电	按照前面表格，属于优先级，无法上 OK 电

断开低压小电池插头的操作如图 2-2-42 所示。

图 2-2-42　低压小电池的插头

四、任务考核

目标	考核题目	得分
知识目标 1	（1）（判断）"基本故障诊断流程"是具体故障诊断的一个基本原则，在实际维修诊断过程中，一定要严格遵循这样的诊断思路。（ ） （2）（判断）诊断策略的第一步是尽可能多地咨询客户车辆报修问题。（ ） （3）（判断）传感器故障类型主要有对地短路/断路，对电源短路/断路，传感器性能不佳。（ ） （4）（判断）普锐斯混合动力汽车的数据流显示：END RUN TIME 的意思是在一次系统启动中发动机运转的时间。（ ）	
知识目标 2	（1）（判断）故障自诊断主要完成对控制模块、传感器和执行器的状态进行实时监测。（ ） （2）（判断）"基本故障诊断流程"的流程可以为技术人员提供诊断思路，也能提高车辆的诊断和修理效率。（ ） （3）（多选）故障自诊断系统的功能有哪些。（ ） A. 能够实时监测系统的故障信息 B. 设定故障失效的备份值 C. 冻结帧信息的存储，为了给随后的维修提供参考，同时能够让维修人员更清楚了解故障发生时刻车辆的相关信息 D. 能够实现与外部通信，外部诊断仪可以获取存储的故障信息	
技能目标	（1）（判断）比亚迪 e5 汽车控制器，下列说法错误的是（ ） A. 正极接触器的电源、控制脚进入 BMS 的插头 KXK45（C）的 21 脚、11 脚 B. 负极接触器的电源、控制脚进入 BMS 的插头 KXK45（C）的 20 脚、3 脚 C. 分压接触器 1 的电源、控制脚进入 BMS 的插头 KXK45（C）的 14 脚、3 脚 D. 分压接触器 2 的电源、控制脚进入 BMS 的插头 KXK45（C）的 17 脚、8 脚 （2）（判断）比亚迪 e5 汽车在直流充电的时候，交流充电接触器是不需要闭合的。（ ） （3）（多选）比亚迪 e5 的高压电控总成（四合一）主要包括：（ ） A. 集成双向交流逆变式电机控制器模块 B. 车载充电器模块 C. DC/DC 变换器模块 D. 高压配电模块	
总分：		
教师评语：		

项目三 纯电动汽车故障诊断与排除

项目描述

纯电动汽车的结构特征决定了其典型的故障范围及维修方法。本项目主要介绍纯电动汽车的故障诊断与排除方法,具体包含以下 3 个任务。

任务一:纯电动汽车动力电池系统故障诊断与排除。
任务二:纯电动汽车驱动电机系统故障诊断与排除。
任务三:纯电动汽车整车动力控制系统故障诊断与排除。

通过以上 3 个任务的学习,读者将能够掌握纯电动汽车的结构、组成与控制原理、纯电动汽车主要系统的基本诊断流程,以及常见纯电动汽车运行数据的分析与判断思路,学会纯电动汽车的故障排除方法。

任务一 纯电动汽车动力电池系统故障诊断与排除

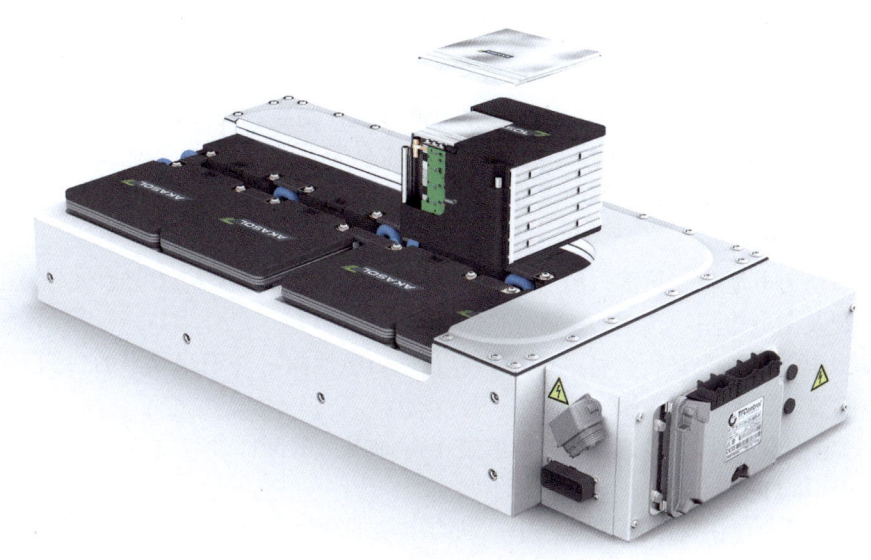

学习目标

◎ **知识目标**

1. 能够描述纯电动汽车动力电池故障诊断的基本思路。
2. 能够描述电池管理控制器故障诊断与排除方法。
3. 能够描述高压配电箱故障诊断与排除方法。

◎ **技能目标**

能够进行纯电动汽车动力电池系统相关项目的检测。

> **课程育人**
>
> 俗话说"电老虎"的屁股摸不得。但是我们可以从毛泽东同志的《关于目前党的政策中的几个重要问题》（1948年1月18日）中汲取力量。文章提到："当着我们正确地指出在全体上、在战略上，应当轻视敌人的时候，却决不可在每一个局部上，在每一个具体问题上，也轻视敌人"。因此，我们在维修动力电池时不要害怕，胆大心细，同样也可以修好它。

一、任务导入

一辆纯电动汽车因为动力电池系统存在故障而无法行驶，动力系统故障指示灯点亮。主管要求进行故障诊断并排除，你能完成这个任务吗？

二、获取信息

引导问题 1 ▶ 如何进行动力电池系统故障诊断？

以下以比亚迪 e6 为例，介绍纯电动汽车动力电池系统故障诊断的基本思路与注意事项，其他车型可以参考。

基本诊断思路

（1）故障诊断仪读取数据

进行动力电池系统诊断时，应利用故障诊断仪读取动力电池组数据，并配合接线板进行实测，通过最终数据判断是动力电池故障，还是电源管理控制器、高压配电箱或其他组件故障。

如果单节动力电池电压值异常，单节电压过高会导致无法充电，电压过低会导致断电保护。充电过程中，单节最高电压应低于 3.8V；行车过程中，单节电压低于 2.2V 会断电保护，低于 2.4V 时系统报警。

如果单节动力电池温度异常，温度过高会导致无法充电（高于 65℃时会进行充电保护）。

（2）外观及漏电检测

进行动力电池组外观是否损坏、漏液，以及动力电池组对外绝缘电阻的检测。动力电池组对外绝缘电阻要求如下：

1）绝缘电阻值的要求。在动力电池的整个寿命内，根据标准计算方法计算得到绝缘电阻值，必须大于 100Ω/V。

2）测试前要求。在整个测试过程中，动力电池的开路电压等于或高于其标称电压值，动力电池两极应与动力装置断开。

3）测量工具。能够测量直流电压的电压表，其内阻应大于 10MΩ。

（3）上电流程

上电流程确认动力电池系统工作是否正常。以比亚迪 e6 为例，它的上电流程如图 3-1-1 所示。

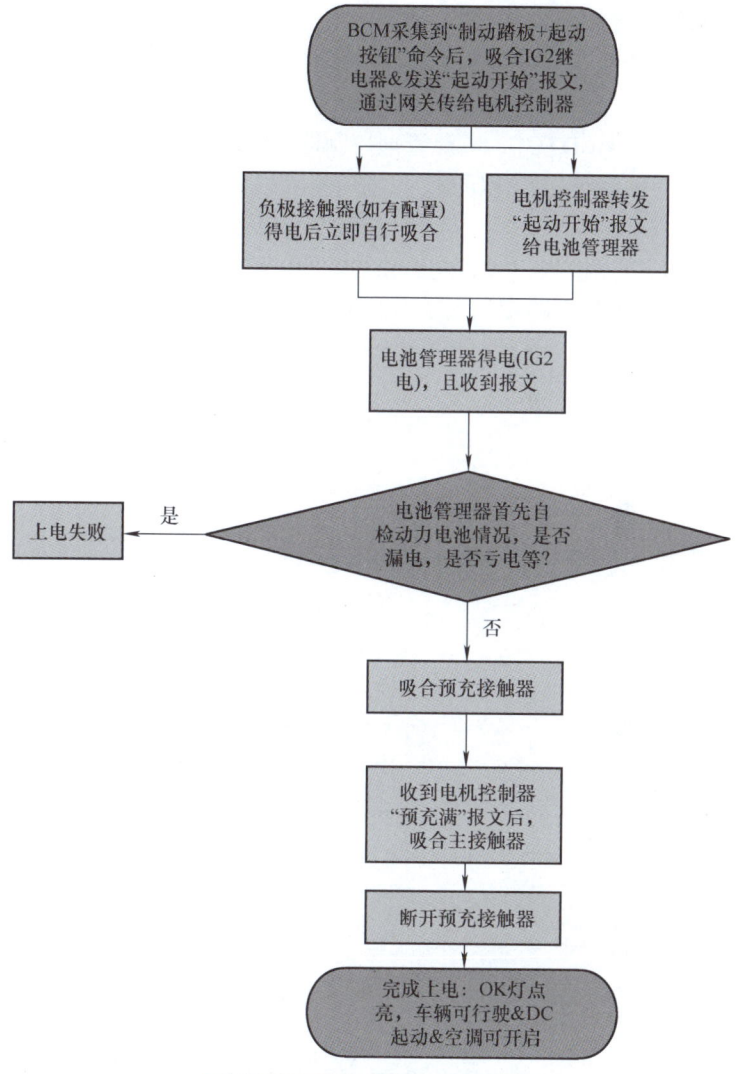

图 3-1-1　比亚迪 e6 上电流程

引导问题 2　如果电源管理控制器发生故障，如何进行诊断与排除？

纯电动汽车电源管理控制器是整车动力电池的主控模块，负责采集动力电池的电池单元电压、温度、电流数据，控制动力电池处于最佳的充放电水平。此外，该模块还会负责控制高压配电箱内高电压继电器的接通与断开，并诊断继电器（接触器）故障信息。

1. 电源管理控制器故障症状与可能原因

（1）故障症状

纯电动汽车的电源管理控制器发生故障时，会导致高电压系统内接触器不能工作，使车辆失去动力而不能行驶，同时位于仪表盘的动力系统故障指示灯 将点亮。

（2）可能原因

造成电源管理控制器故障的主要原因是电源供电异常、搭铁不良或控制器自身损坏。

2. 电源管理控制器故障诊断方法

以比亚迪 e6 为例（其他车型可参考），电源管理控制器故障诊断与排除步骤如下。

（1）读取故障码

使用诊断仪读取故障码（DTC），电源管理控制器可能存在以下 DTC：

P1A58-00：电池管理系统初始化错误。

（2）故障检测

根据 DTC 提示进行故障检测，包括电源和搭铁的线路检测。

电源与搭铁诊断时参考的电路图如图 3-1-2 所示。

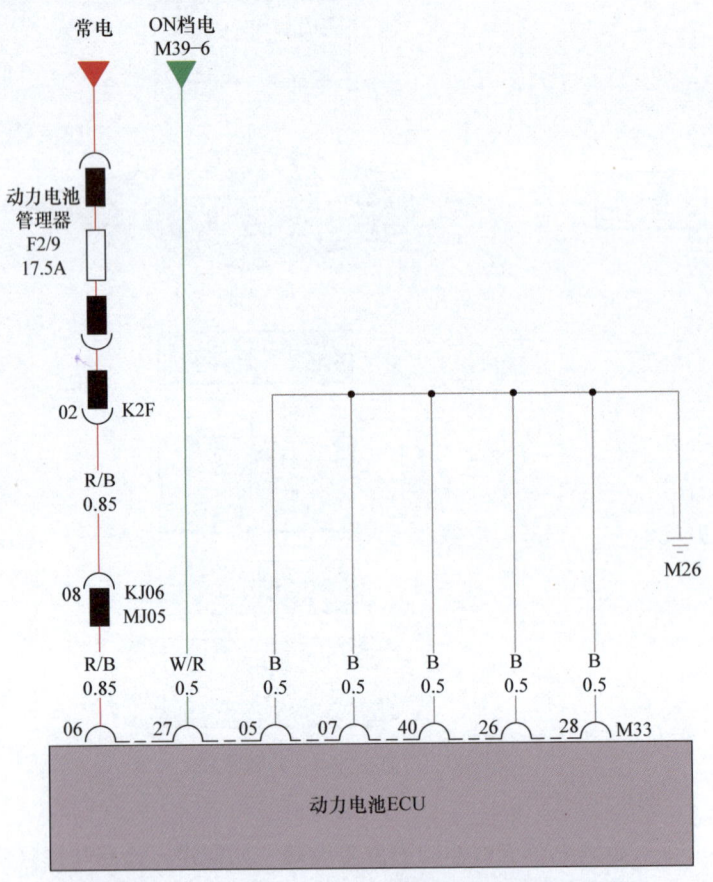

图 3-1-2　比亚迪 e6 电源管理控制器电源和搭铁电路图

1）使用万用表测量电源管理控制器 M33-6 号端子的电压，标准值：动力电池电压。

2）使用万用表测量电源管理控制器 M33-27 号端子的电压，在点火开关 ON 时，标准值：12V 蓄电池电压。

3）使用万用表测量 M33-5、7、40、26、28 号端子的电阻，在动力电池负极断开情况下，标准值：与车身搭铁电阻 0.2Ω 以下。

（3）电源管理控制器其他故障诊断

1）典型故障码（DTC）。使用诊断仪读取可能存在的以下 DTC：

P1A40-00：单节动力电池温度传感器故障。

可能的故障范围：温度传感器、线束。

2）DTC 诊断步骤。参考维修手册制订 DTC 诊断步骤执行诊断。

3）DTC 诊断时参考的电路图如图 3-1-3 所示。

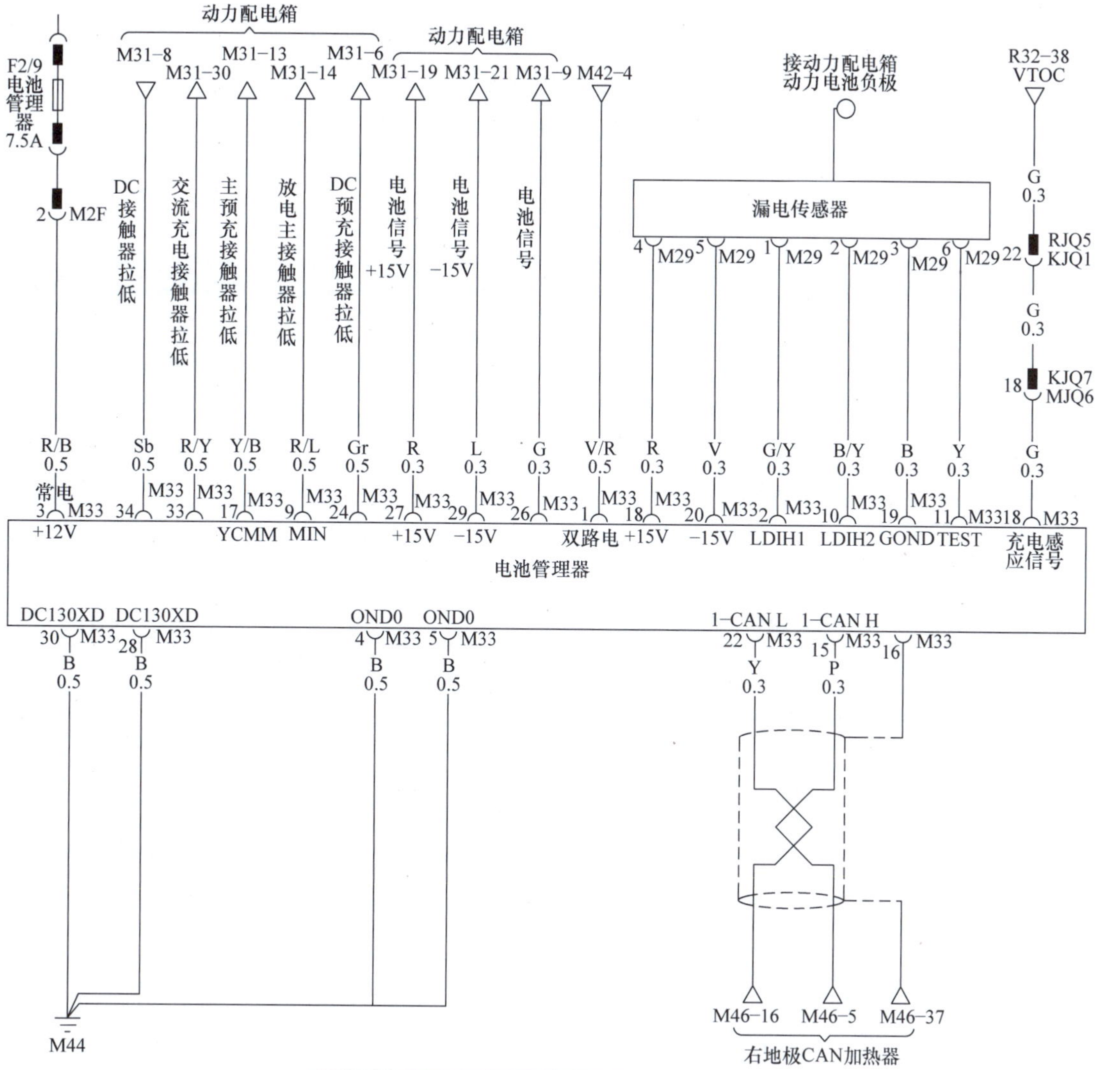

图 3-1-3　比亚迪 e6 电源管理控制器电路图

4）电源管理控制器端子定位与标准参考值如图 3-1-4 所示。

3. 电源管理控制器更换流程

如果确认电源管理控制器损坏，应进行更换。更换流程如下：

1）将车辆退电至 OFF 档，拆下后排座椅，断开维修开关，等待 5min。

2）拔掉电源管理控制器上连接动力电池的采样线和整车低压线束的接插件，拔掉整车低压线束在电源管理控制器支架上的固定卡扣。

3）用 10 号套筒扳手拆卸电源管理控制器的固定螺母。

4）更换电源管理控制器，插上动力电池采样线和整车低压线束的接插件，插上维修开关手柄。

5）断开维修开关，用 10 号套筒扳手拧紧电源管理控制器的固定螺母。

6）插上维修开关手柄，完成更换。

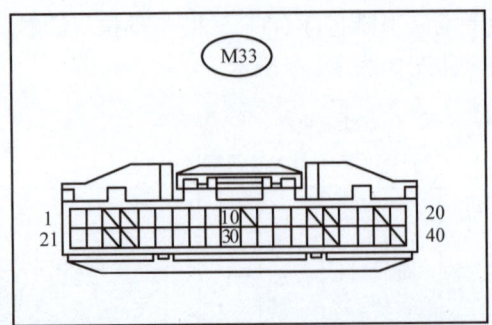

连接端子	端子描述	线色	条件	正常值
1—车身地	充电接触器控制	G/B	充电	小于1V
2—车身地	预充接触器控制	Y/B	起动	小于1V
5—车身地	车身地	B	始终	小于1V
6—车身地	电源信号	R/B	常电	11~14V
7—车身地	车身地	B	始终	小于1V
10—车身地	充电感应开关	L	充电	小于1V
12—车身地	漏电传感器电源	W	起动	约-15V
13—车身地	一般漏电信号	G/Y	一般漏电	小于1V
14—车身地	屏蔽地	B	始终	小于1V
15—车身地	充电通信 CAN-L	V	充电	1.5~2.5V
16—车身地	充电通信 CAN-H	P	充电	2.5~3.5V
17—车身地	F-CAN-L	V	电源ON档	1.5~2.5V
18—车身地	F-CAN-H	P	电源ON档	2.5~3.5V
20—车身地	电流霍尔信号	G	电流信号	—
21—车身地	正极接触器控制	R/Y	起动	小于1V
22—车身地	DC继电器	L	充电或起动	小于1V
25—车身地	预充信号	G/R	上ON档电后2s	小于1V
26—车身地	车身地	B	始终	小于1V
27—车身地	电源	W/R	电源ON档/充电	11~14V
28—车身地	车身地	B	始终	小于1V
31—车身地	漏电传感器电源	R	起动	约+15V
32—车身地	漏电传感器地	B	始终	小于1V
33—车身地	严重漏电信号	B/Y	严重漏电	小于1V
37—车身地	屏蔽地	B	始终	小于1V
38—车身地	电流霍尔电源	L	起动	约-15V
39—车身地	电流霍尔电源	R	起动	约+15V

图 3-1-4　比亚迪 e6 电源管理控制器端子图与标准参考值

引导问题 3　如果高压配电箱发生故障,如何进行诊断与排除?

高压配电箱是控制高电压接通与关闭的执行部件,内部由多个接触器与继电器组成,这些接触器或继电器由电源管理控制器控制。

电源管理控制器是高压配电箱内接触器的诊断主控模块,它可以诊断接触器是否按照预定的要求打开与关闭,是否有不正常的吸合,如接触器烧蚀会产生接触器类故障码(DTC)。

1. 高压配电箱故障症状与可能原因

（1）故障症状

1）高压配电箱内接触器或继电器存在故障时，会导致高电压系统内接触器不能工作，使车辆失去动力。

2）位于仪表盘的动力系统故障指示灯  将点亮。

（2）故障可能原因及排除方法

可能故障原因：接触器自身线圈损坏或者控制线路接触不良。

排除方法：检修线路，更换高压配电箱。

2. 高压配电箱故障诊断方法

以比亚迪 e6 为例（其他车型可参考），高压配电箱故障诊断与排除步骤如下。

（1）读取 DTC

使用诊断仪读取可能存在的以下 DTC。

P1A5D-00：电机控制器预充未完成。

（2）故障检测

根据 DTC 提示进行故障检测，包括电源和搭铁的线路检测。

电源与搭铁诊断时参考的电路图如图 3-1-5 和图 3-1-6 所示。

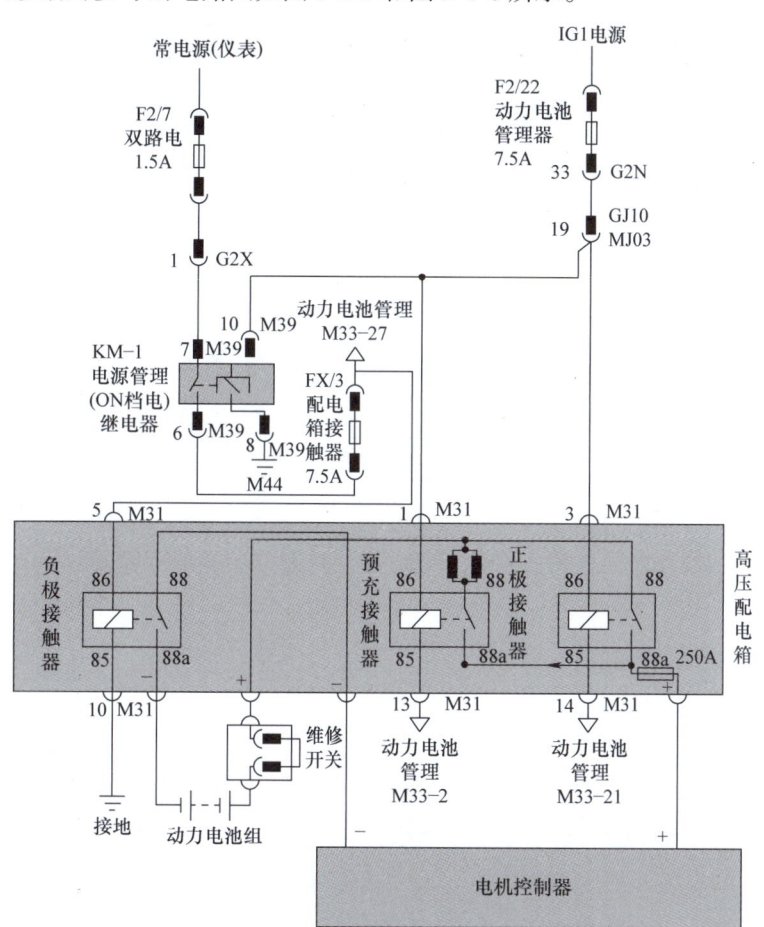

图 3-1-5　比亚迪 e6 高压配电箱驱动系统电路图

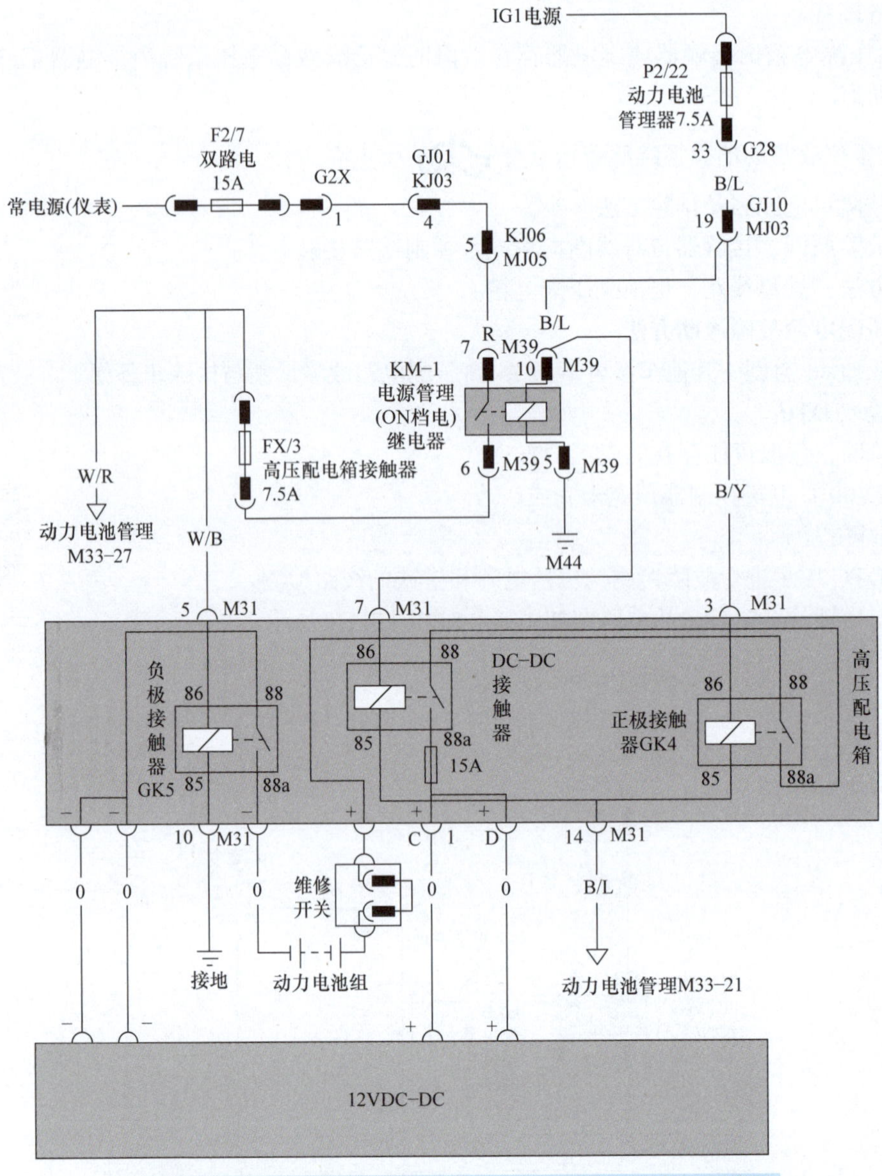

图 3-1-6 比亚迪 e6 高压配电箱在 DC-DC 系统内的高压电路图

（3）高压配电箱端子测量

高压配电箱端子测量如下：

1）拔下高压配电箱 M31 连接器。

2）测量线束端连接器各端子间电压或电阻（如图 3-1-7 所示）。

如果测量值不符合标准，应进行更换或维修。

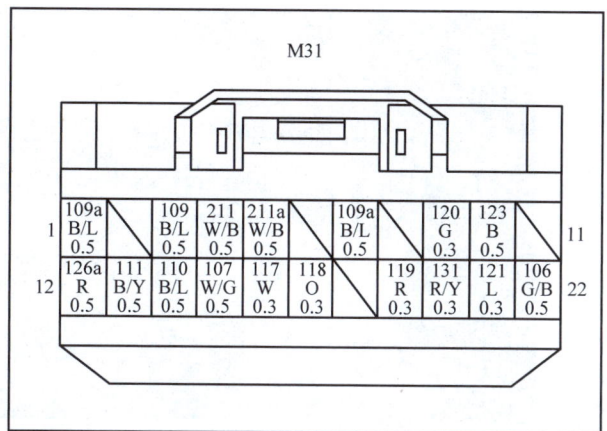

端子	线色	条件	正常值
M31-1- 车身地	G	电源打到 ON 档	11~14V
M31-3- 车身地	B/Y	电源打到 ON 档	11~14V
M31-10- 车身地	B	始终	小于1Ω

图 3-1-7　高压配电箱端子图与标准参数

三、任务实拖

1. 实施要求

本操作任务为完成纯电动汽车动力电池系统的故障诊断与排除，包括以下内容：

1）动力电池母线正负输出端电压测量。
2）动力电池母线正负输出端电流测量。
3）检测动力电池母线的绝缘性。

2. 实施准备

1）防护装备：绝缘防护装备。
2）车辆、台架、总成：比亚迪 e6、北汽 EV160 或其他纯电动汽车；或同类车型台架。
3）专用工具、设备：对应车型故障诊断仪、万用表；或其他适用的设备。
4）手工工具：新能源汽车维修组合工具。
5）辅助材料：诊断与维修必要的熔丝等耗材。

3. 实施步骤

1）测量动力电池母线正负输出端电压。
2）测量动力电池母线正负输出端电流。
3）测量电机控制器高压线的电流。

注意事项：

驱动电机的电流为交流电，检测时注意仪表直流档和交流档的选择。

4）测量电机控制器高压 W 线的电流。

① 技师 A 使用电流钳交流档测量，电流钳钳住电机控制器高压 W 线线束，如图 3-1-8 所示。
② 技师 B 操作如下：

踩住制动踏板（如图 3-1-9 所示）。

图 3-1-8　电流钳钳住电机控制器高压 W 线线束

图 3-1-9　踩住制动踏板

打开点火开关，挂入 D 位（如图 3-1-10 所示）。
松开制动踏板，踩下加速踏板。
③ 技师 A 观察电流钳电流读数的变化，如图 3-1-11 所示。经检查，电流变化正常。
正常值：随着加速踏板踏下，电流在 28.4~0.9A 之间变化。

图 3-1-10　挂入 D 位

④ 技师 B 操作如下：
踩住制动踏板，挂入 R 位（如图 3-1-12 所示）。

图 3-1-11 观察电流钳电流读数

图 3-1-12 挂入 R 位

松开制动踏板,踩下加速踏板。

⑤ 技师 A 观察电流钳电流读数的变化。经检查,电流变化正常。

正常值:随着加速踏板踏下,电流在 21.4~1.8A 之间变化。

⑥ 技师 B 操作如下:

踩住制动踏板,挂入 N 位,关闭点火开关。

⑦ 技师 A 取下电流钳。

5)测量电机控制器高压 V 线的电流。

① 技师 A 使用电流钳交流档测量,电流钳钳住电机控制器高压 V 线线束,如图 3-1-13 所示。

图 3-1-13 电流钳钳住电机控制器高压 V 线线束

②技师B操作如下：

踩住制动踏板，打开点火开关，挂入D位。

松开制动踏板，踩下加速踏板（如图3-1-14所示）。

图3-1-14　踩下加速踏板

③技师A观察电流钳电流读数的变化，如图3-1-15所示。经检查，电流变化正常。

正常值：随着加速踏板踏下，电流在37.4~4A之间变化。

图3-1-15　观察电流钳电流读数的变化

④技师B操作如下：

踩住制动踏板，挂入R位。

松开制动踏板，踩下加速踏板。

⑤技师A观察电流钳电流读数的变化。经检查，电流变化正常。

正常值：随着加速踏板踏下，电流在20.1~7.8A之间变化。

⑥技师B操作如下：

踩住制动踏板，挂入N位，关闭点火开关。

⑦技师A取下电流钳。

6）测量电机控制器高压U线的电流。

①技师A使用电流钳交流档测量，电流钳钳住电机控制器高压U线线束，如图3-1-16所示。

②技师B操作如下：

踩住制动踏板，打开点火开关，挂入D位（如图3-1-17所示）。

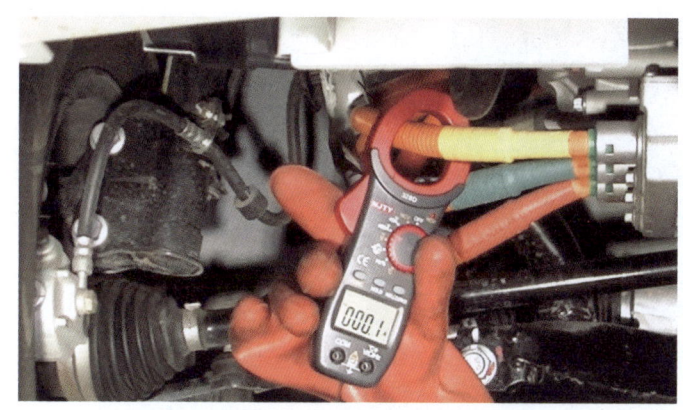

图 3-1-16　电流钳钳住电机控制器高压 U 线线束

图 3-1-17　挂入 D 档位

松开制动踏板，踩下加速踏板。
③ 技师 A 观察电流钳电流读数的变化。经检查，电流变化正常。
正常值：随着加速踏板踏下，电流在 24.4~2.8A 之间变化。
④ 技师 B 操作如下：
踩住制动踏板，挂入 R 位（如图 3-1-18 所示）。

图 3-1-18　挂入 R 位

松开制动踏板，踩下加速踏板（如图 3-1-19 所示）。

图 3-1-19　踩下加速踏板

⑤ 技师 A 观察电流钳电流读数的变化。经检查，电流变化正常。

正常值：随着加速踏板踏下，电流在 23.9~3A 之间变化。

⑥ 技师 B 操作如下：

踩住制动踏板，挂入 N 位，关闭点火开关。

⑦ 技师 A 取下电流钳。

四、任务考核

目标		考核题目	得分
知识目标	1	1)（判断）进行动力电池系统诊断时，应利用故障诊断仪读取动力电池组数据，并配合接线板进行实测，通过最终数据判断是动力电池故障，还是电源管理控制器、高压配电箱或其他组件故障。（　）	
		2)（判断）动力电池的单节电池电压值异常，单节电压过高会导致无法充电，电压过低会导致断电保护。（　）	
		3)（单选）动力电池绝缘电阻的检查测量工具是（　） A. 诊断仪　　　　B. 伏特表　　　　C. 示波器　　　　D. 万用表	
	2	1)（判断）纯电动汽车电源管理控制器是整车辅助电池的主控模块。（　）	
		2)（单选）纯电动汽车的电源管理控制器发生故障时，会导致高电压系统内接触器不能工作，使车辆失去动力而不能行驶，同时位于仪表盘的（　）故障指示灯将点亮 A. 动力系统　　　B. ABS　　　　C. 电池　　　　D. 安全气囊	
		3)（单选）电源控制管理器线路的检查测量工具是（　） A. 诊断仪　　　　B. 示波器　　　　C. 万用表　　　　D. 电流钳	
	3	1)（判断）电源管理控制器是高压配电箱内继电器与接触器的诊断主控模块，它可以诊断接触器是否按照预定的要求打开与关闭。（　）	
		2)（单选）（　）是控制高电压接通与关闭的执行部件，内部主要由多个接触器与继电器组成，这些接触器或继电器由电源管理控制器控制 A. 动力电池　　　B. 高压配电箱　　　C. 电机　　　　D. DC-DC	
		3)（判断）断开插接器时，不需要断电。（　）	
技能目标		1)（单选）测量电机控制器高压 W 线的电流时用到的工具是（　） A. 万用表　　　　B. 诊断仪　　　　C. 电流钳　　　　D. 电流表	
		2)（判断）测量电机控制器高压 W、V、U 线的电流的方法是有差别的。（　）	
总分：			
教师评语：			

项目二 纯电动汽车故障诊断与排除

任务二 纯电动汽车驱动电机系统故障诊断与排除

学习目标

◎ 知识目标

1. 能够描述驱动电机控制器故障诊断与排除方法。

2. 能够描述驱动电机故障诊断与排除方法。

◎ 技能目标

能够进行纯电动汽车驱动电机系统相关的故障诊断与排除。

课程育人

习近平总书记在中国政法大学的讲话说道，青年时期是培养和训练科学思维方法和思维能力的关键时期，无论在学校还是在社会都要把学习同思考、观察同思考、实践同思考紧密结合起来，保持对新事物的敏锐，学会用正确的立场观点方法分析问题。我们要学习总书记的讲话精神，认真掌握新能源汽车电机维修的能力。

一、任务导入

一辆纯电动汽车仪表  故障指示灯点亮，车辆也不能行驶。经初步判断是电机及驱动系统存在故障，主管要求进一步诊断并排除故障，你能完成这个任务吗？

二、获取信息

引导问题 1 如果驱动电机控制器发生故障，如何进行故障诊断与排除？

驱动电机控制器是驱动系统的核心执行模块。驱动电机控制器接收动力电池管理器和整车控制单元的信息，控制驱动电机的运转，并实现电机转速、方向和转矩的改变。电机控制器通过接收电机角度传感器（电机解角传感器）信号，作为控制命令的输出反馈，实现系统的闭环控制。

下面以比亚迪 e6 为例，介绍纯电动汽车驱动电机控制器的故障诊断基本思路与注意事项，其他车型可以参考。

1. 驱动电机控制器故障症状与可能原因

（1）故障症状

驱动电机控制器存在故障时，会导致电机不能正常运转，使车辆失去动力。同时位于车辆仪表盘上的动力系统故障指示灯 将点亮。

注意：如果仅有 指示灯点亮，说明问题是电机的温度过高，系统将降低电机的功率输出。

（2）可能原因

驱动电机控制器的常见故障原因如下：

1）控制器模块本身的故障。

2）电机温度传感器故障。

2. 驱动电机控制器故障诊断方法

以比亚迪 e6 为例（其他车型可参考），驱动电机控制器故障诊断与排除步骤如下。

（1）读取故障码

使用故障诊断仪读取故障码（DTC），驱动电机控制器可能存在的 DTC 见表 3-2-1。

表 3-2-1 驱动电机控制器相关的故障码

驱动电机控制器		
故障码（DTC）	故障描述	可能发生部位
P1B00-00	IPM 故障	电机控制器
P1B01-00	旋变故障	MG2 电机线束，接插件
P1B02-00	欠电压保护故障	电机控制器
P1B03-00	主接触器异常故障	电机控制器 动力电池管理器 高压配电箱
P1B04-00	过电压保护故障	电机控制器
P1B05-00	IPM 散热器过温故障	电机控制器
P1B06-00	档位故障	档位管理器 电机控制器 / 线束
P1B07-00	加速踏板异常故障	加速踏板深度传感器回路
P1B08-00	电机过温故障	制动踏板深度传感器回路
P1B09-00	驱动电机过电流故障	MG2 电机
P1B0A-00	缺相故障	电机控制器，线束
P1B0B-00	EEPROM	

（2）故障检测

1）控制器电源与搭铁的诊断。根据 DTC 提示完成故障检测，其中包括电源和搭铁的线路检测。电源与搭铁诊断时参考的电路图如图 3-2-1 所示。

① 拔下电机控制器 B32（外围 24 端子棕色）连接器。

② 测量线束端连接器各端子间电阻或电压。

③ 连接器端子与标准参考值如图 3-2-2 所示。

2）电机控制器与电机低压端子线束电阻检测。

① 用故障诊断仪检测电机控制器和电机。

② 对照下面的图进行测量（图 3-2-3），如果不符合正常值则更换相应的组件。

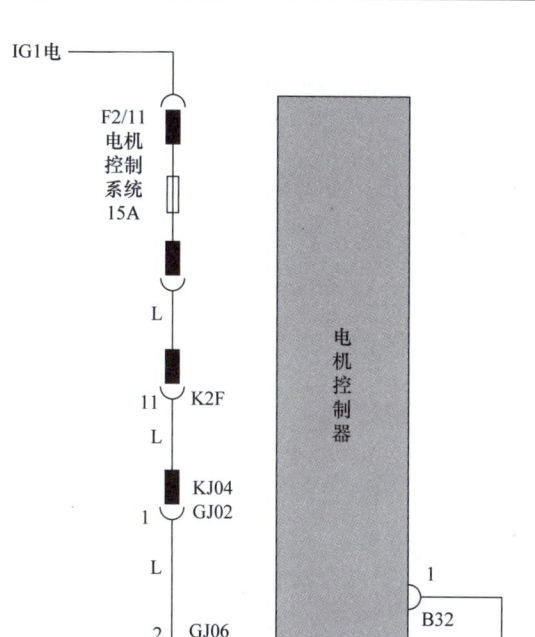

图 3-2-1　电机控制器电源与搭铁参考电路图

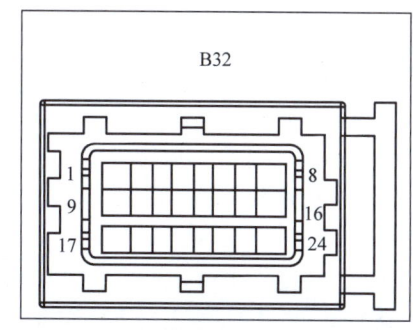

端子	线色	条件	正常值
B32-8- 车身地	L	电源打到 ON 档	11~14V
B32-1- 车身地	B	电源打到 ON 档	小于 1Ω

图 3-2-2　电机控制器 B32 连接器端子与标准参考值

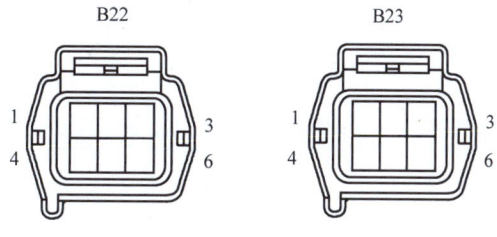

端子	线色	正常值
B32-7 → B23-1	O	小于 1Ω
B32-15 → B23-4	Lg	小于 1Ω
B32-4 → B22-1	Y/L	小于 1Ω
B32-5 → B22-2	Y/O	小于 1Ω
B32-6 → B22-3	Y/G	小于 1Ω
B32-12 → B22-4	L/W	小于 1Ω
B32-13 → B22-5	L/O	小于 1Ω
B32-14 → B22-6	Gr	小于 1Ω

图 3-2-3　电机控制器连接器 B22、B23 的端子和标准参考值

3）主电机控制器检测数据：测量电机控制器高压正负极输入端与控制器向动力电机输出端的电压值，标准参考值见表 3-2-2。

表 3-2-2 动力电机输出端电压值

动力电机输出相位	输入端	正常值
A 相	与控制器输入正极	0.3V
A 相	与控制器输入负极	0.3V
B 相	与控制器输入正极	0.3V
B 相	与控制器输入负极	0.3V
C 相	与控制器输入正极	0.3V
C 相	与控制器输入负极	0.3V

4）角度传感器的诊断。

① 使用故障诊断仪诊断如产生 DTC：P1B01-00：旋变故障。

② 检查低压连接器。退电 OFF 档，拔掉电机控制器低压连接器 B33。

a. 测量 B33-4 和 B33-12 电阻是否 8~10Ω；测量 B33-5 和 B33-13 电阻是否 14~18Ω；测量 B33-6 和 B33-14 电阻是否 14~18Ω。

b. 如果所测电阻正常，则检查 B22 接插件是否松动，如果没有松动，则为动力总成故障。

③ 更换驱动电机控制器与 DC 总成。

电机控制器连接器 B33 主要端子定义如图 3-2-4 所示。

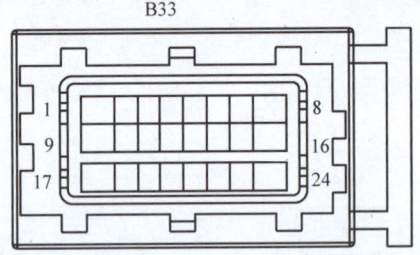

端子号	线色	端子描述	条件	正常值
3	绿	MG2 旋变屏蔽地	始终	小于 1V
4	黄	MG2 励磁 +	线束端（断线插件）	与励磁（-8.1±2）Ω
5	蓝	MG2 正弦 +	线束端（断线插件）	与正弦（-14±4）Ω
6	橙	MG2 余弦 +	线束端（断线插件）	与余弦（-14±4）Ω
7	粉	MG2 电机过温	线束端（断线插件）	与 15 端子有电阻值（小于 100Ω）
8	灰	运行模式切换信号输入	ON 档	小于 1V 或 11~14V
11	紫	CAN 屏蔽地	始终	小于 1V
12	黄黑	MG2 励磁 -	线束端（断线插件）	与励磁（+8.1±2）Ω
13	蓝黑	MG2 正弦 -	线束端（断线插件）	与正弦（+14±4）Ω
14	橙黑	MG2 余弦 -	线束端（断线插件）	与余弦（+14±4）Ω
15	绿黄	MG2 电机过温地	线束端（断线插件）	与 7 端子有电阻值（小于 100Ω）
16	黄红	运行模式切换信号输出	ON 档	小于 1V 或 11~14V
19	棕	CAN 信号高	始终	2.5~3.5V
20	白	CAN 信号低	始终	1.5~2.5V
21	白黑	驻车制动信号	驻车	小于 1V
22	白红	制动信号	踩制动踏板	11~14V

图 3-2-4 电机控制器连接器 B33 端子定义

5）相关 DTC P1B03：欠电压保护故障（或 P1B04：过电压保护故障）的诊断。首先检查动力电池电量，动力电池电量是否大于 10%。如果电量正常，则检测高压母线，步骤如下：

① 断开维修开关，等待 5min。
② 拔掉电机控制器高压接插件端子。
③ 插上维修开关，整车上电。
④ 测量母线电压值，正常值见表 3-2-3。

表 3-2-3 母线电压正常值

端子	正常值
母线正→母线负	标准动力电池电压

⑤ 如果母线电压值不在正常范围，那么检查高压配电盒及高压线路。否则，更换驱动电机控制器。

3. 驱动电机控制器更换流程

如果确认驱动电机控制器损坏，应进行更换，更换流程如下。

（1）拆卸前需求
① 整车 OFF 档。
② 拔掉紧急维修开关，等待 5min 以上。
③ 拆掉配电盒。

（2）拆卸步骤
① 拆掉电机三相线接插件的 4 个螺栓。
② 拔掉高压母线接插件。
③ 拆掉附在箱体上的配电盒上端螺栓。
④ 拆掉底座 4 个紧固螺栓。
⑤ 将控制器往左移，拔掉低压接插件，拆掉搭铁螺栓，拔掉 DC 低压输出线，拔掉 4 个低压线束卡扣。
⑥ 将控制器往右移，拆掉进水管，拆掉出水管。

注意：拆掉进水管时将流出的冷却液用容器接住。

（3）安装步骤
① 将控制器放进安装位置。
② 将控制器往右边移动，安装进水管、出水管。
③ 安装 4 个底座螺栓（先对准左上方螺栓，将螺栓放进去，拧进 1/3，再对准右下方螺栓，将螺栓拧进 1/3，之后放进其他螺栓，将所有螺栓拧紧。紧固力矩：22N·m）。
④ 卡上 DC12V 输出线卡扣，插上 DC12V 接插件；卡上 ACM 线束卡扣；安装搭铁螺栓（紧固力矩：22N·m）；插上接插件。
⑤ 安装箱体侧面的配电盒螺栓。
⑥ 插上高压母线接插件。
⑦ 安装电机三相线接插件（先装最靠近车头下方的螺栓，拧进 1/3；再装其对角螺栓，拧进 1/3；之后安装其他螺栓；将所有螺栓拧紧。紧固力矩：9N·m）。

> **引导问题 2** 如果驱动电机发生故障，如何进行诊断与排除？

驱动电机发生故障时，通常仪表盘会点亮动力系统故障指示灯 ，应先利用故障诊断仪读取故障码（DTC），根据故障码提示的内容进行检修。

驱动电机常见的故障症状、原因与排除方法如下。

1. 电机起动困难或不能起动

① 原因：电源电压过低。排除方法：调整电压到所需值
② 原因：电机过载。排除方法：减轻负载后再起动
③ 原因：机械锁止。排除方法：检查后先停车，解除机械锁止，然后再起动电机。

2. 电机运行温度过高

① 原因：负载过大。排除方法：减轻负载
② 原因：电机扫膛。检查气隙及转轴、轴承是否正常，如有故障应排除
③ 原因：电机绕组故障。检查绕组是否有接地、短路、断路等故障，如有故障应排除
④ 原因：电机冷却不良。检查冷却系统故障，如有故障应排除

三、任务实施

1. 实施要求

本操作任务完成纯电动汽车驱动电机系统的故障诊断与排除，具体包括以下内容。
驱动电机角度传感器检测。

2. 实施准备

1）防护装备：绝缘防护装备。
2）车辆、台架、总成：比亚迪 e6、北汽 EV160 或其他纯电动汽车；或同类车型台架。
3）专用工具、设备：对应车型故障诊断仪、万用表；或其他适用的设备。
4）手工工具：新能源汽车维修组合工具。
5）辅助材料：诊断与维修必要的熔丝等耗材。

3. 实施步骤

提示：

电机角度传感器也称"解角传感器"或"旋变传感器"，是一种检测磁极位置的传感器，它对保证 MG1 电机和 MG2 电机的高效控制是必需的。电机角度传感器的定子包括一个励磁线圈和两个检测线圈。因为转子是椭圆形状的，定子和转子间的间隙随着转子转动而变化。预定频率的交流电流过励磁线圈和检测线圈，并且根据传感器转子位置的变化输出交流电。电机角度传感器（旋转变压器）安装位置及结构如图 3-2-5 所示。

如图 3-2-6 所示，电机控制器根据检测线圈的相位及它们的波形，来检测转子的绝对位置。此外，为了用电机角度传感器实现速度传感器的功能，CPU 计算出在一段预定的时间内位置的变化次数。

（1）电机控制器到电机角度传感器之间的线路连接检测

1）拆卸低压蓄电池负极，进行高压中止与检验。
2）断开电机控制器端子，如图 3-2-7 所示。
3）断开电机角度传感器端子，如图 3-2-8 所示。

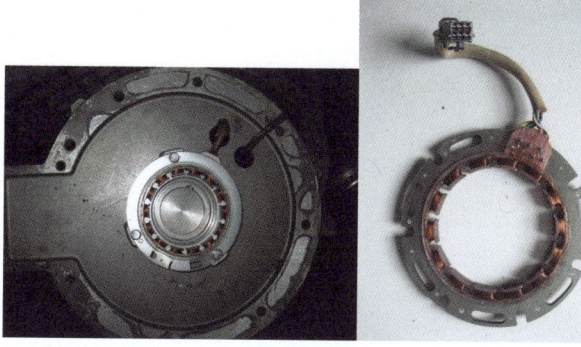

图 3-2-5　电机角度传感器（旋转变压器）安装位置及结构

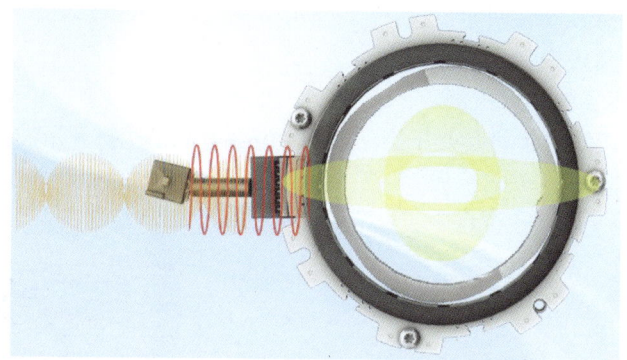

图 3-2-6　电机角度传感器工作原理

图 3-2-7　断开电机控制器端子

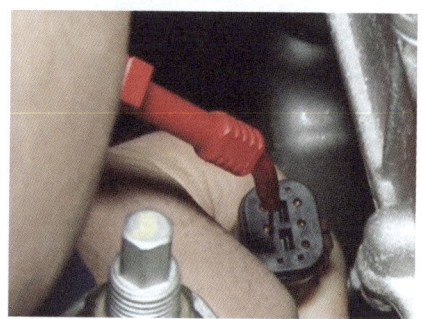

图 3-2-8　电机角度传感器端子

4）利用万用表电阻档，检测电机控制器端子与电机角度传感器连接器端子之间的线束及连接器导通情况，都应该导通，如图 3-2-9 所示。

图 3-2-9　检测电机角度传感器连接器导通情况

（2）电机角度传感器电阻检测

1）将万用表旋至欧姆档，校准万用表。

2）将电机角度传感器的 1 号端子和 4 号端子接出引线，测量它们之间电阻，如图 3-2-10 所示。

3）将电机角度传感器的 2 号端子和 5 号端子接出引线，测量它们之间电阻，如图 3-2-10 所示。

4）将电机角度传感器的 3 号端子和 6 号端子接出引线，测量它们之间电阻，如图 3-2-10 所示。

5）关闭万用表。

6）将电机控制器低压接插件安装回原位。

7）将电机角度传感器安装回原位。

8）将低压蓄电池负极安装到位。

（3）电机角度传感器的波形检测

1）连接示波器及接线，起动点火开关，按下示波器电源键，打开示波器，如图 3-2-11 所示。

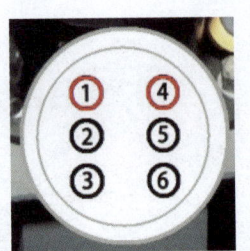

图 3-2-10 电机角度传感器端子

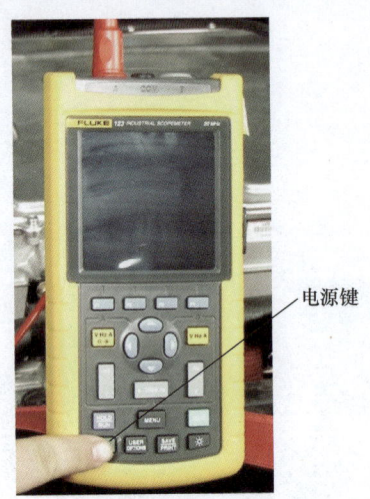

图 3-2-11 打开示波器

2）将示波器探针和电机角度传感器端子延长线连接，观察示波器上的波形。检测车辆无负载时电机角度传感器的波形，如图 3-2-12 所示。

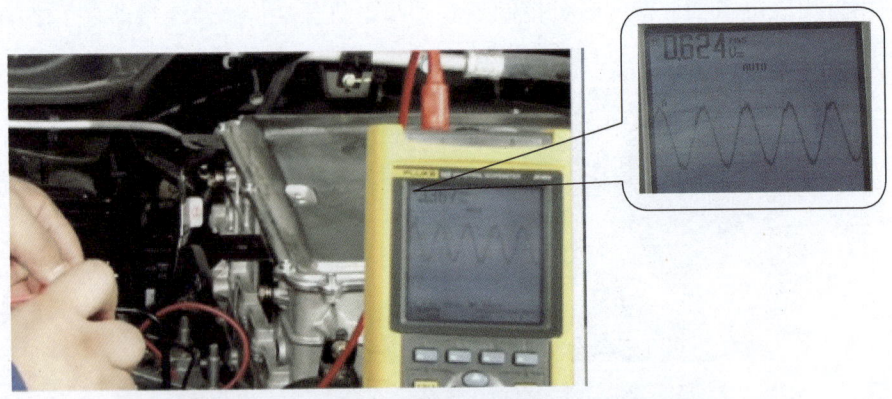

图 3-2-12 检测车辆无负载时电机角度传感器的波形

3）车辆加速，检测电机角度传感器的波形随着电机转速变化而发生变化情况，如图 3-2-13 所示。

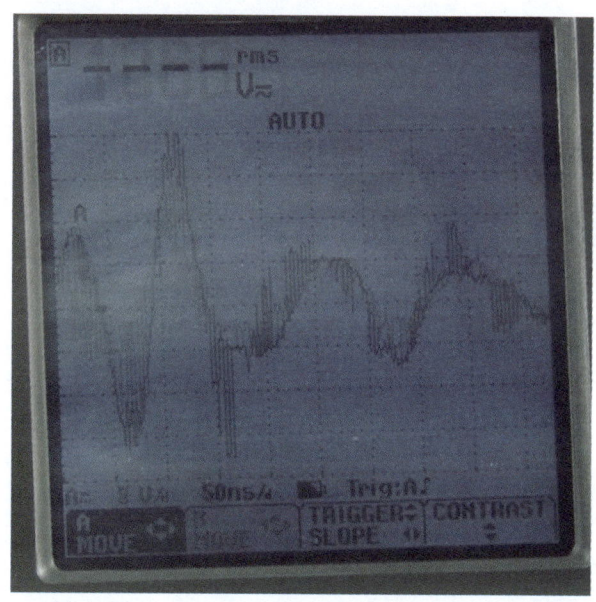

图 3-2-13　检测电机角度传感器的波形随着电机转速变化而发生变化情况

4）检测完毕，关闭仪器电源，将仪器及工具归位，如图 3-2-11 所示。

四、任务考核

目标		考核题目	得分
知识目标	1	1）（单选）（　　）是动力系统的核心执行模块 A. 驱动电机控制器　　B. 驱动电机　　C. 动力电池　　D. DC-DC	
		2）（判断）驱动电机控制器接收动力电池管理器和整车控制单元的信息，控制三相驱动电机的运转，并实现电机转速、方向和转矩的改变（　　）	
		3）（单选）电机控制器 B32(外围 24 端子棕色)连接器，B32-8- 车身地在通电的情况下电压值范围为（　　） A. 3~5V　　　B. 5~7V　　　C. 10~12V　　　D. 11~14V	
	2	1）（判断）驱动电机发生故障时，通常仪表盘会点亮动力系统的故障指示灯，先利用故障诊断仪读取故障码（DTC），根据故障码提示的内容进行检修（　　）	
		2）（单选）驱动电机起动困难或不能起动，可能的原因有（　　） A. 电源电压过低　　B. 负载过大　　C. 电机绕组故障　　D. 电机冷却不良	
		3）（单选）驱动电机运行温度过高，可能的原因有（　　） A. 电机过载　　B. 机械卡住　　C. 电机绕组故障　　D. 电源电压过低	
技能目标		1）（单选）电机角度传感器的波形检测需要用到（　　） A. 万用表　　B. 解码仪　　C. 示波器　　D. 电流钳	
		2）（判断）电机角度传感器也称"解角传感器"或"旋变传感器"，是一种检测磁极位置的传感器，它对保证 MG1 电机和 MG2 电机的高效控制是必需的（　　）	
		3）（单选）连接电机角度传感器连接器有 4 个端子（　　）	

总分：

教师评语：

任务三　纯电动汽车整车动力控制系统故障诊断与排除

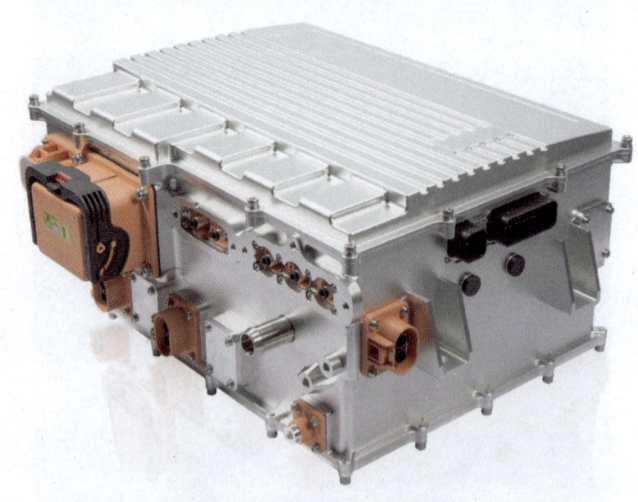

学习目标

◎ **知识目标**

1. 能够描述纯电动汽车输入/输出信号部件的故障诊断与排除方法。
2. 能够描述高电压漏电的故障诊断与排除方法。

◎ **技能目标**

能够进行纯电动汽车整车动力控制系统相关项目的检测。

一、任务导入

一辆纯电动汽车发生漏电故障，并且仪器检测到故障码的存在，主管要求进行故障诊断并排除，你能完成这个任务吗？

二、获取信息

 如果整车驱动系统输入/输出信号部件发生故障，如何进行诊断与排除？

以比亚迪 e6 为例，驱动电机的运转主要受驾驶人通过加速踏板、制动踏板和档位进行控制。其中：

1）加速踏板用于为驱动系统提供电机负荷的输入信号，并控制制动能量回收功能。
2）制动踏板用于取消驱动电机输入负荷，并实现车辆的制动功能。
3）档位控制器用于控制电机的运转方向和电机的起动与停止。

当以上输入信号产生故障后，主控 ECU（整车控制 ECU）将停止车辆的动力输入，并输出故障码（DTC）。

1. 驱动系统输入／输出信号部件故障症状与可能原因

（1）故障症状

纯电动汽车在制动信号丢失的情况下，车辆无法起动；非制动系统的信号故障时，车辆能够起动，但起动后动力停止输出；同时位于车辆仪表盘上的动力系统故障指示灯 将点亮。

（2）可能原因

造成驱动系统输入／输出信号故障的主要故障原因是电源供电异常、搭铁不良或信号输出部件自身损坏。

2. 驱动系统输入／输出信号部件故障诊断方法

以比亚迪 e6 为例（其他车型可参考），信号部件故障诊断与排除步骤如下。

（1）读取故障码

使用诊断仪读取可能存在的故障码（DTC）。通常情况下，针对加速踏板、制动踏板以及档位控制器系统，系统能够给出直接指向对应部件的故障码。

（2）故障检测

根据 DTC 提示进行故障检测，包括电源和搭铁的线路检测。

1）档位控制器的检查与诊断。诊断档位控制器故障时，首先检查档位控制器电源电路（图 3-3-1）。

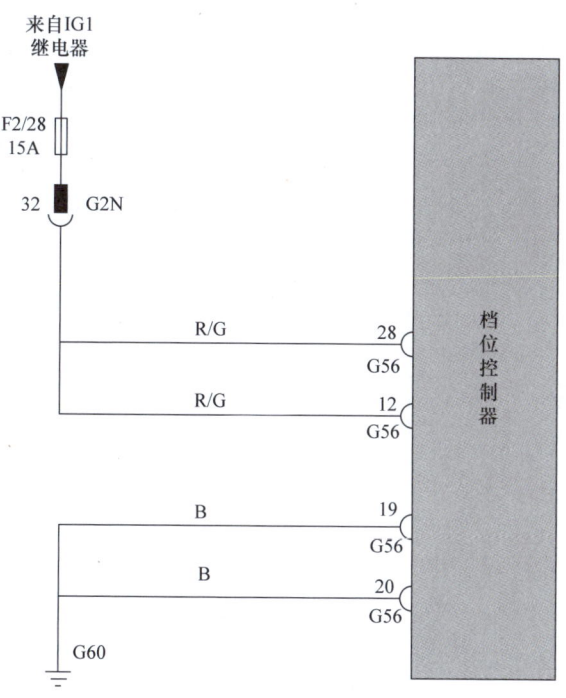

图 3-3-1　档位控制器电源和搭铁电路图

① 检查电源线束。

a. 拔下档位控制器 G56 连接器。

b. 测量线束端连接器各端子间电压或电阻，连接器端子及标准值如图 3-3-2 所示。

c. 如果检测到相应故障，则更换线束总成。

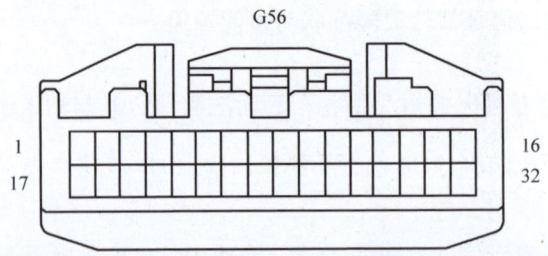

端子	线色	条件	正常值
G56-28-车身地	R/G	电源打到 ON 档	11~14V
G56-12-车身地	R/G	电源打到 ON 档	11~14V
G56-19-车身地	B	始终	小于1Ω
G56-20-车身地	B	始终	小于1Ω

图 3-3-2　档位控制器连接器端子及标准值

② 检查档位传感器。

a. 电源档位打到 ON 档。

b. 从档位传感器 A G54 连接器后端引线或从档位传感器 B G55 连接器后端引线。

c. 测量线束端连接器各端子间电压或电阻，档位传感器电路和连接器端子及标准值如图 3-3-3 和图 3-3-4 所示。

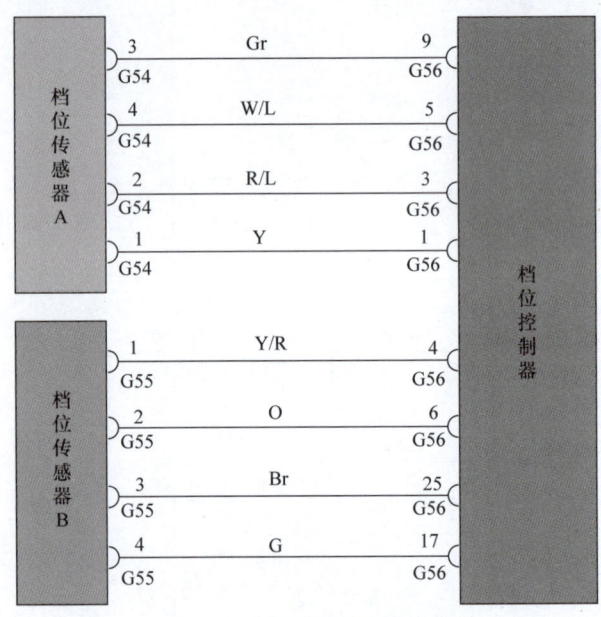

图 3-3-3　档位传感器电路图

③ 检查档位传感器线束。

a. 拔下档位传感器 A G54 连接器。

b. 拔下档位传感器 B G55 连接器。

c. 拔下档位控制器 G56 连接器。

d. 测量线束端连接器各端子间电阻，连接器端子及标准值如图 3-3-5 所示。

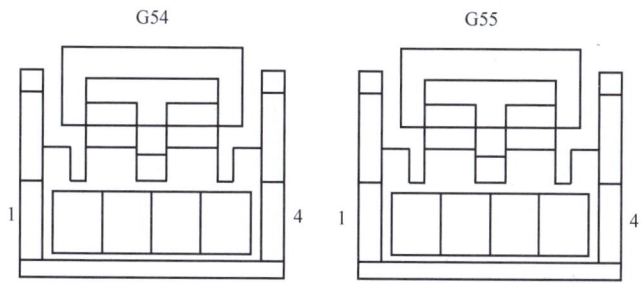

端子	线色	条件	正常值	端子	线色	条件	正常值
G54-3-车身地	Gr	始终	小于1Ω	G55-1-车身地	Y/R	换档手柄打到R位	约5V
G54-4-车身地	W/L	换档手柄打到N位	约5V	G55-2-车身地	O	换档手柄打到D位	约5V
G54-2-车身地	R/L	换档手柄打到P位	约5V	G55-3-车身地	Br	始终	小于1Ω
G54-1-车身地	Y	电源打到ON档	约5V	G55-4-车身地	G	电源打到ON档	约5V

图 3-3-4　档位传感器连接器端子及标准值

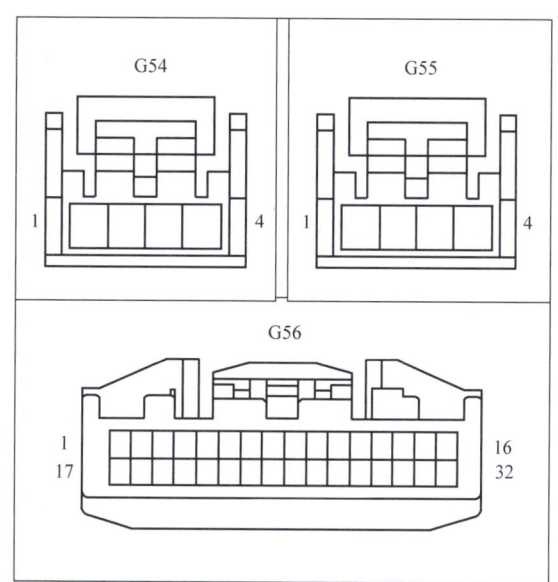

端子	线色	正常值
G54-3-G56-9	Gr	小于1Ω
G54-4-G56-5	W/L	小于1Ω
G54-2-G56-3	R/L	小于1Ω
G54-1-G56-1	Y	小于1Ω
G55-1-G56-4	Y/R	小于1Ω
G55-2-G56-6	O	小于1Ω
G55-3-G56-25	Br	小于1Ω
G55-4-G56-17	G	小于1Ω

图 3-3-5　档位传感器线束连接器端子及标准值

2）加速踏板位置传感器的检测与诊断。

① 加速踏板位置传感器的检测（图 3-3-6）。

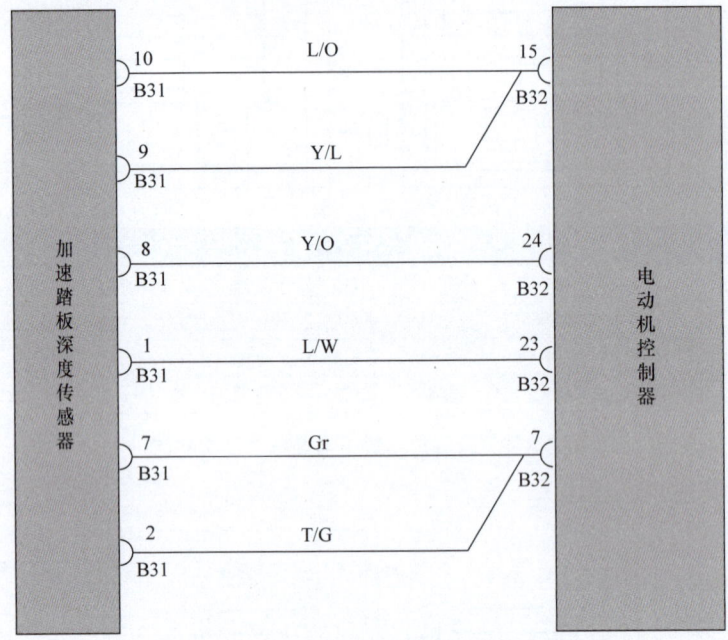

图 3-3-6　加速踏板位置传感器电路图

a. 电源档位打到 ON 档。
b. 从传感器 B31 连接器后端引线。
c. 测量线束端连接器各端子间电压或电阻，连接器端子及标准值如图 3-3-7 所示。

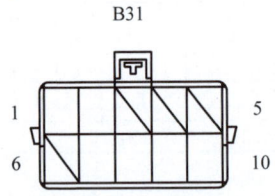

端子	条件	正常值
B31-1- 车身地	不踩加速踏板	约 0.66V
	加速踏板踩到底	约 4.45V
B31-8- 车身地	不踩加速踏板	约 4.34V
	加速踏板踩到底	约 0.55V
B31-2- 车身地	ON 档电	约 5V
B31-7- 车身地	ON 档电	约 5V
B31-9- 车身地	ON 档电	小于 1V
B31-10- 车身地	ON 档电	小于 1V

图 3-3-7　加速踏板位置传感器连接器端子及标准值

② 加速踏板位置传感器与电机控制器线束电阻的检测。
a. 拔下传感器 B31 连接器。
b. 拔下控制器 B32 连接器。
c. 测量线束端连接器各端子间电阻，连接器端子及标准值如图 3-3-8 所示。

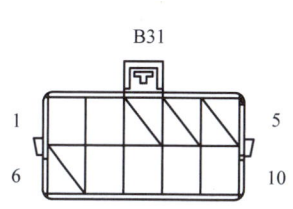
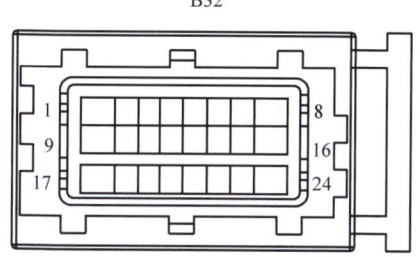

端子	正常值	端子	正常值
B31-2-B32-7	小于 1Ω	B31-2- 车身地	大于 10kΩ
B31-7-B32-7	小于 1Ω	B31-7- 车身地	大于 10kΩ
B31-1-B32-23	小于 1Ω	B31-1- 车身地	大于 10kΩ
B31-8-B32-24	小于 1Ω	B31-8- 车身地	大于 10kΩ
B31-9-B32-15	小于 1Ω	B31-9- 车身地	大于 10kΩ
B31-10-B32-15	小于 1Ω	B31-10- 车身地	大于 10kΩ

图 3-3-8　加速踏板位置传感器线束连接器端子及标准值

3）制动踏板位置传感器的检测与诊断。
① 制动踏板位置传感器的检测（图 3-3-9）。

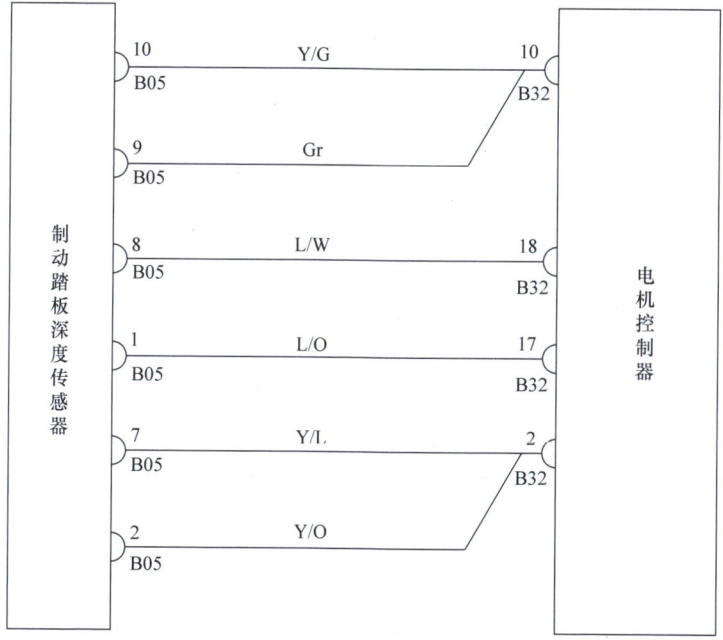

图 3-3-9　制动踏板位置传感器电路图

a. 电源档位打到 ON 档。
b. 从传感器 B05 连接器后端引线。
c. 测量线束端连接器各端子间电压或电阻，连接器端子及标准值如图 3-3-10 所示：

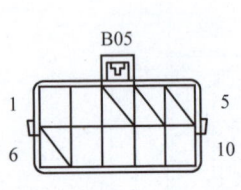

端子	条件	正常值
B05-1- 车身地	不踩制动踏板	约 0.66V
B05-1- 车身地	制动踏板踩到底	约 4.45V
B05-8- 车身地	不踩制动踏板	约 4.34V
B05-8- 车身地	制动踏板踩到底	约 0.55V
B05-2- 车身地	ON 档电	约 5V
B05-7- 车身地	ON 档电	约 5V
B05-9- 车身地	ON 档电	小于 1V
B05-10- 车身地	ON 档电	小于 1V

图 3-3-10 制动踏板位置传感器连接器端子及标准值

② 制动踏板位置传感器与电机控制器线束电阻的检测。
a. 拔下传感器 B05 连接器。
b. 拔下控制器 B32 连接器。
c. 测量线束端连接器各端子间电阻，连接器端子及标准值如图 3-3-11 所示。

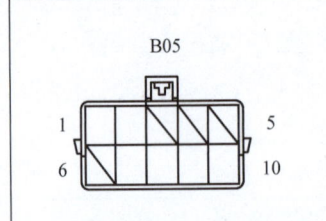
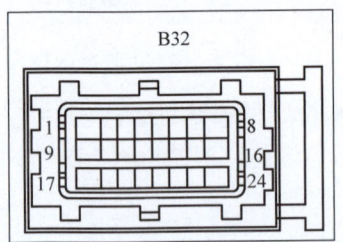

端子	正常值	端子	正常值
B05-2-B32-2	小于 1Ω	B05-2- 车身地	大于 10kΩ
B05-7-B32-2	小于 1Ω	B05-7- 车身地	大于 10kΩ
B05-1-B32-17	小于 1Ω	B05-1- 车身地	大于 10kΩ
B05-8-B32-18	小于 1Ω	B05-8- 车身地	大于 10kΩ
B05-9-B32-10	小于 1Ω	B05-9- 车身地	大于 10kΩ
B05-10-B32-10	小于 1Ω	B05-10- 车身地	大于 10kΩ

图 3-3-11 制动踏板位置传感器线束连接器端子及标准值

引导问题 2 如果高电压系统发生漏电故障，如何进行诊断与排除？

车辆高电压系统安全的首要条件，就是防止高电压系统与车身存在漏电。纯电动汽车高电压系统采用漏电传感器来监测高电压电路是否存在与车身之间的漏电情况，如果发生漏电，系统将自动切断高电压接触器，避免更大的事故发生。

警告：在执行车辆高电压系统诊断及维护前，务必佩戴完好的个人防护设备，并严格遵守正确的操作步骤。

1. 高电压系统故障症状与可能原因

高电压系统漏电故障分为两种：

1）高电压电路与车身存在漏电。

2）漏电传感器系统本身故障。

高电压系统漏电类故障会导致车辆仪表盘上的动力系统故障指示灯  点亮，且车辆将关闭动力输出。

2. 高电压系统漏电故障诊断方法

以比亚迪 e6 为例（其他车型可参考），高电压漏电的故障诊断与排除步骤如下。

（1）读取 DTC

使用诊断仪读取相关故障码（DTC）。

如有明确 DTC，按照 DTC 诊断步骤进行诊断，详细步骤可参考维修手册中的具体 DTC 信息。

（2）漏电故障检测

高电压电路导线漏电主要是绝缘效果降低导致的，因此漏电故障的诊断主要是检查线路对车身，以及不同导线之间的绝缘电阻值。

1）断开被测量的高压导线连接器，如果不确定漏电大体位置，可采用分段测量法来进行排除。

2）使用高压绝缘测试仪分别测量导线对车身的电阻。

- 测量正极导线对车身电阻（测量电压 1000V），标准电阻在 50MΩ 以上；
- 测量负极导线对车身电阻（测量电压 1000V），标准电阻在 50MΩ 以上；
- 测量两导线之间电阻（测量电压 1000V），标准电阻在 50MΩ 以上。

3）对于不符合要求的导线，需要更换新的高压导线。

（3）漏电传感器故障检测

1）检查 12V 蓄电池电压及整车低压线束供电是否正常。

- 标准电压值：11~14V。
- 如果电压值低于 11V，需要更换 12V 蓄电池或检查整车低压线束。

2）在关闭点火开关的状态下，断开漏电传感器连接器。

- 测量漏电传感器供电电压，标准值在 9~16V 之间；
- 测量漏电传感器搭铁电阻，标准值在 0.2Ω 以下。
- 不在以上范围的，需要继续检测传感器本身或连接线路。

3）使用诊断仪读取电源管理器模块内的漏电传感器数值，不能正常读取的，需要更换新的漏电传感器。

三、任务实施

1. 实施要求

本操作任务主要完成对纯电动汽车（以比亚迪 e6 为例）的整车动力控制系统的故障诊断。具体包括以下内容。

1）整车动力系统典型故障码的诊断与排除。

2）主控 ECU 更换。

3）漏电传感器检测。

2. 实施准备

1）防护装备：绝缘防护装备。

2）车辆、台架、总成：比亚迪 e6、北汽 EV160 或其他纯电动汽车；或同类车型台架。

3）专用工具、设备：对应车型故障诊断仪、万用表；或其他适用的设备。

4）手工工具：新能源汽车维修组合工具。

5）辅助材料：诊断与维修必要的熔丝等耗材。

3. 实施步骤

警告：

1）禁止未参加该车型高压系统知识培训的维修人员拆卸高压系统，包括手动维修开关、动力电池包、驱动电机、电力电子箱、高压配电单元、高压线束、空调压缩机、交流充电线束、快速充电口、电加热器、车载充电器。

2）当拆解或装配高压配件时，必须断开 12V 电源和动力电池包上的手动维修开关。

3）在进行高压相关操作前，维修人员必须穿戴好高压防护用品，戴好绝缘手套，穿好高压绝缘鞋。在戴绝缘手套前，必须检查绝缘手套是否有破损的地方，确保手套无绝缘失效。

4）在安装和拆卸过程中，应防止制动液、洗涤液等液体进入或飞溅到高压部件上。

警告： 执行高压中止与检验步骤。

1）断开点火开关，挂入 P 位，拔出车钥匙。

2）打开 12V 蓄电池负极端子防护盖。

3）用 10mm 扳手松开 12V 蓄电池负极螺栓。

4）断开 12V 蓄电池负极线，并固定好 12V 蓄电池负极线，防止工作时，负极线与蓄电池重新连接。

5）拆卸扶手箱内底部的盖板。

6）用螺钉旋具拆下 USB 及点烟器接口集成器上面的的 4 颗螺钉，并取出。

7）检查绝缘手套外观有无明显磨损痕迹。

8）检查绝缘手套密封性。

① 卷起手套边缘。

② 折叠开口，并封住手套开口。

③ 向手套内吹气，确认有无空气泄漏。

④ 用同样的方法检查第二只手套。

⑤ 确认密封良好后，佩戴绝缘手套。

9）轻轻向上掀起维修开关把手，当把手与维修开关垂直时，向上拔出维修开关。

10）拆下手动维修开关，等待 5min。

警告： 正常情况下，在拆除手动维修开关后，高压系统还存在高电压，这是因为电机控制器中高压电容的存在造成的，需要经过一段时间的等待，高压电容中的电压，才能被完全释放。

（1）典型故障码诊断与排除方法

典型故障码

P1B03：欠电压保护故障；或 P1B04：过电压保护故障。

诊断与排除步骤如下：

1）检查动力电池电量。

① 打开点火开关。

②检查动力电池电量。观察右侧仪表盘电量显示，动力电池电量是否大于 10%，否则应进行充电，如图 3-3-12 所示。

图 3-3-12　观察右侧仪表盘显示

2）检查动力电池输出电压。

警告：执行高压中止与检验步骤。

警告：执行高压安全防护。

①进行高压中止与检验；进行高压安全防护，如图 3-3-13 所示。

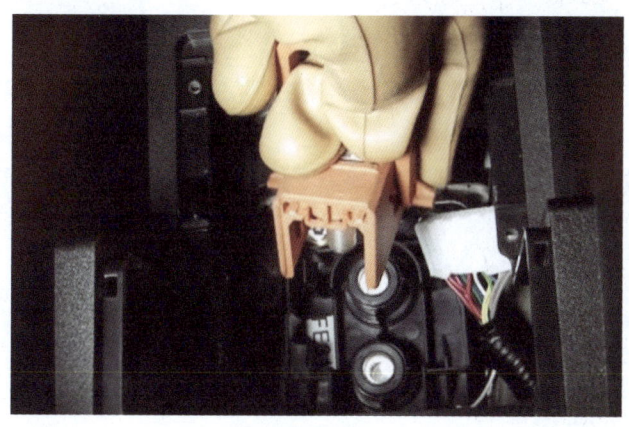

图 3-3-13　进行高压安全防护

②拔出限位插件，断开高压母线正极和负极，如图 3-3-14 所示。

③安装维修开关，如图 3-3-15 所示。

④安装 12V 蓄电池负极，按下电源开关。

⑤将万用表旋至直流电压档，如图 3-3-16 所示。

⑥测量动力电池高压接线柱电压，比亚迪 e6 动力电池应为约 316.8V 的总电压，如图 3-3-17 所示。

⑦如果母线端电压值不在正常范围，检查高压配电盒及高压线路。如果正常，更换驱动电机控制器与 DC 总成。

（2）主控制 ECU 的更换

警告：执行高压中止与检验步骤。

警告：执行高压安全防护。

1）进行高压中止与检验；进行高压安全防护，如图 3-3-13 所示。

2）主控制 ECU 拆卸步骤如下。

①取下扶手箱左/右侧塑料卡扣，如图 3-3-18 所示。

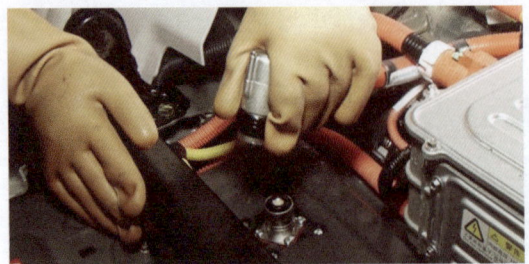

图 3-3-14　断开高压母线正极和负极

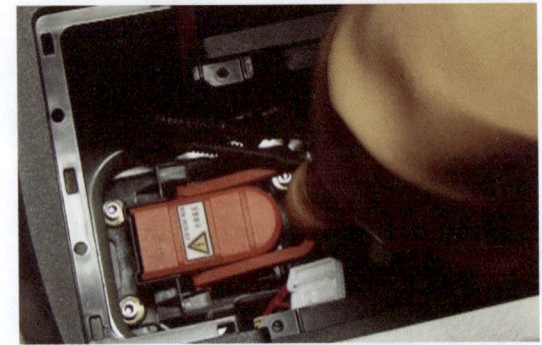

图 3-3-15　安装维修开关

图 3-3-16　万用表旋至直流电压档

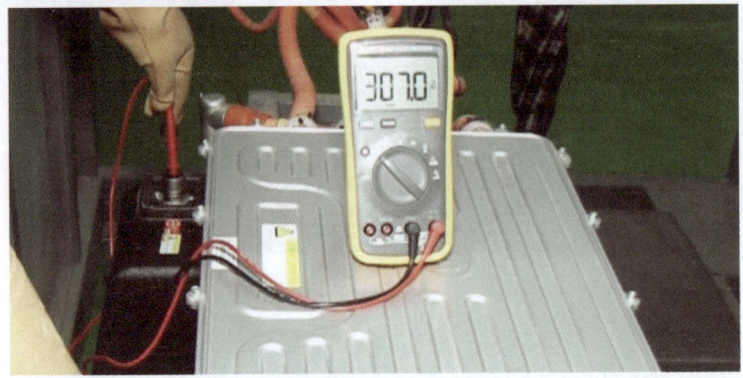

图 3-3-17　测量动力电池高压接线柱电压

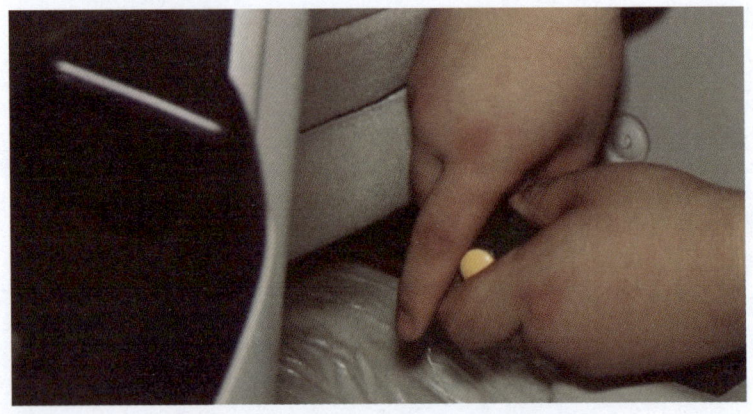

图 3-3-18　取下扶手箱左/右侧塑料卡扣

②将扶手箱水杯垫掀开，松开十字槽自攻螺钉，如图3-3-19所示。
③拆下扶手箱底部两颗自攻螺钉，如图3-3-20所示。

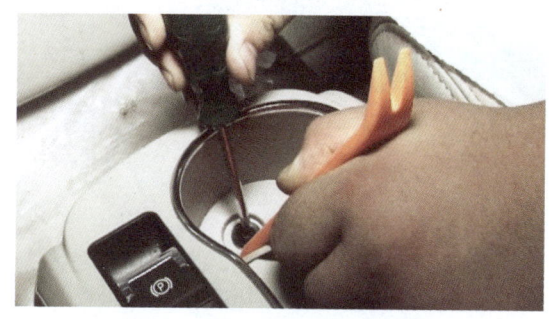

图3-3-19 松开十字槽自攻螺钉

图3-3-20 拆下扶手箱底部两颗自攻螺钉

④取出扶手箱总成。
注意：取下之前，拆下点烟器连接器、天线连接器。
⑤拆下主控制ECU的两个连接器，如图3-3-21所示。
⑥拆下主控制ECU的三颗固定螺栓。
⑦取出主控制ECU，如图3-3-22所示。

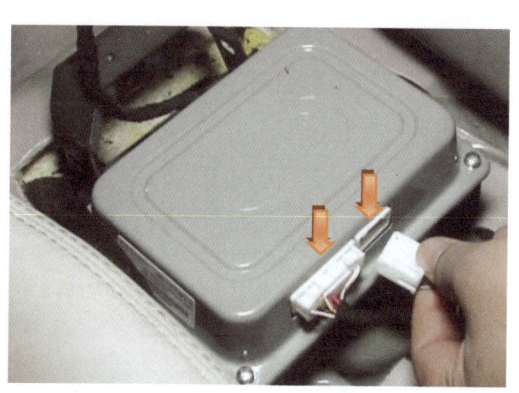

图3-3-21 拆下主控制ECU的两个连接器

图3-3-22 取出主控制ECU

3）主控制ECU的安装步骤如下：
①将主控制ECU放在地板指定安放位置，如图3-3-23所示。
②安装主控制ECU的三颗固定螺母。
③安装主控制ECU的两个连接器。
④安装扶手箱。
注意：安装之前，装入点烟器连接器、天线连接器。
⑤安装扶手箱底部两颗自攻螺钉。
⑥佩戴绝缘手套，安装维修开关。
⑦放入点烟器底座总成。
注意：安装点烟器底座总成时要插入点烟器、USB连接器，如图3-3-24所示。

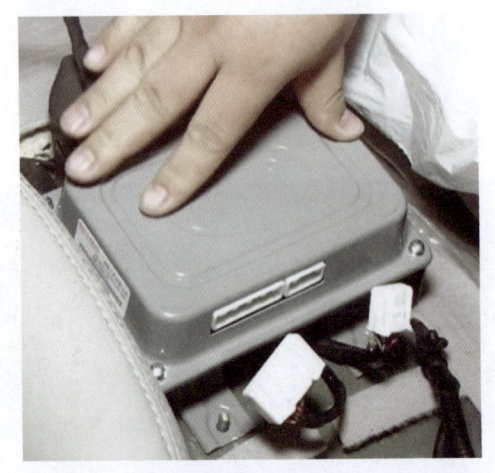

图 3-3-23 主控制 ECU 放在地板指定安放位置

图 3-3-24 插入 USB 连接器

⑧ 安装固定螺钉，如图 3-3-25 所示。
⑨ 放入扶手箱垫，关闭扶手箱盖。
⑩ 将扶手箱水杯垫掀开，安装自攻螺钉。
⑪ 安装扶手箱左/右侧塑料卡扣，如图 3-3-26 所示。

图 3-3-25 安装固定螺钉

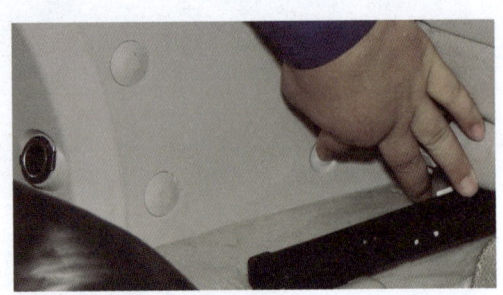

图 3-3-26 安装扶手箱左/右侧塑料卡扣

⑫ 安装 12V 蓄电池负极。

（3）漏电传感器的检测

1）检查 12V 蓄电池电压及整车低压线束供电是否正常。
① 打开万用表，调至直流电压档。
② 红黑表笔分别接在 12V 蓄电池的正负极，读取电压值。
◆ 标准电压值：11~14V。
◆ 如果电压值低于 11V，在进行下一步检查之前，请充电或更换 12V 蓄电池，或检查整车低压线束。

2）取出诊断仪，并连接好诊断仪。
3）打开车辆电源到 ON 档。
4）选择好车型信息，进入高压电池管理器，如图 3-3-27 所示。
5）读取故障码并读取数据流，如图 3-3-28 所示。

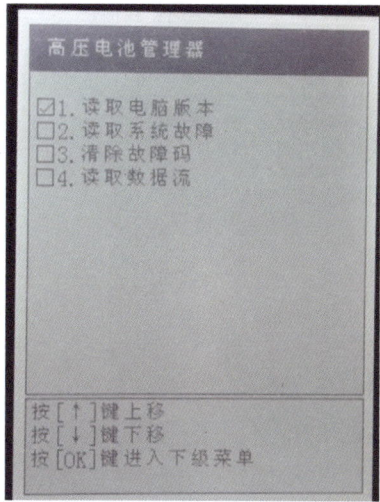

图 3-3-27　进入高压电池管理器

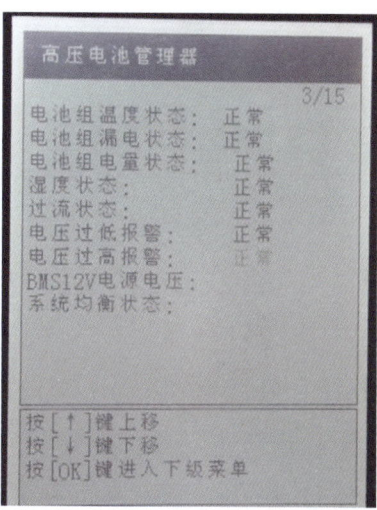

图 3-3-28　读取故障码并读取数据流

6）戴好绝缘手套。

7）断开漏电传感器连接器，如图 3-3-29 所示。

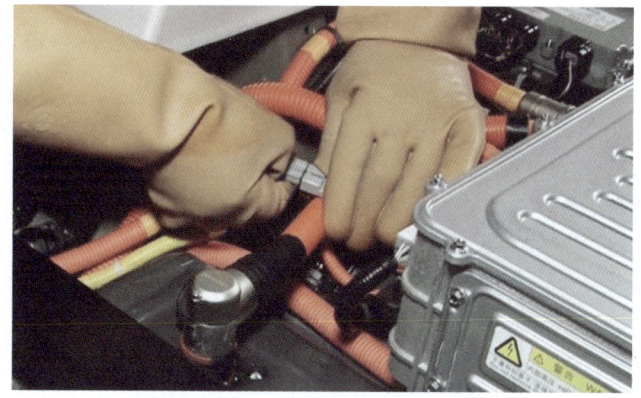

图 3-3-29　断开漏电传感器连接器

8）万用表负极搭铁，打开万用表，调至电阻档，确认万用表负极搭铁良好，如图 3-3-30 所示。

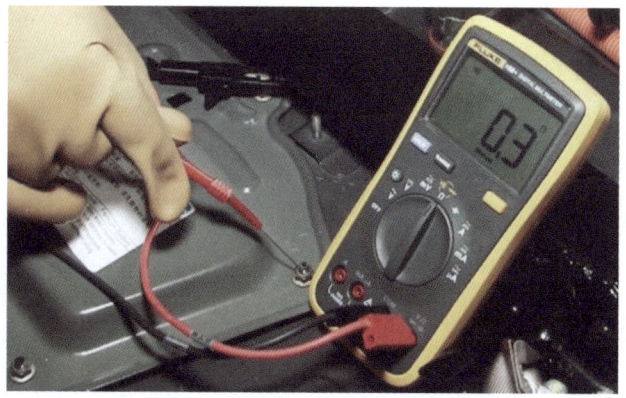

图 3-3-30　确认万用表负极搭铁良好

9）万用表调至电压档，红表笔测量 2 号端子的对地电压，标准电压 9~16V，如图 3-3-31 所示。

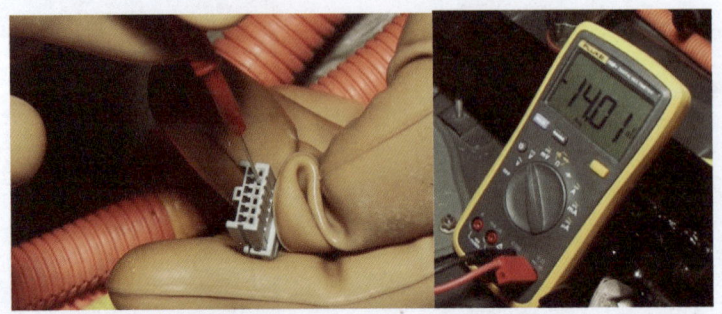

图 3-3-31　测量 2 号端子的对地电压

注意： 测量时应保持车辆电源在 ON 档。

10）如果电压正常，高压电池管理器供电正常，则为漏电传感器故障。如果不正常，继续测试高压电池管理器。

11）万用表负极搭铁，打开万用表，调至电阻档，再次确认万用表负极搭铁良好，如图 3-3-32 所示。

图 3-3-32　再次确认万用表负极搭铁良好

12）万用表调至电压档，红表笔测量高压电池管理器到漏电传感器供电端子的对地电压，标准电压 9~16V，如图 3-3-33 所示。如果在这个范围，则为线束故障，可更换线束；如果不在这个范围，则需要更换高压电池管理器模块总成。

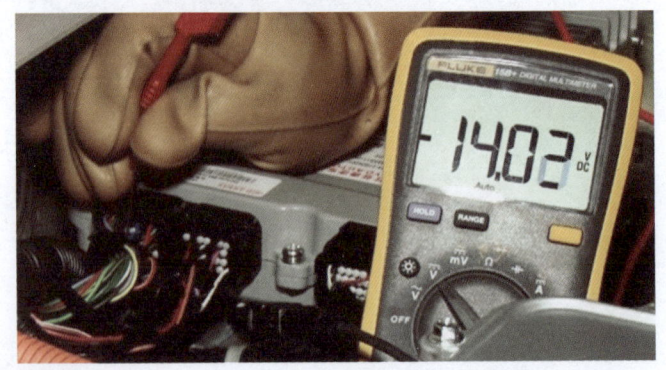

图 3-3-33　测量高压电池管理器到漏电传感器供电端子的对地电压

四、任务考核

目标		考核题目	得分
知识目标	1	1)（单选）以比亚迪 e6 为例，下面说法错误的是（ ） A. 加速踏板用于为驱动系统提供电机负荷的输入信号，并控制制动能量回收功能 B. 制动踏板用于取消驱动电机输出负荷，并实现车辆的制动功能 C. 档位控制器用于控制电机的运转方向和电机的起动与停止 D. 以上都不对 2)（判断）驱动电机的运转主要受驾驶人通过加速踏板、制动踏板和档位进行控制。（ ） 3)（判断）档位控制器 G56 连接器端子 G56-28- 车身地的颜色是 R/G，电源打到 ON 档时，电压的正常值是 5V。（ ）	
	2	1)（判断）车辆高电压系统安全的首要条件就是防止高电压系统与车身之间存在漏电。（ ） 2)（判断）在执行车辆高电压系统诊断及维护前，务必佩戴完好的个人防护设备。（ ） 3)（单选）高电压系统漏电故障分为（ ）种 A. 5　　B. 4　　C. 3　　D. 2	
技能目标		1)（判断）高压操作前，维修人员必须穿戴好防护用品，戴好绝缘手套，穿好高压绝缘鞋。戴绝缘手套前应进行检查。（ ） 2)（判断）正常情况下，在拆除手动维修开关后，高压系统还存在高电压，这是因为电机控制器中高压电容的存在造成的，需要经过一段时间的等待，高压电容中的电压才能被完全释放。（ ） 3)（判断）在断开漏电传感器的插接器时，不需要佩戴绝缘手套。（ ）	
总分：			
教师评语：			

新技术点及案例

项目四 混合动力汽车故障诊断与排除

项目描述

混合动力汽车的结构特征决定了其典型的故障范围及维修方法。本项目主要介绍混合动力汽车的故障诊断与排除方法,具体包含以下3个任务:

任务一:混合动力汽车动力电池系统故障诊断与排除。
任务二:混合动力汽车驱动电机系统故障诊断与排除。
任务三:混合动力汽车整车动力控制系统故障诊断与排除。

通过以上3个任务的学习,读者将能够掌握混合动力汽车的结构组成与控制原理、混合动力汽车主要系统的基本诊断流程,以及常见混合动力汽车运行数据的分析与判断思路,学会混合动力汽车的故障排除方法。

任务一 混合动力汽车动力电池系统故障诊断与排除

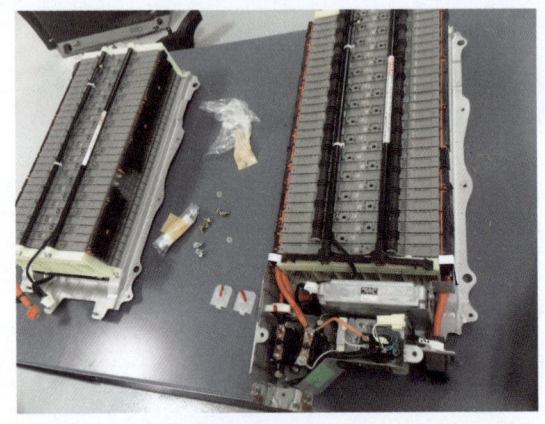

学习目标

◎ 知识目标

1. 能够描述混合动力汽车动力电池系统的故障症状。
2. 能够描述混合动力汽车动力电池系统的故障码和数据流。
3. 能够描述混合动力汽车动力电池系统典型故障诊断与排除方法。

课程育人

2017年,习近平总书记在党的十九大报告中指出,必须树立和践行绿水青山就是金山银山的理念,坚持节约资源和保护环境的基本国策。2021年,习近平总书记在《生物多样性公约》第十五次缔约方大会领导人峰会视频讲话中提出:"绿水青山就是金山银山。良好生态环境既是自然财富,也是经济财富,关系经济社会发展潜力和后劲。我们要加快形成绿色发展方式,促进经济发展和环境保护双赢,构建经济与环境协同共进的地球家园。"

◎ 技能目标

能够进行混合动力汽车动力电池系统相关项目的检测。

一、任务导入

一辆混合动力汽车因为动力电池系统存在故障而无法行驶,动力系统故障灯点亮。主管要求进行故障诊断并排除,你能完成这个任务吗?

二、获取信息

混合动力汽车由于设计有电力和内燃机的双重动力结构,因此在故障诊断过程中既要检查内燃机的动力系统,又要检查电力驱动系统。它的常见故障主要包括因电力系统导致内燃机不能运转,以及电力驱动系统失效的故障症状。

以下以丰田普锐斯为例,介绍混合动力汽车动力电池系统故障诊断与排除方法,其他车型可以参考进行。

引导问题 1　混合动力汽车动力电池系统发生故障时有哪些症状?

1. 混合动力汽车动力电池系统常见的故障

动力电池是混合动力系统的重要组成部分,其内部或控制系统存在故障,将导致混合动力系统失效,甚至是车辆无法行驶。

动力电池系统常见的故障如下:

1)动力电池管理模块本身故障,如供电故障等。
2)内部电池电压故障,如监测到模具电池电压过高或过低。
3)动力电池组总成冷却系统故障。
4)动力电池组内高压输出电路故障。

2. 混合动力汽车动力电池系统的故障症状

混合动力汽车动力电池系统发生故障会导致以下症状。

(1)仪表故障指示灯点亮

如图 4-1-1 所示,动力电池系统故障会导致仪表上的动力电池警告和车辆动力系统故障这两个故障指示灯点亮。

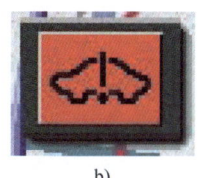

a)　　　　　　　　　　b)

图 4-1-1　混合动力汽车仪表故障指示灯

a)动力电池警告　b)车辆动力系统故障

(2)车辆不能起动或功率降低

未起动车辆前,会导致车辆不能正常起动。正在高速运行的车辆会导致车辆降低运行功率。

> **引导问题2** 混合动力汽车动力电池系统有哪些典型的故障码和数据流？

混合动力汽车动力电池系统发生故障后，应该首先采用故障诊断仪器进行故障码读取和数据流分析。下面介绍丰田普锐斯动力电池系统相关的故障码和数据流。

1. 混合动力汽车动力电池系统故障码

普锐斯混合动力电池系统常见故障码见表4-1-1。

表 4-1-1　普锐斯混合动力汽车动力电池系统常见故障码

故障码（DTC）	检测项目	故障可能发生部位	CHK ENG[1]	主警告灯[2]	警告[3]	存储器
P0560（05-667）	系统电压	• 线束或连接器 • HEV 熔丝 • 动力电池 ECU	○	○	• HV 系统	○
P0AIF（25-670）	动力电池能量控制模块	• 动力电池 ECU	○	○	• HV 系统	○
P0A7F（05-671）	动力电池损坏	• 动力电池总成 • 动力电池 ECU	○	○	• HV 系统	○
P0A80（05-672）	更换动力电池组	• 动力电池总成 • 动力电池 ECU	○	○	• HV 系统	○
P0A81（05-673）	动力电池组冷却风扇 1	• 后侧风道（鼓风机电机控制器） • 动力电池 ECU	×	○	• HV 系统	○
P0A82（05-675）	动力电池组冷却风扇 1	• 后侧风道 • 2 号后侧风道 • 2 号后侧内风道 • 通风器内风道 • 动力电池鼓风机总成 • 动力电池 ECU	×	○	• HV 系统	○
P0A85（05-677）	动力电池组冷却风扇 1	• 线束或连接器 • BATT FAN 熔丝 • 动力电池 1 号鼓风机继电器 • 动力电池鼓风机总成 • 后侧风道（鼓风机电机控制器） • 动力电池 ECU	×	○	• HV 系统	○
P0A95（05-686）	高压熔丝	• 高电压熔丝 • 检修塞卡箍 • 动力电池塞 • 动力电池 ECU	×	○	• HV 系统	○
P0A9B（05-689）	动力电池温度传感器电路	• 动力电池总成（动力电池温度传感器） • 动力电池 ECU	○	○	• HV 系统	○
P0AAC（05-692）	动力电池组空气温度传感器 "A" 电路	• 动力电池总成（空气温度传感器） • 动力电池 ECU	○	○	• HV 系统	○

（续）

故障码（DTC）	检测项目	故障可能发生部位	CHK ENG[①]	主警告灯[②]	警告[③]	存储器
P3011（05-694）	动力电池盒 1 变弱	• 动力电池总成 • 动力电池 ECU	○	○	• HV 系统	○
P3012（05-694）	动力电池盒 2 变弱	• 动力电池总成 • 动力电池 ECU	○	○	• HV 系统	○
P3013（05-694）	动力电池盒 3 变弱	• 动力电池总成 • 动力电池 ECU	○	○	• HV 系统	○
P3014（05-694）	动力电池盒 4 变弱	• 动力电池总成 • 动力电池 ECU	○	○	• HV 系统	○
P3015（05-694）	动力电池盒 5 变弱	• 动力电池总成 • 动力电池 ECU	○	○	• HV 系统	○
P3016（05-694）	动力电池盒 6 变弱	• 动力电池总成 • 动力电池 ECU	○	○	• HV 系统	○
P3017（05-694）	动力电池盒 7 变弱	• 动力电池总成 • 动力电池 ECU	○	○	• HV 系统	○
P3018（05-694）	动力电池盒 8 变弱	• 动力电池总成 • 动力电池 ECU	○	○	• HV 系统	○
P3019（05-694）	动力电池盒 9 变弱	• 动力电池总成 • 动力电池 ECU	○	○	• HV 系统	○
P3020（05-694）	动力电池盒 10 变弱	• 动力电池总成 • 动力电池 ECU	○	○	• HV 系统	○
P3021（05-694）	动力电池盒 11 变弱	• 动力电池总成 • 动力电池 ECU	○	○	• HV 系统	○
P3022（05-694）	动力电池盒 12 变弱	• 动力电池总成 • 动力电池 ECU	○	○	• HV 系统	○
P3023（05-694）	动力电池盒 13 变弱	• 动力电池总成 • 动力电池 ECU	○	○	• HV 系统	○
P3024（05-694）	动力电池盒 14 变弱	• 动力电池总成 • 动力电池 ECU	○	○	• HV 系统	○
P3030（05-694）	动力电池与 ECU 间连线断开	• 继电器盒总成（母线模块） • 2 号车架线（母线和线束） • 动力电池 ECU	○	○	• HV 系统	○
P3056（05-694）	动力电池电流传感器电路故障	• 动力电池总成（线束或连接器） • 动力电池电流传感器 • 动力电池 ECU	○	○	• HV 系统	○
U0100（05-704）	与 ECM/PCM "A" 的通信中断	• CAN 通信系统	○	○	• HV 系统	○
U0293（05-704）	与混合动力车辆控制系统的通信中断	• CAN 通信系统	○	○	• HV 系统	○

① "○"... 表示 CHK ENG 点亮，"×"... 表示 CHK ENG 没有点亮。
② "○"... 表示主警告灯点亮，"×"... 表示 CHK ENG 主警告灯没有点亮。
③ 复式信息显示器的警告。

2. 混合动力汽车动力电池典型数据流内容

普锐斯在动力电池模块内，可使用诊断仪读取到数据流。故障时读取到的主要数据流内容见表 4-1-2。

表 4-1-2　混合动力汽车动力电池系统数据流内容

诊断仪显示（缩写词汇）	测量项目 / 范围（显示）	参考范围	诊断注解
MIL 状态（MIL Status）	CHK ENG 状态 /ON 或 OFF	CHK ENG ON:ON	保持 ON：根据检测到的故障码（DTC）修理
故障发生时积累的行驶里程（Driving Mileage）	故障发生时，积累行驶里程 / 最小：0km，最大：65.535km	—	—
动力电池充电状态（Battery SOC）	动力电池充电状态 / 最小：0%，最大：100%	始终：0%~100%	—
SOC 盒（Delta SOC）	在 SOC 最大和最小间的差异 / 最小：0%，最大：100%	READY 灯点亮，发动机停止，没有电负荷：0%~60%	—
动力电池组电流值（IB Battery）	动力电池组的电流值 / 最小：−327.68A，最大：327.67A	• 发动机停机后立即满载加速：最大 140A（车内温度） • P 位发动机自动起动，然后换到 N 位 1s 后，发动机停止，前照灯点亮，空调风扇高速运转，READY 灯点亮：最大 30A	—
吸入空气温度（Batt Inside Air）	吸入动力电池组的室外空气温度 / 最小：−327.63℃，最大：327.67℃	一天不受干扰：与室外空气温度相同	—
VMF 风扇电机电压（VMF Fan Voltage）	动力电池鼓风机电机监控电压 / 最低：−25.6V，最高：25.4V	在 P 位，READY 灯点亮，风扇在模式 :8.5~11.5V	—
辅助蓄电池电压（Aux.Batt V）	辅助蓄电池电压 / 最低：−25.6V，最高：25.4V	与辅助蓄电池电压相等	—
充电控制数值（WIN）	从动力电池 ECU 输送到 HV 控制 ECU 的充电控制的功率 / 最小：−64kW，最大：0kW	−25kW 或更大	—
放电控制数值（WOUT）	从动力电池 ECU 输送到 HV 控制 ECU 的放电控制的功率 / 最小：0kW，最大：63.5kW	21kW 或更小	—
冷却风扇模式（Cooling Fan Spd）	动力电池鼓风机电机转动模式 / 最小：0，最大：4	停止：0 从低速向高速转动：1.6	—
ECU 控制模式（ECU Ctrl Mode）	ECU 控制模式 / 最小：0，最大：4		—
备用鼓风机请求（SBLW Rqst）	动力电池鼓风机电机停止控制请求（备用鼓风机）	ON/OFF	—
动力电池温度 TB1-TB3（Batt Temp 1to3）	动力电池温度 / 最小：−327.68℃，最大：327.67℃	一天不受干扰：与室外空气温度相同	—
动力电池盒号（Num of Batt）	动力电池盒号 / 最小：0，最大：255	始终：14	—
动力电池最小电压（Bat Block Max V）	蓄电池最小电压 / 最低：−327.68V，最高：327.67V	SOC 50%~60%：12V 或更高	—

（续）

诊断仪显示（缩写词汇）	测量项目/范围（显示）	参考范围	诊断注解
最小动力电池盒号（Mim Bat Block#）	最小电压的动力电池盒号	从 0~13 中的一个数	—
动力电池盒最大电压（Bat Block Max V）	动力电池盒最大电压/最低：-327.68V，最高：327.67V	SOC 50%~60%：12V 或更低	—
最大动力电池盒号（Max Bat Block #）	最大电压的动力电池盒号	从 0~13 中的一个数	—
动力电池盒电压 V01-V14（V1toV14 Batt Block）	动力电池盒电压/最低：-327.68V，最高：327.67V	SOC 60%：12~20V	—
内阻 R01-R14（IR01 to 14）	各个动力电池盒的内阻/最小：0Ω，最大 0.255Ω	始终：0.01~0.1Ω	—
依照规则（Regulation）	依照规则	Euro-OBD	—
排放故障码（DTC）号（#Codes）	相关动力系统排放 DTC 号/最小：0，最大：127	—	—
存储故障码（DTC）号	存储 DTC 号/最小：0，最大：255	—	—

引导问题 3　如果混合动力汽车动力电池系统发生故障，如何进行诊断与排除？

下面以实际案例为例，介绍混合动力汽车动力电池系统故障诊断与排除步骤。

1. 模块供电熔丝异常的故障

故障症状：

动力电池 ECU（也称动力电池管理模块）不通信，动力电池警告灯点亮，且车辆不能正常起动。

故障原因分析：

12V 辅助蓄电池电源恒定地向动力电池 ECU 的 AM 端子供电，以此维持储存器内存储的故障码（DTC）和定格数据。电源开关断开的时候，该电压可以作为一个备用电源，其控制电路图如图 4-1-2 所示。

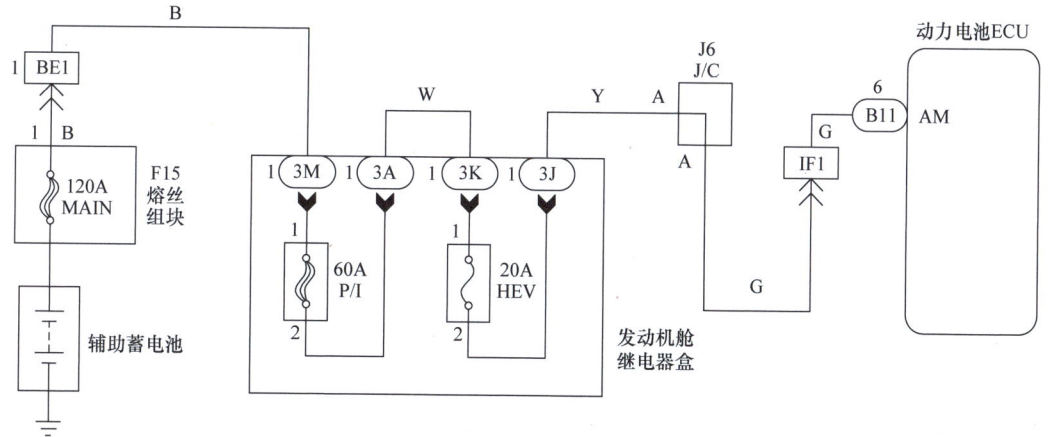

图 4-1-2　动力电池 ECU 控制电路图

诊断关键步骤及参数：

1）检查 20A 熔丝。

从发动机舱继电器盒（图 4-1-3）上拆下 HEV 熔丝，检查 HEV 熔丝电阻。

标准值：小于 1Ω。

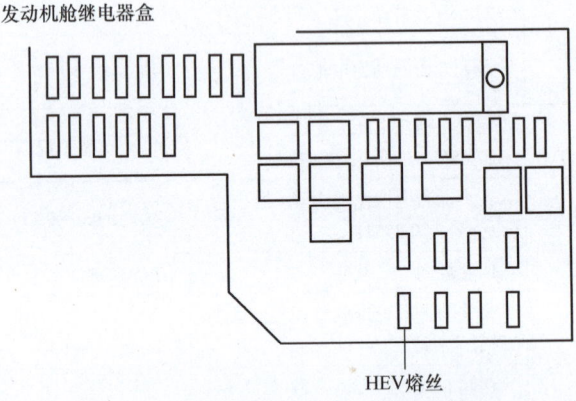

图 4-1-3　发动机舱继电器盒 HEV 熔丝位置

2）如果熔丝正常，检查动力电池—12V 蓄电池之间的连接情况，如图 4-1-4 所示。

① 断开 12V 蓄电池负极端子。

② 从发动机舱熔丝盒上拆下 HEV 熔丝。

③ 断开 B11 动力电池管理模块连接器，检查线束侧连接器的电阻。

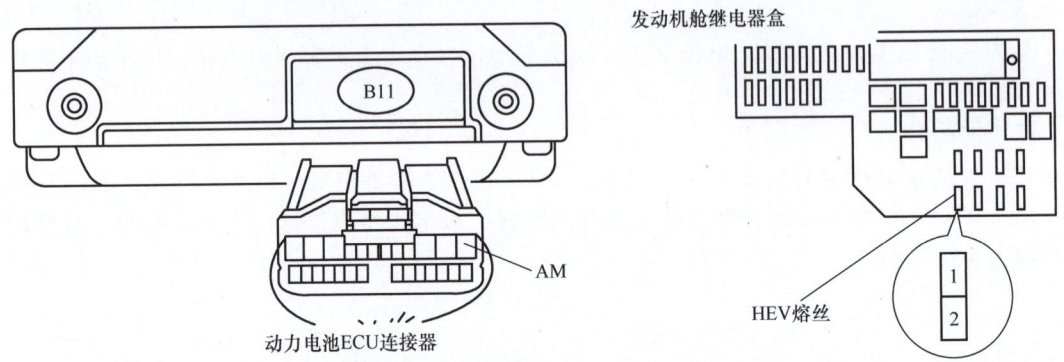

图 4-1-4　动力电池管理模块连接器

开路检查标准，见表 4-1-3。

表 4-1-3　开路检查标准

万用表（测试仪）连接	正常值
AM（B11-1）-HEV 熔丝（2）	小于 1Ω
HEV 熔丝（1）- 正极辅助蓄电池端子	小于 1Ω

3）如果以上都正常，检查动力电池 ECU—HEV 熔丝连接器与线束。

① 从发动机舱继电器盒拆卸 HEV 熔丝。

② 检查线束侧连接器与车身接地间电阻，短路检查标准见表 4-1-4。

表 4-1-4　短路检查标准

万用表连接	正常值
AM（B11-1）或 HEV 熔丝（2）- 车身接地	10Ω 或更大

4）如果以上检查均正常，则需要更换动力电池 ECU。

2. 动力电池冷却系统——鼓风机不转的诊断

故障症状：

仪表显示动力电池故障，诊断仪检查存在动力电池（HV 蓄电池）温度高故障。

动力电池温度过高的原因之一是鼓风机不能正常工作。

使用诊断仪的主动测试功能驱动鼓风机，发现驱动失败，且不能从数据流中正常看到鼓风机电机的转速。

故障原因分析：

鼓风机电机控制器调节动力电池鼓风机总成的电压。鼓风机电机控制器装有铝制散热片。从后侧风道流入动力电池总成的空气对鼓风机电机控制器进行制冷，该控制器装在后侧风道里。

从动力电池管理模块的 FCTL1 端子流出的电流流向动力电池鼓风机继电器的继电器线圈。当继电器通电闭合时，向动力电池鼓风机总成供电。

当动力电池管理模块输出风扇运行信号时，鼓风机电机控制器调节施加给鼓风机总成的电压，以便获得需要的风扇转速。调节信号同时以监控信号的形式输送给动力电池管理模块的 VM 端子。鼓风机电机控制器通过监控鼓风机总成的 +B 端子的电压，调整鼓风机电机的电压。

鼓风机控制电路如图 4-1-5 所示。

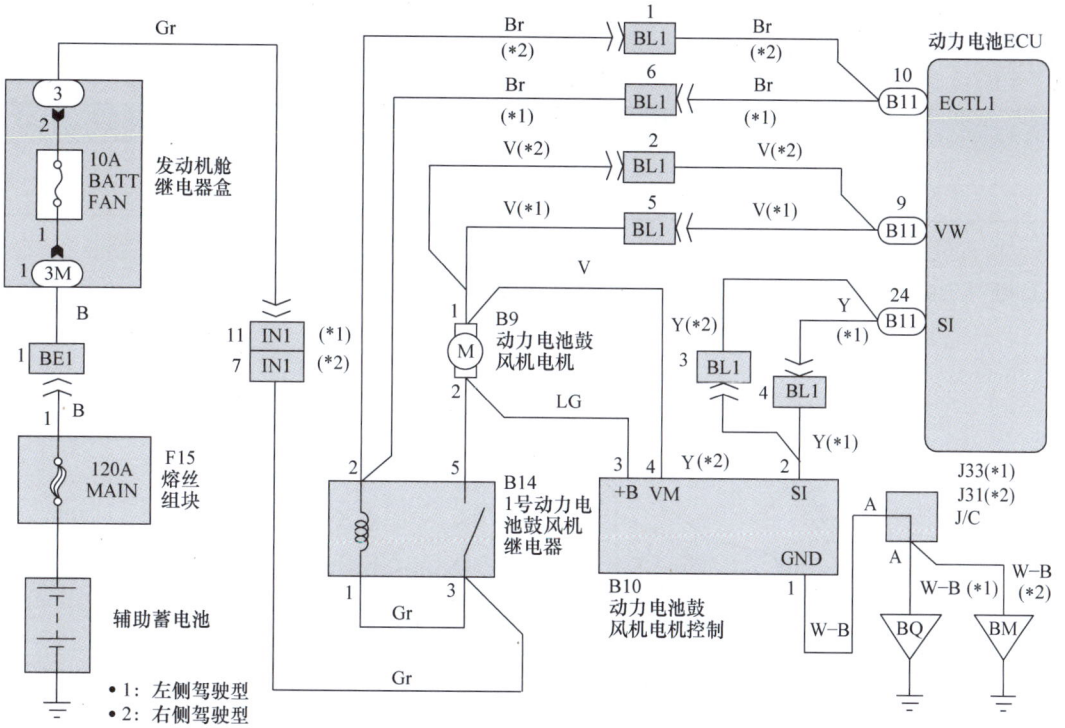

图 4-1-5　鼓风机控制电路图

诊断关键步骤及参数：

1）检查 10A 风扇熔丝。

① 从发动机舱熔丝盒（图 4-1-6）上拆下风扇熔丝。

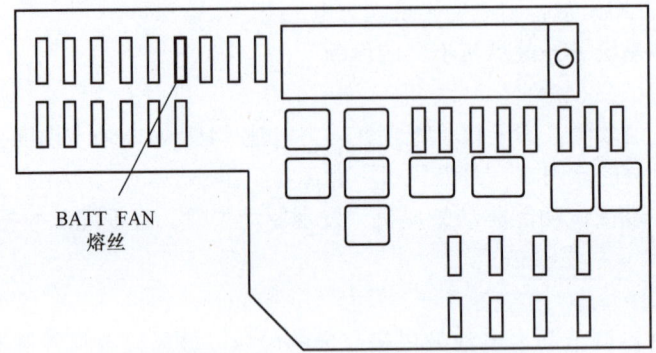

图 4-1-6　发动机舱熔丝盒风扇熔丝位置

② 检查风扇熔丝电阻。标准值：小于 1Ω。

2）检查鼓风机继电器。

① 拆下鼓风机继电器（图 4-1-7）。

② 检查继电器端子间的电阻，标准见表 4-1-5。

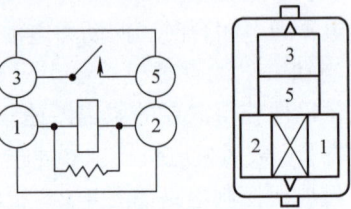

图 4-1-7　鼓风机继电器端子

表 4-1-5　继电器端子间电子检查标准

万用表连接	正常值
3-5	10kΩ 或更大
3-5	小于 1Ω（在端子 1 和 2 之间加辅助蓄电池电压）

3）检查鼓风机总成。

① 断开 B9 动力电池鼓风机总成连接器（图 4-1-8）。

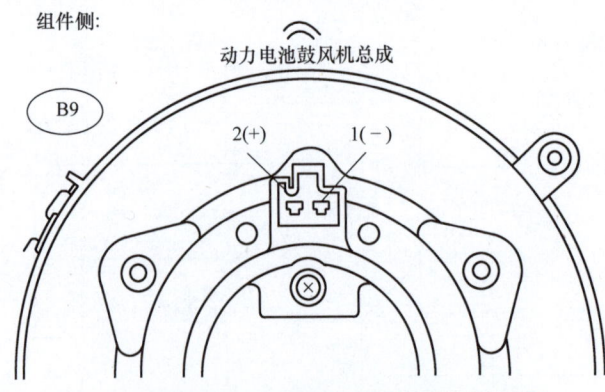

图 4-1-8　动力电池鼓风机总成连接器

② 连接动力电池正极端子至动力电池鼓风机总成连接器端子 2，动力电池负极端子至连接器

端子1。

③ 施加电压时,检查鼓风机风扇运转情况。正常值:鼓风机正常运转。

4)检查鼓风机继电器 - 风扇熔丝线束与连接器(图 4-1-9)。

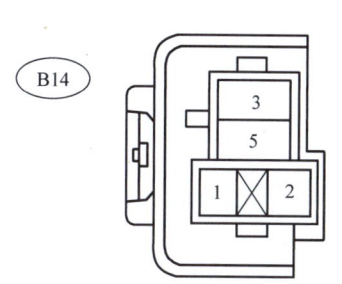
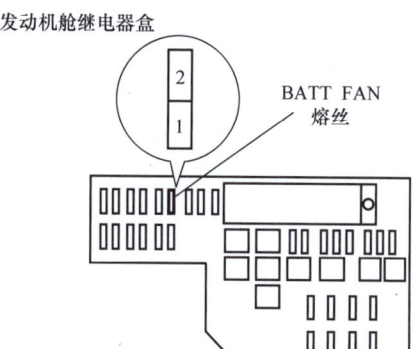

图 4-1-9　动力电池鼓风机风扇熔丝线束与连接器图

① 从发动机舱拆下风扇熔丝,拆下 B14 动力电池鼓风机继电器。

② 检查线束侧连接器间的电阻,标准见表 4-1-6。

表 4-1-6　动力电池鼓风机风扇熔丝线束开路检查标准

万用表连接	正常值
1号动力电池鼓风机继电器(B14-1 和 3)- BATT FAN 熔丝(2)	小于1Ω

5)检查动力电池鼓风机继电器与鼓风机总成之间的线束与连接器。

① 拆下动力电池鼓风机继电器。

② 断开 B9 动力电池鼓风机总成连接器(图 4-1-10)。

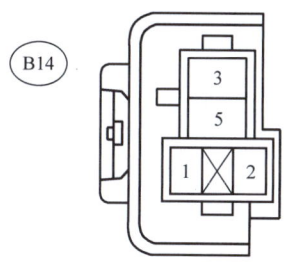
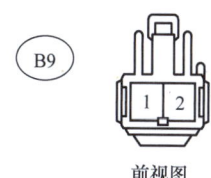

图 4-1-10　1号动力电池鼓风机继电器连接器图

③ 检查线束连接器间的电阻,标准见表 4-1-7。

表 4-1-7　动力电池鼓风机继电器与鼓风机总成之间的线束开路检查标准

测试仪连接	正常值
1号动力电池鼓风机继电器(B14-5)- 动力电池鼓风机总成(B9-2)	小于1Ω

6)检查动力电池鼓风机总成与鼓风机电机控制器之间的线束与连接器(+B 端子)。

① 断开 B9 动力电池鼓风机总成连接器(图 4-1-11)。

② 拆下 B10 动力电池鼓风机电机控制器连接器。

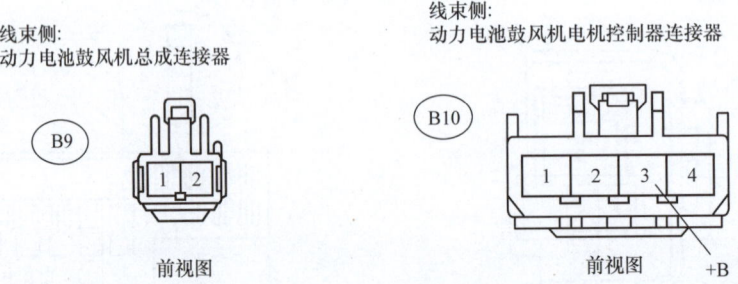

图 4-1-11　动力电池鼓风机总成与鼓风机电机控制器之间的线束与连接器

③ 检查线束连接器间的电阻,标准见表 4-1-8。

表 4-1-8　动力电池鼓风机总成与鼓风机电机控制器之间的线束开路检查标准

万用表连接	正常值
动力电池鼓风机总成(B9-2)-+B(B10-3)	小于 1Ω

7)检查动力电池鼓风机总成与动力电池管理模块之间的线束与连接器(VM 端子)。

① 断开 B9 动力电池鼓风机总成连接器(图 4-1-12)。

② 拆下 B11 动力电池管理模块连接器。

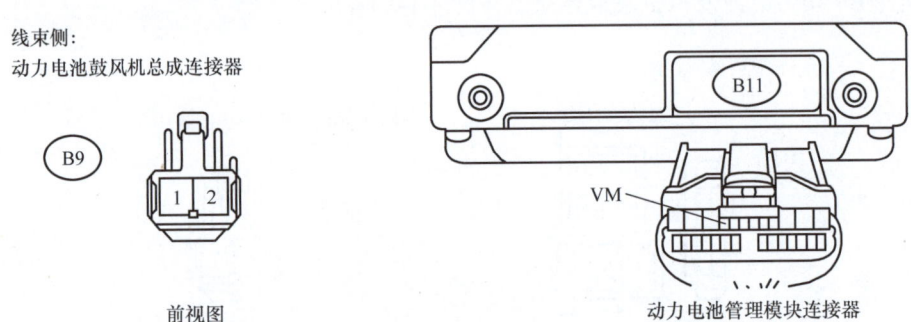

图 4-1-12　动力电池鼓风机总成与动力电池管理模块之间的线束与连接器

③ 检查线束连接器间的电阻,标准见表 4-1-9 和表 4-1-10。

表 4-1-9　动力电池鼓风机总成与动力电池管理模块之间的线束与连接器开路检查标准

万用表连接	正常值
动力电池鼓风机总成(B9-1)-VM(B11-9)	小于 1Ω

表 4-1-10　动力电池鼓风机总成与动力电池管理模块之间的线束与连接器短路检查标准

万用表连接	正常值
动力电池鼓风机总成（B9-1）或 VM（B11-9）- 车身接地	10kΩ 或更大

8）检查动力电池鼓风机总成与鼓风机电机控制器之间的线束与连接器（VM 端子）。

① 断开 B9 动力电池鼓风机总成连接器（图 4-1-13）。

② 拆下 B10 动力电池鼓风机电机控制器连接器。

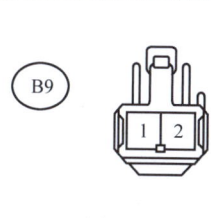
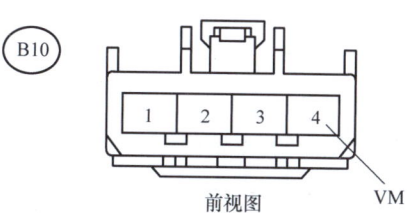

图 4-1-13　动力电池鼓风机总成与鼓风机电机控制器之间的线束与连接器

③ 检查线束连接器间的电阻，标准见表 4-1-11 和表 4-1-12。

表 4-1-11　动力电池鼓风机总成与鼓风机电机控制器之间的线束与连接器开路检查标准

万用表连接	正常值
动力电池鼓风机总成（B9-1）-VM（B10-4）	小于 1Ω

表 4-1-12　动力电池鼓风机总成与鼓风机电机控制器之间的线束与连接器短路检查标准

万用表连接	正常值
动力电池鼓风机总成（B9-1）或 VM（B10-4）- 车身接地	10kΩ 或更大

9）检查动力电池鼓风机总成与动力电池管理之间的线束与连接器（FCTL1 端子）。

① 断开 B14 动力电池鼓风机继电器（图 4-1-14）。

② 拆下 B11 动力电池管理模块连接器。

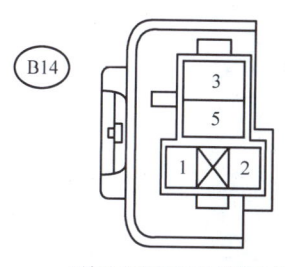
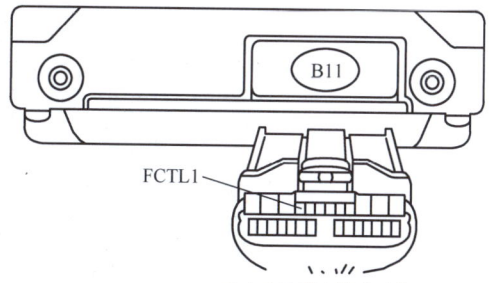

图 4-1-14　动力电池鼓风机总成与动力电池管理模块之间的线束与连接器

③ 检查线束连接器间的电阻，标准见表 4-1-13 和表 4-1-14。

表 4-1-13　动力电池鼓风机总成与动力电池管理模块之间的线束与连接器开路检查标准

万用表连接	正常值
1号动力电池鼓风机继电器（B14-2）- FCTL1（B11-10）	小于1Ω

表 4-1-14　动力电池鼓风机总成与动力电池管理模块之间的线束与连接器短路检查标准

万用表连接	正常值
1号动力电池鼓风机继电器（B14-2）或 FCTL1（B11-10）- 车身接地	10kΩ 或更大

10）以上检查均正常，则需要更换动力电池管理模块。

三、任务实施

1. 实施要求

本操作任务为完成混合动力汽车动力电池系统故障诊断与排除，具体包括以下内容。
1）动力电池 ECU 供电电路故障诊断与排除分析。
2）动力电池温度传感器故障诊断与排除分析。
3）动力电池电流传感器故障诊断与排除分析。

2. 实施准备

1）防护装备：绝缘防护装备。
2）车辆、台架、总成：丰田普锐斯混合动力汽车；或同类混合动力汽车台架。
3）专用工具、设备：对应车型故障诊断仪、万用表；或其他适用的设备。
4）手工工具：新能源汽车维修组合工具。
5）辅助材料：诊断与维修必要的熔丝等耗材。

3. 实施步骤

警告：
在执行车辆高电压系统诊断及维护前，务必佩戴完好的个人防护设备，并严格遵守正确的操作步骤。

4. 丰田普锐斯动力电池 ECU 供电电路的检测

（1）检查 20A 熔丝
1）打开发动机舱继电器盒，如图 4-1-15 所示。

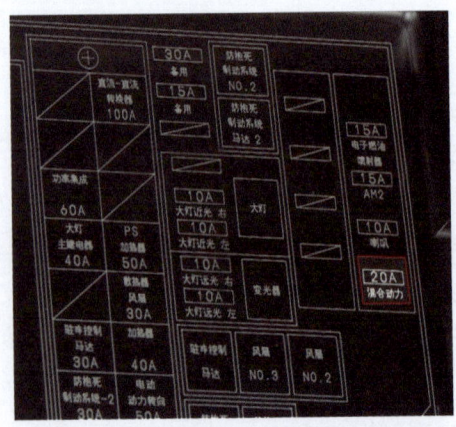

图 4-1-15　打开发动机舱继电器盒

2）拆下发动机舱继电器盒的 HEV 熔丝，检查熔丝是否熔断。

3）取出万用表，调到电阻档，两根表笔相交进行校正归零。

4）检查 HEV 熔丝电阻是否小于 1Ω，如图 4-1-16 所示。

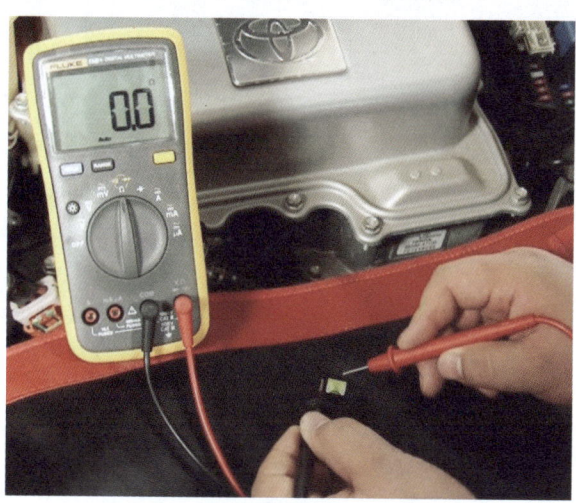

图 4-1-16　检查 HEV 熔丝的电阻

5）将 HEV 熔丝装回到发动机舱继电器盒。

（2）检查动力电池负极到 12V 蓄电池之间的连接

1）断开 12V 蓄电池的负极端子，断开 12V 蓄电池正极端子。

2）拆下发动机舱继电器盒的 HEV 熔丝，如图 4-1-17 所示。

图 4-1-17　拆下发动机舱继电器盒的 HEV 熔丝

3）断开 B11 动力电池 ECU 连接器，如图 4-1-18 所示。

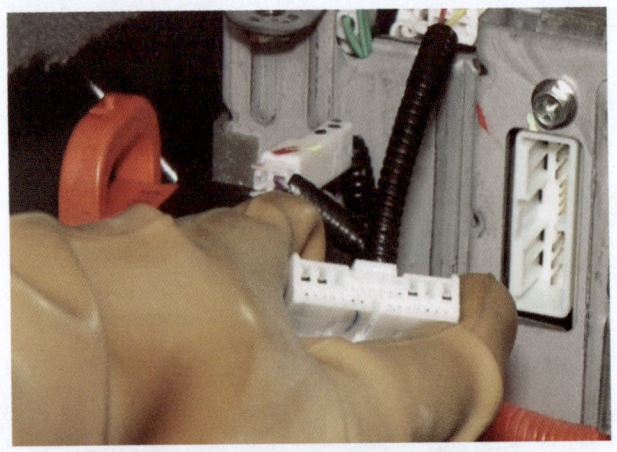

图 4-1-18　断开 B11 动力电池 ECU 连接器

4）用万用表连接加长导线和线束探针校准万用表。

5）将正极探针插入动力电池 ECU 的 B11 插头的 AM 端子，如图 4-1-19 所示。

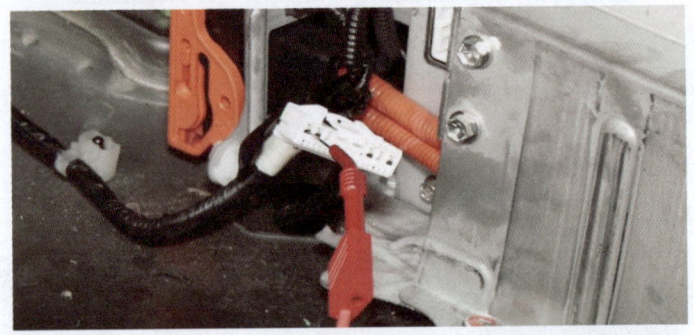

图 4-1-19　正极探针插入动力电池 ECU 的 B11 插头的 AM 端子

6）将万用表调到电阻档，将负极探针插入到 HEV 熔丝的 2 号端子，如图 4-1-20 所示。

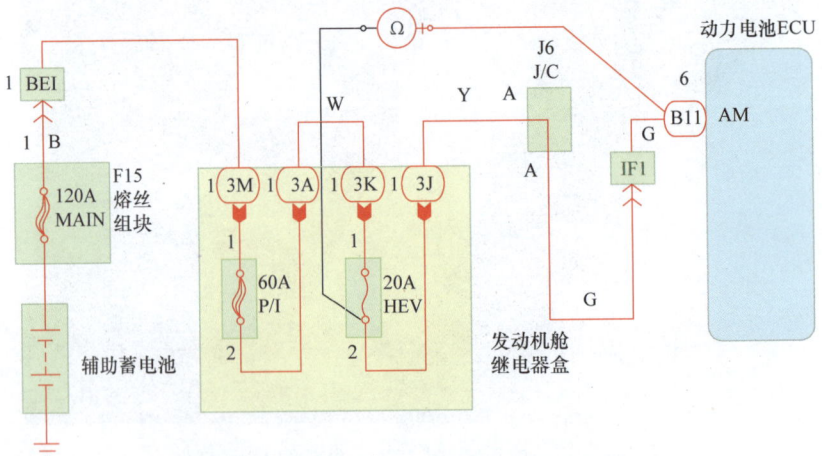

图 4-1-20　负极探针插入到 HEV 熔丝的 2 号端子

7）HEV 熔丝的 2 号端子到动力电池 ECU 的 B11 插头的 AM 端子之间的电阻，正常电阻值应小于1Ω。

8）测量HEV熔丝到12V蓄电池正极端子。将正极探针替换成线夹，夹住12V蓄电池正极端子。

9）将万用表调至电阻档。

10）将负极探针插入到HEV熔丝的1号端子，如图4-1-21所示。

图4-1-21　负极探针插入到HEV熔丝的1号端子

11）正常电阻值应小于1Ω。

12）插入HEV熔丝，重新连接拆下的部件和连接器，连接12V蓄电池。

13）将B11插头插入到动力电池ECU插口。

14）安装12V蓄电池正极端子。

15）安装12V蓄电池负极端子。

（3）检查动力电池ECU到HEV熔丝之间的连接

1）断开12V蓄电池负极。

2）断开B11动力电池ECU连接器，如图4-1-22所示。

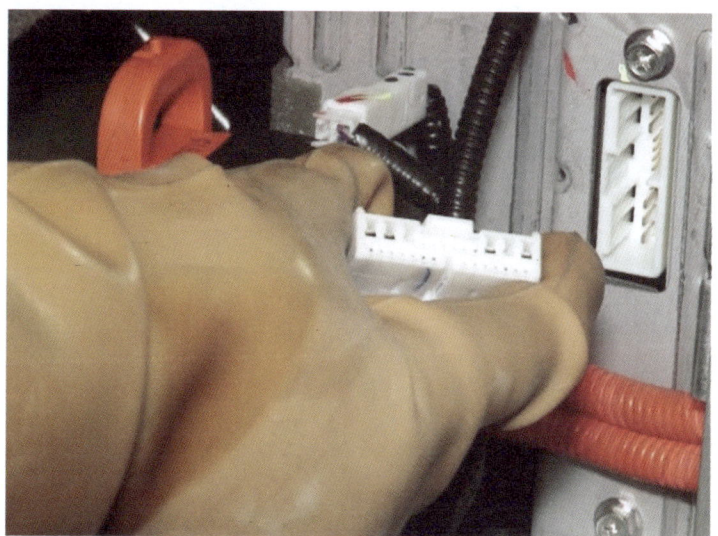

图4-1-22　断开B11动力电池ECU连接器

3）打开发动机舱继电器盒，从发动机舱继电器盒拆卸 HEV 熔丝。

4）将万用表调至电阻档，校准万用表。

5）将正极探针插入动力电池 ECU 的 B11 插头的 AM 端子，如图 4-1-23 所示。

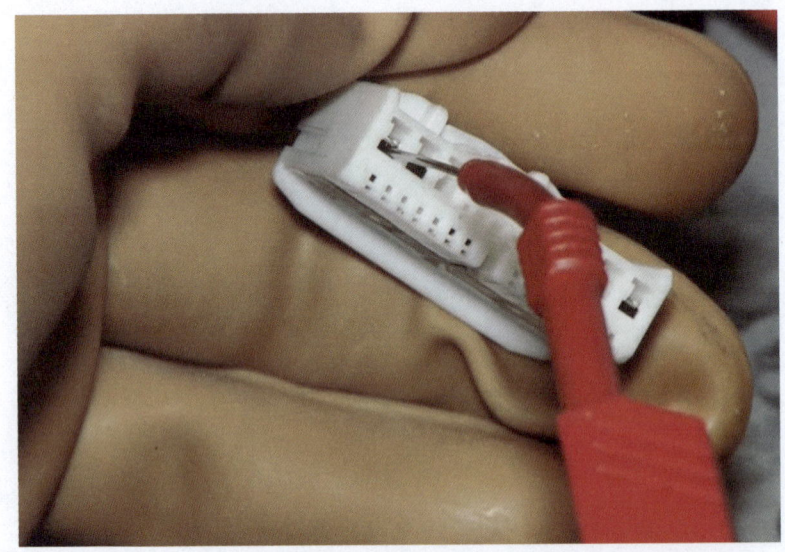

图 4-1-23　正极探针插入动力电池 ECU 的 B11 插头的 AM 端子

6）将负极探针与车身接地，测量电阻值应大于 10kΩ，或者更大，如图 4-1-24 所示。

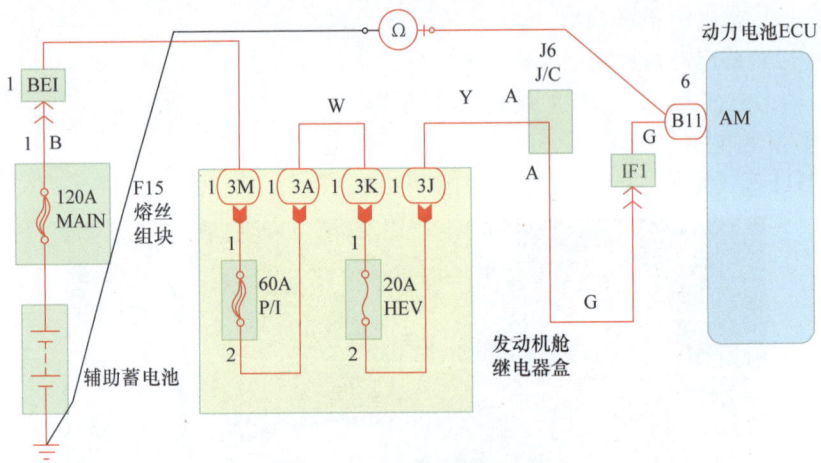

图 4-1-24　负极探针与车身接地

7）安装拆卸的连接器。

8）连接 12V 蓄电池负极。

5. 丰田普锐斯动力电池温度传感器的检测

提示：

在动力电池的底部安装有三个动力电池温度传感器，动力电池温度传感器里的热敏电阻的电阻值随着动力电池总成温度的改变而改变。动力电池温度越低热敏电阻电阻值越高；相反，温度越高，电阻值越低。

动力电池 ECU 使用动力电池温度传感器检测动力电池总成的温度，其电路原理如图 4-1-25 所示。根据检测的结果，动力电池 ECU 控制动力电池鼓风机总成。这样，当动力电池温度上升到预定数值时，将起动鼓风机。

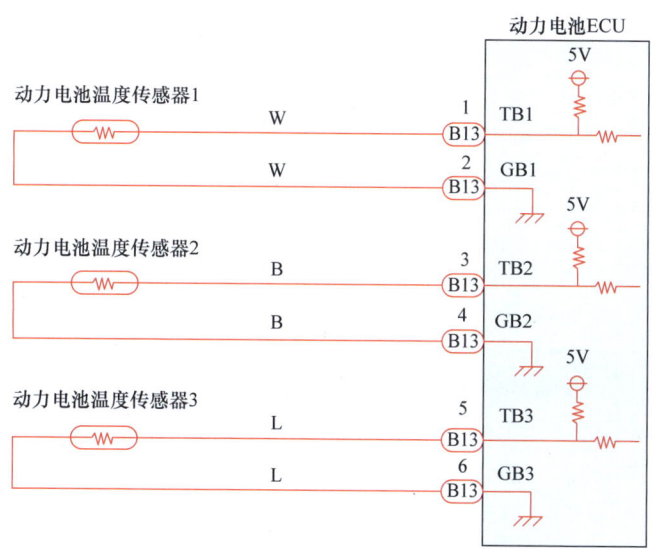

图 4-1-25　动力电池温度传感器电路原理图

（1）读取故障码和数据流

1）将诊断仪插头接入诊断插座。

2）打开点火开关至 ON 档。

3）打开诊断仪，选择"与车辆连接"，选择"HV 蓄电池"。

4）读取故障码，如图 4-1-26 所示。

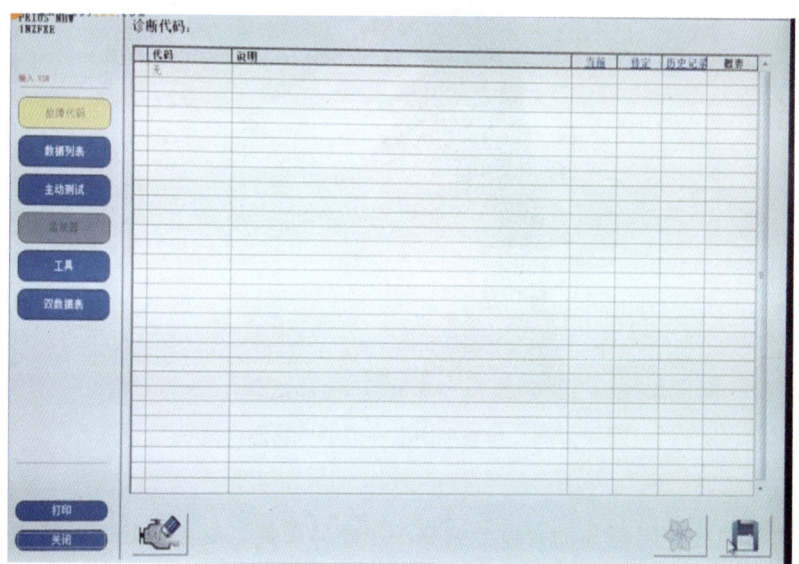

图 4-1-26　读取故障码

5）选择"数据列表"查看数据流，选择三个温度传感器选项，查看动力电池温度，如图 4-1-27 所示。

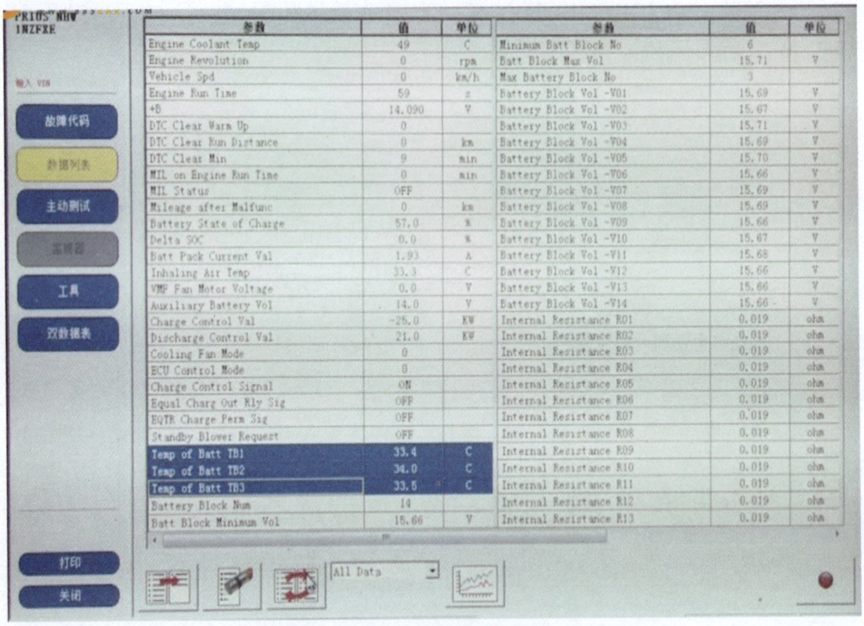

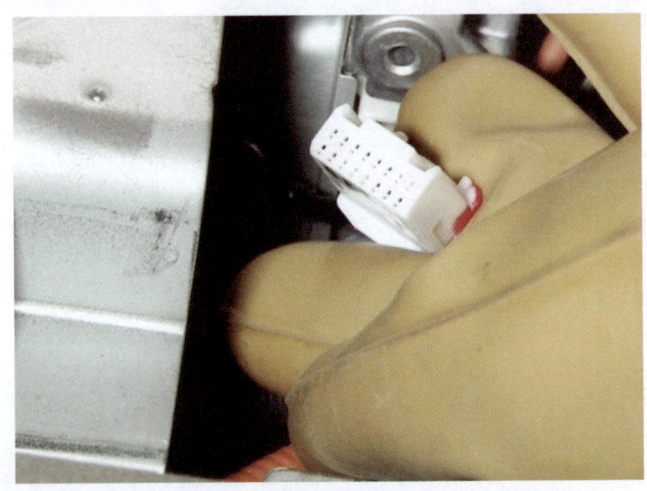

图 4-1-27　查看动力电池温度

（2）检查蓄电池温度传感器的连接线路

1）断开 12V 蓄电池负极。

2）断开维修开关，等待 5min。

3）拔出动力电池温度传感器连接器，检查端子是否松脱、虚接，如图 4-1-28 所示。

图 4-1-28　检查动力电池温度传感器连接器

注意：

　　因为动力电池温度传感器与动力电池组是一个整体单元，必须更换时，需要更换整个动力电池组总成。

4）将动力电池温度传感器连接器归位。

6. 丰田普锐斯动力电池电流传感器的检测

提示：

安装在动力电池总成上的负极电缆侧的动力电池电流传感器，检测流入动力电池的电流值，电流传感器电路图及输出特性曲线如图4-1-29所示。动力电池电流传感器向动力电池ECU的IB端子输入一个电压，电压根据电流值在0~5V之间变化。动力电池电流传感器的输出电压低于2.5V时，指示动力电池总成正在充电；高于2.5V时，指示动力电池总成正在放电。

动力电池ECU根据输入到IB端子的信号来判断动力电池总成的充电和放电，并通过检测电流值测算动力电池的充电状态。

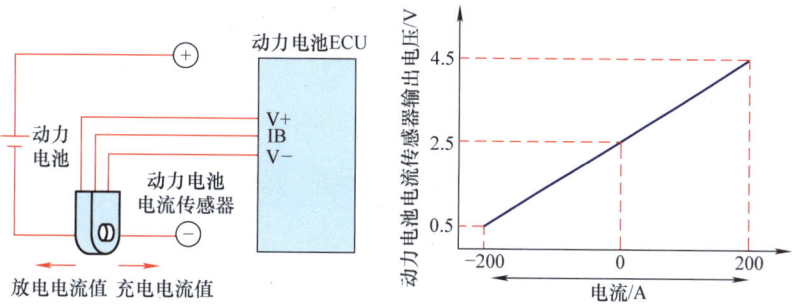

图4-1-29 电流传感器电路图及输出特性曲线

（1）读取故障码和数据流

1）将诊断仪插头接入诊断插座。

2）打开点火开关至ON档。

3）打开诊断仪，选择"与车辆连接"，选择"HV蓄电池"。

4）读取故障码。选择故障码（DTC）。查询DTC中是否有P3056——动力电池电流传感器故障，如图4-1-30所示。

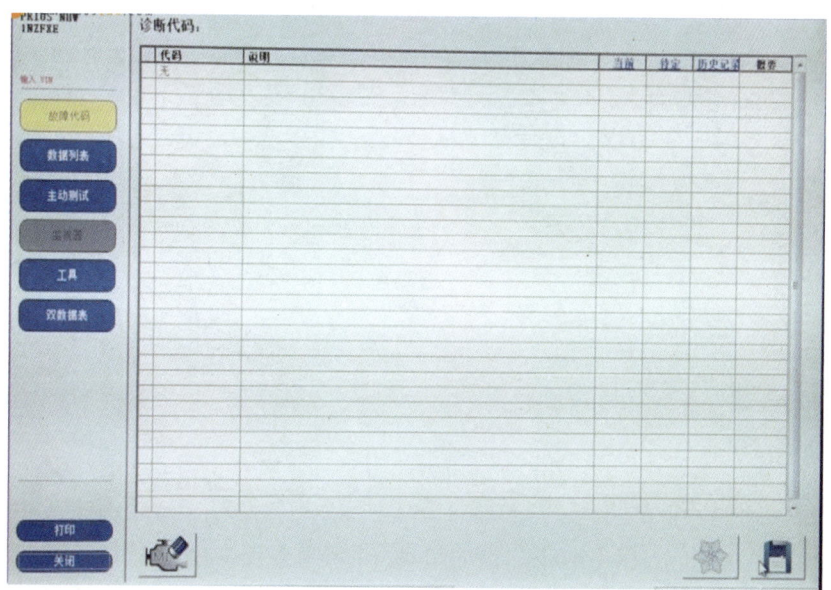

图4-1-30 查询DTC

提示：

在检修塞卡箍拆下来的条件下，打开电源开关时，将会输出关于互锁开关系统故障码。

5）选择"数据列表"查看数据流，选择"Batt Pack Current Val"，查看动力电池组电流值有无波动，如图 4-1-31 所示。

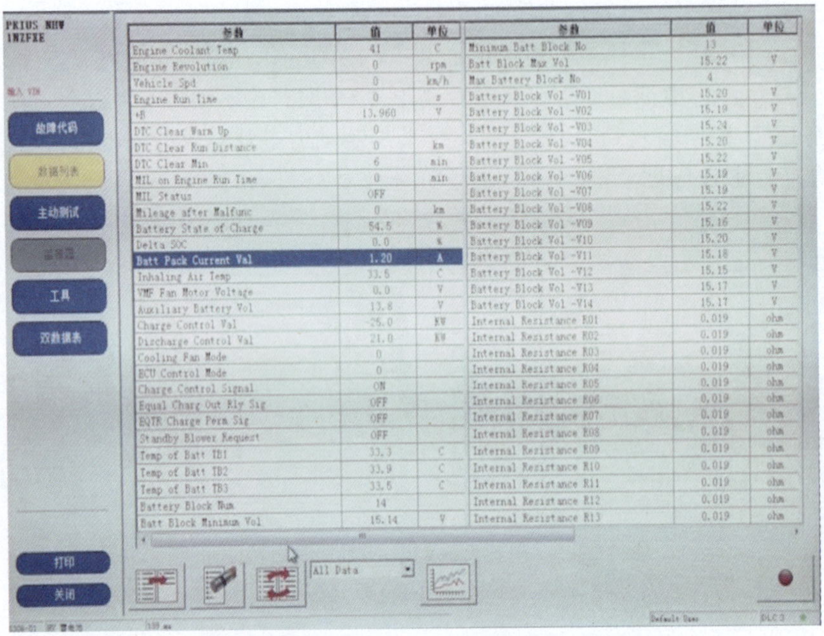

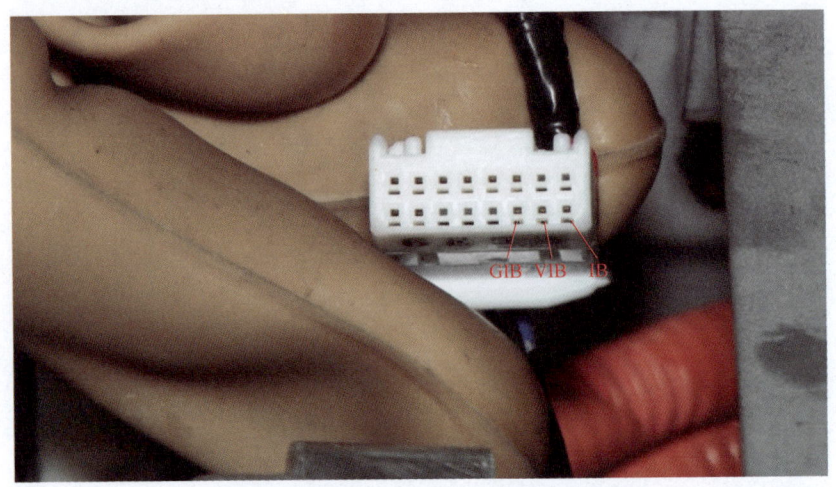

图 4-1-31　选择"Batt Pack Current Val"

（2）检查动力电池 ECU 与动力电池电流传感器的连接

1）断开 12V 蓄电池负极。

2）断开维修开关，等待 5min。

3）断开 B13 动力电池 ECU 连接器，如图 4-1-32 所示。

图 4-1-32　断开 B13 动力电池 ECU 连接器

4）断开动力电池电流传感器连接器，如图 4-1-33 所示。

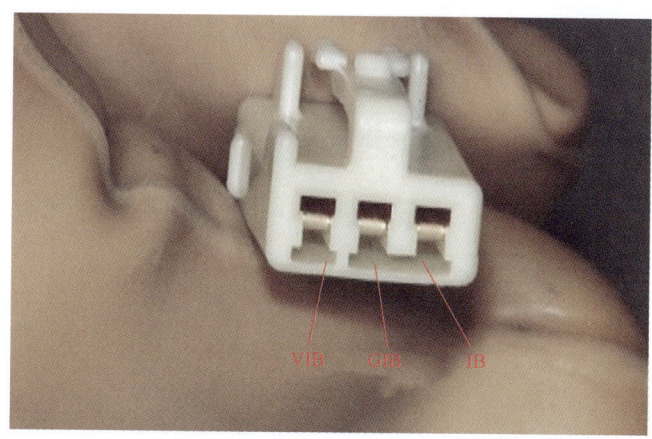

图 4-1-33　断开动力电池电流传感器连接器

5）接通 12V 蓄电池负极，打开电源开关至 IG 档。
6）测量动力电池电流传感器连接器端子和车身接地之间的电压。
①将正极探针插入动力电池电流传感器连接器的 VIB 端子，如图 4-1-34 所示。

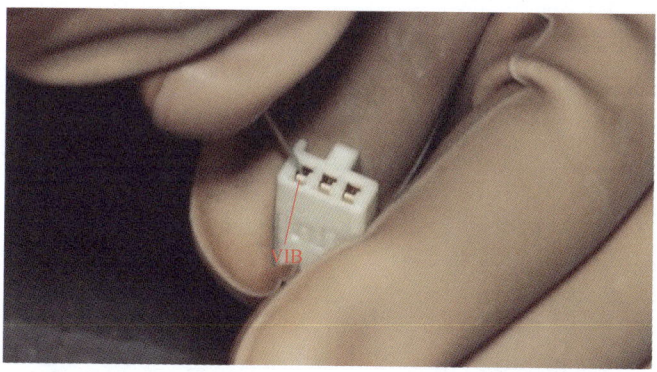

图 4-1-34　将正极探针插入动力电池电流传感器连接器的 VIB 端子

②将负极探针连接车身接地。
③将万用表调至直流电压档，测量对地电压，电压值应小于 1V。
7）将正极探针插入动力电池电流传感器连接器的 GIB 端子，如图 4-1-35 所示。

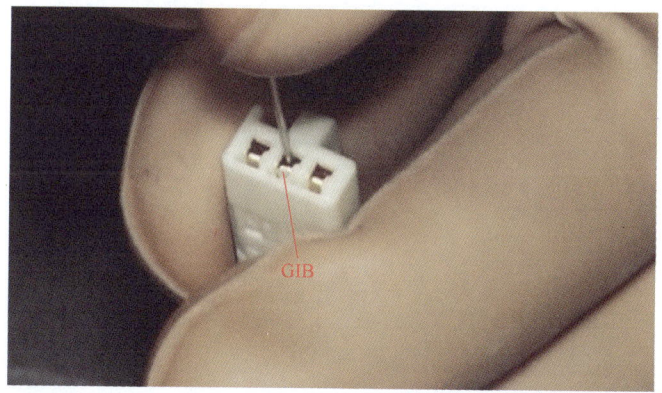

图 4-1-35　将正极探针插入动力电池电流传感器连接器的 GIB 端子

8)将负极探针连接车身接地,测量对地电压,电压值应小于 1V。

9)将正极探针插入动力电池电流传感器连接器的 IB 端子,如图 4-1-36 所示。

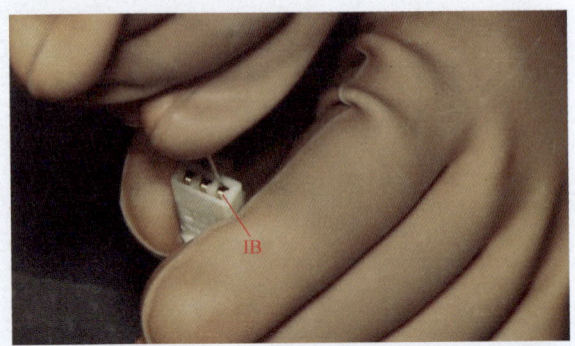

图 4-1-36　将正极探针插入动力电池电流传感器连接器的 IB 端子

10)将负极探针连接车身接地,测量对地电压,电压值应小于 1V。

11)断开电源开关。

12)断开 12V 蓄电池负极。

(3)检查线束连接器间的电阻

1)将万用表调至电阻档,校准万用表。

2)将正极探针插入动力电池电流传感器 1 号(VIB)端子,如图 4-1-37 所示。

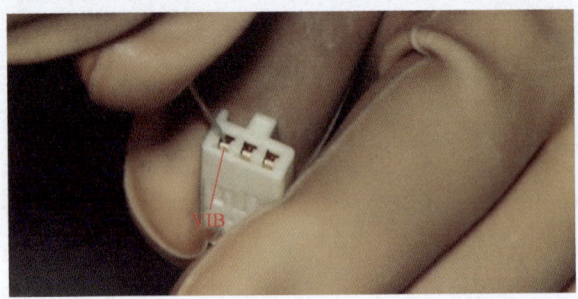

图 4-1-37　将正极探针插入动力电池电流传感器 1 号(VIB)端子

3)将负极探针插入动力电池 ECU 的 B13 连接器的 VIB 端子,测量电阻(图 4-1-38),电阻值应小于 1Ω。

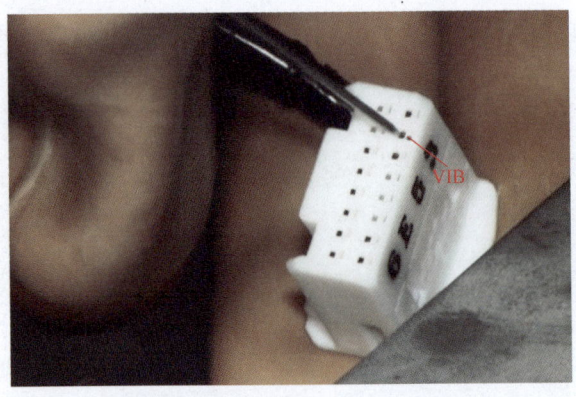

图 4-1-38　测量 VIB 端子电阻

4）将正极探针插入动力电池电流传感器 2 号（GIB）端子，如图 4-1-39 所示。

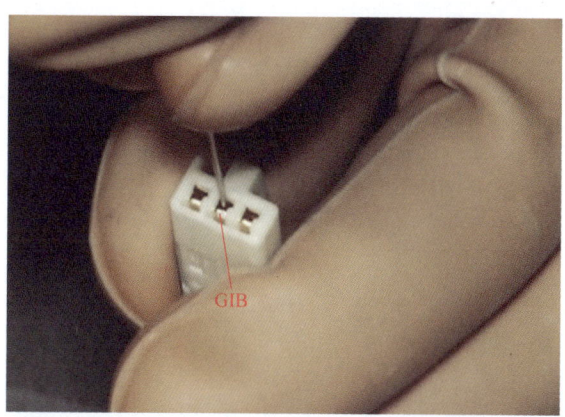

图 4-1-39　将正极探针插入动力电池电流传感器 2 号（GIB）端子

5）将负极探针插入动力电池 ECU 的 B13 连接器的 GIB 端子，测量电阻（图 4-1-40），电阻值应小于 1Ω。

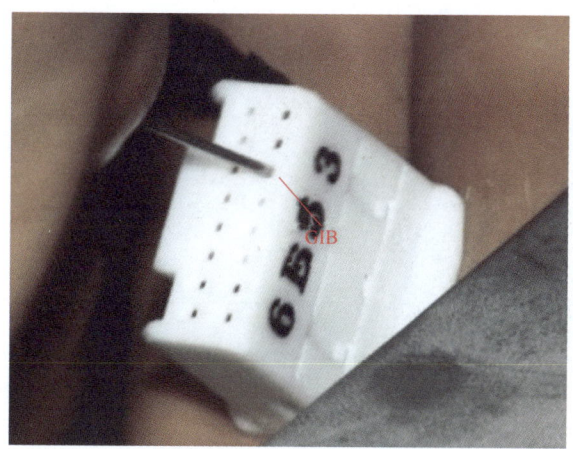

图 4-1-40　测量 GIB 端子电阻

6）将正极探针插入动力电池电流传感器 3 号（IB）端子，如图 4-1-41 所示。

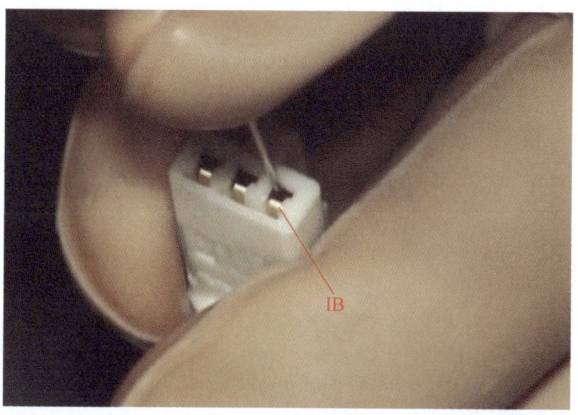

图 4-1-41　将正极探针插入动力电池电流传感器 3 号（IB）端子

7）将负极探针插入动力电池 ECU 的 B13 连接器的 IB 端子（图 4-1-42），测量电阻，电阻值应小于 1Ω。

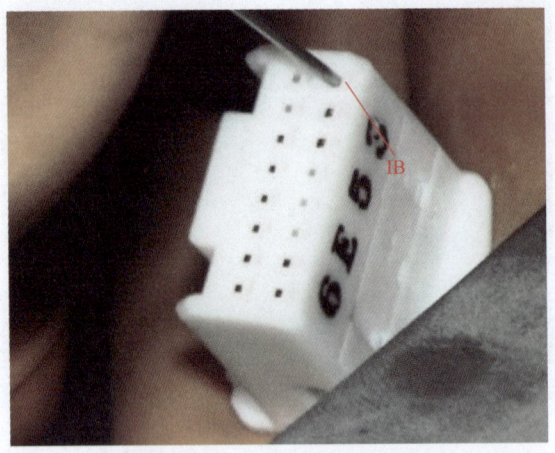

图 4-1-42　测量 IB 端子电阻

8）将万用表调至电阻档，校准万用表。
9）将正极探针插入动力电池电流传感器 1 号（VIB）端子，如图 4-1-43 所示。

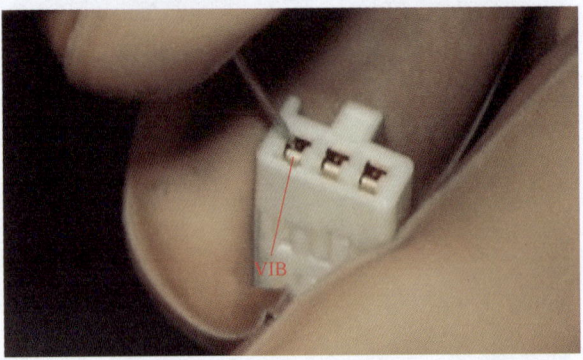

图 4-1-43　将正极探针插入动力电池电流传感器 1 号（VIB）端子

10）将负极探针连接车身接地，测量对地电阻，电阻值应大于 10kΩ 或者更大。
11）将正极探针插入动力电池电流传感器 2 号（GIB）端子，如图 4-1-44 所示。

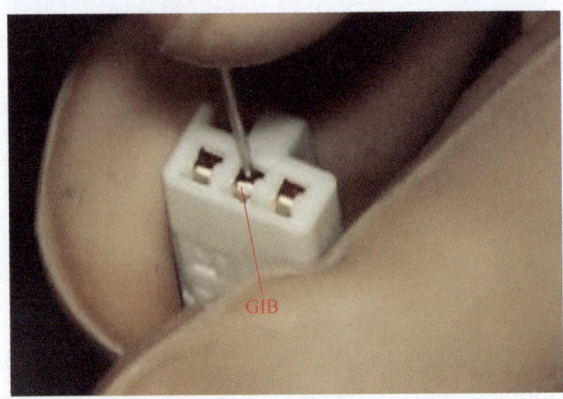

图 4-1-44　将正极探针插入动力电池电流传感器 2 号（GIB）端子

12）将负极探针连接车身接地，测量对地电阻，电阻值应大于 10kΩ 或者更大。

13）将正极探针插入动力电池电流传感器 3 号（IB）端子，如图 4-1-45 所示。

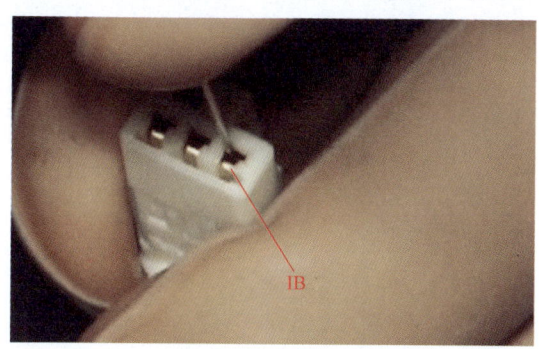

图 4-1-45　将正极探针插入蓄电池电流传感器 3 号（IB）端子

14）将负极探针连接车身接地，测量对地电阻，电阻值应大于 10kΩ 或者更大。

注意：

因为动力电池电流传感器与动力电池组是一个单元，必须更换时，需要更换整个动力电池组总成。

15）关闭万用表，安装连接器。

16）重新安装检修塞卡箍。

17）安装 12V 蓄电池负极。

四、任务考核

目标		考核题目	得分
知识目标	1	1）（单选）普锐斯混合动力汽车动力电池系统会发生（　　）故障症状 A. 仪表上的动力电池故障指示灯点亮 B. 仪表上的动力系统故障指示灯点亮 C. 未起动车辆前，会导致车辆不能正常起动；或高速运行的车辆会导致车辆降低运行功率 D. 以上都对	
		2）（判断）混合动力汽车由于设计有电力和内燃机的双重动力结构，因此在故障诊断过程中既要检查内燃机的动力系统，又要检查电力驱动系统（　　）	
		3）（多选）动力电池系统常见的故障有（　　） A. 动力电池管理模块本身故障，如供电故障等 B. 电池内部电压故障，例如监测到过高或过低的单个电池电压 C. 驱动电机不工作 D.12V 蓄电池缺电	
	2	1）（判断）混合动力汽车动力电池系统发生故障后，应该首先采用故障诊断仪进行故障码读取和数据流分析（　　）	
		2）（单选）出现故障码为 U0100（05-704），那么，可能发生的故障部位为（　　） A. 动力电池 ECU　　　　B. 线束或连接器 C. 动力电池总成　　　　D. CAN 通信系统	
		3）（判断）普锐斯在动力电池模块内，可使用诊断仪读取到数据流，关于动力电池充电状态数据流的参考范围为 0%~80%（　　）	

（续）

目标		考核题目	得分
知识目标	3	1)（单选）混合动力汽车动力电池系统的模块供电熔丝异常会出现的故障症状可能有（　） A. 动力电池 ECU（也称动力电池管理模块）不通信 B. 动力电池故障指示灯点亮 C. 车辆不能正常起动 D. 以上都对 2)（判断）检查熔丝的电阻值的标准值应小于 2Ω（　） 3)（判断）断开 B11 动力电池管理模块连接器，需要先断开电源（　）	
技能目标		1)（判断）测量电阻前，需要将万用表的两根表笔相交进行校正归零（　） 2)（判断）测量动力电池 ECU 的 B11 插头的 AM 端子不需要使用探针，可以直接用万用表测量（　） 3)（单选）丰田普锐斯动力电池温度传感器有（　）个 A.2　　　B.3　　　C.4　　　D.5	

总分：

教师评语：

项目四 混合动力汽车故障诊断与排除

任务二　混合动力汽车驱动电机系统故障诊断与排除

学习目标

◎ **知识目标**

1. 能够描述混合动力汽车驱动电机系统的故障症状。

2. 能够描述混合动力汽车驱动电机系统的故障码和数据流。

3. 能够描述混合动力汽车驱动电机系统典型故障诊断与排除方法。

◎ **技能目标**

能够进行混合动力汽车驱动电机系统相关项目的检测。

课程育人

在新时代中国特色社会主义思想指引下，强化政治导向、创新意识、科学素养、人文情怀和工匠精神教育。在比亚迪公司身上，我们既可以看到不断创新、探索技术边界的科学精神，也能看到其精益求、耐得住寂寞的工匠精神。

一、任务导入

一辆混合动力汽车因为驱动电机系统存在故障而无法行驶，动力系统故障指示灯点亮。主管要求进行故障诊断并排除，你能完成这个任务吗？

二、获取信息

> **引导问题 1** 　混合动力汽车驱动电机系统发生故障时有哪些症状？

以下以丰田普锐斯为例，介绍混合动力汽车驱动电机系统故障诊断与排除，其他车型可以参考。

1. 混合动力汽车驱动电机系统常见的故障

混合动力汽车驱动电机系统故障将导致车辆不能正常行驶。常见的故障如下。

1）变频器故障。
2）变频器温度传感器故障或控制电机温度过高。
3）控制电机角度传感器故障等。

2. 混合动力汽车驱动电机系统的故障症状

混合动力汽车驱动电机系统发生故障会有以下症状。

（1）仪表上故障指示灯点亮

如图 4-2-1 所示，驱动电机系统故障会导致仪表上的动力系统故障指示灯点亮。

图 4-2-1　混合动力汽车仪表上的动力系统故障指示灯

（2）车辆功率降低或暂停动力输出

混合动力汽车驱动电机系统故障会导致车辆降低运行功率或暂停动力输出。

引导问题 2　混合动力汽车驱动电机系统有哪些典型的故障码和数据流？

混合动力汽车驱动电机系统发生故障后，应该首先采用故障诊断仪进行故障码读取和数据流分析。

驱动系统的数据流主要在动力电池 ECU 内，可使用诊断仪读取驱动系统的故障码和数据流。

混合动力汽车驱动系统故障码请参照诊断仪故障码显示的内容。表 4-2-1 是诊断仪读取到的主要数据流的内容。

表 4-2-1　混合动力汽车的数据流内容

诊断仪显示（缩写词汇）	测量项目/范围（显示）	参考范围	诊断注解
MIL 发动机运行时间（MIL On Eng Time）	起动发动机后待时和 CHK ENG 开/最小：0min，最大：65.535min	—	—
MIL 状态（MIL Status）	CHK ENG 状态/开或关	CHK ENG 开：开	恒定开：依据检测到的故障码（DTC）修理
电机（MG2）转速（MG2 Rev）	MG2 转速/最小：−16.383r/min，最大：16.383r/min	—	—
电机（MG2）转矩（MG2 Torq）	MG2 转矩/最小：−500N·m，最大：500N·m	—	—
G（MG1）转矩执行数值（MG1 Torq Exc Val）	MG1 转矩执行数值/最小：−512N·m，最大：508N·m	发动机自动起动且 READY 灯开 1s 后，发动机停止，空调风扇高速转，前照灯开，P 位：低于 MG1 Torq 的 ±20%	—

（续）

诊断仪显示（缩写词汇）	测量项目/范围（显示）	参考范围	诊断注解
再生制动转矩（Regen Rqst Torq）	再生制动执行转矩/最小：0N·m，最大：186N·m	—	—
请求再生制动转矩（Regen Rqst Torq）	再生制动要求转矩/最小：0N·m，最大：186N·m	车速30km/h，主缸液压-200N·m：随制动踏板压力变化	—
变频器温度（MG1）（MG1 Invert Temp）	MG1变频器温度/最小-50℃，最大：205℃	◆于25℃（77°F）搁置一天：25℃（77°F） ◆街道行驶：25~80℃（77~176°F）	如果数值是-50℃（-58°F）：传感器电路对+B短路 如果数值是205℃（401°F）：传感器电路开路或对地短路
变频器温度（MG2）（MG2 Invert Temp）	MG2变频器温度/最小-50℃，最大：205℃	◆于25℃（77°F）搁置一天：25℃（77°F） ◆街道行驶：25~80℃（77~176°F）	如果数值是-50℃（-58°F）：传感器电路对+B短路 如果数值是205℃（401°F）：传感器电路开路或对地短路
2号电机温度（Motor2 Temp）	变速驱动桥油温度/最小-50℃，最大：205℃	◆于25℃（77°F）搁置一天：25℃（77°F） ◆街道行驶：25~80℃（77~176°F）	如果数值是-50℃（-58°F）：传感器电路对+B短路 如果数值是205℃（401°F）：传感器电路开路或对地短路
1号电机温度（Motor1 Temp）	MG2电机温度/最小-50℃，最大：205℃	◆于25℃（77°F）搁置一天：25℃（77°F） ◆街道行驶：25~80℃（77~176°F）	如果数值是-50℃（-58°F）：传感器电路对+B短路 如果数值是205℃（401°F）：传感器电路开路或对地短路
增压转换器温度（Converter Temp）	增压转换器温度/最小-50℃，最大：205℃	◆于25℃（77°F）搁置一天：25℃（77°F） ◆街道行驶：25~80℃（77~176°F）	如果数值是-50℃（-58°F）：传感器电路对+B短路 如果数值是205℃（401°F）：传感器电路开路或对地短路
加速踏板程度（Acclerator）	加速踏板踩下角度/最小：0%，最大：100%	加速踏板踩下：随加速踏板踩下角度而改变	—
要求动力（Power Rqst）	发动机功率输出要求值/最小0W，最大：320000W	—	—
目标发动机转速（Target Eng Spd）	目标发动机转速/最小：0r/min，最大：8000r/min	—	—

（续）

诊断仪显示（缩写词汇）	测量项目/范围（显示）	参考范围	诊断注解
发动机转速（Engine Spd）	目标发动机转速/最小：0r/min，最大：8000r/min	怠速：950~1050r/min	—
车速（Vehicle Spd）	车速/最小：-256km/h，最大：254km/h	以40km/h的速度行驶，40km/h	—
主缸力矩（Meyl Ctrl Power）	制动力矩相当于主缸液压/最小：-512N·m，最大：508N·m	制动踏板踩下：随制动踏板压力改变	—
充电状态（SOC）	动力电池充电状态/最小：0%，最大：100%	恒定：0%~100%	—
WOUT控制器电源（WOUT Ctrl Power）	放电控制电源值/最小：0W，最大：81 600W	21000W或更小	—
WIN控制器电源（WIN Ctrl Power）	充电控制电源值/最小：-40 800W，最大：0W	-25000W或更大	—
请求放电至SOC（Dehg Rqst SOC）	请求放电调整SOC/最小：-20 480W，最大：20 320W	◆统一车上充电：-4400W ◆一般 0W	—
电源VB（PWr Resource VB）	动力电池电压/最低：0V，最高：510V	READY灯打开和P位：150~300V	—
电源IB（PWr Resource IB）	动力电池电流/最小：-256V，最大254A	—	—
VL电压上升前（VL）	增压前的高压/最低：0V，最高：510V	电源开关开（READY）：实际上和动力电池电压一致	如果数值是0V：传感器电路开路或对地短路 如果数值是510V：传感器电路+B短路
VH电压上升后（VH）	增压后的高压/最低：0V，最高：765V	P位发动机加快转速：动力电池电压至500V	如果数值是0V：传感器电路开路或对地短路 如果数值是765V：传感器电路对+B短路
压力上升比（Rais Pres Ratio）	增压比/最小：0%，最大：100%	增压前电压和增压后电压一致0%~100%	—
行驶条件ID（Drive Conditon）	行驶条件ID/最小：0，最大：6	◆发动机停止：0 ◆发动机将要停止：1 ◆发动机将要起动：2 ◆发动机工作：3 ◆装载运行：4 ◆P位加快转速：6	—

引导问题3 如果混合动力汽车驱动电机系统发生故障，如何进行诊断与排除？

以下以实际案例为例，介绍混合动力汽车驱动电机系统故障诊断与排除步骤。

1. 驱动电机温度传感器异常的故障

故障症状：

仪表提示驱动电机温度过高，系统功率降低。

故障原因分析：

变频器模块会通过电机内的温度传感器获取电机的温度。当温度异常时，系统将降低电机的输出功率，让电机尽快冷却。

采集电机温度的传感器是热敏电阻传感器。热敏电阻的电阻值和电机温度相关，它根据电机温度的变化而变化。电机温度越低，热敏电阻的电阻值越大。相反，电机温度越高，热敏电阻的电阻值越小。电机温度传感器与 HV 控制 ECU 连接。由 HV 控制 ECU 的 MMT 端子提供的 5V 电源电压经过电阻 R 到达电机温度传感器。

为了防止电机过热，HV 控制 ECU 根据这种信号限制负载。另外，HV 控制 ECU 检查电机温度传感器是否出现线路故障和传感器故障。

电机温度传感器电路图如图 4-2-2 所示。

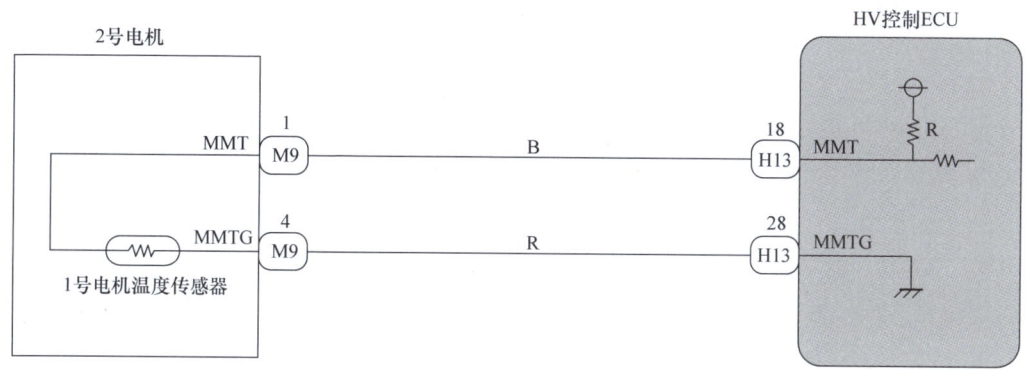

图 4-2-2　电机温度传感器电路图

诊断关键步骤及参数：

1）使用诊断仪读取电机温度传感器数据。

① 进入专用诊断仪的下列菜单：Powertrain/Hybrid Control/Data list。

② 读取专用诊断仪上显示的 MG1 电机温度值，见表 4-2-2。

表 4-2-2　MG1 电机温度值显示

温度显示
−50℃（−58 ℉）
205℃（401 ℉）
−49~204℃（−57~400 ℉）

提示：

- 如果电路开路或对 +B 短路，则专用诊断仪显示的数据是 −50℃（−58 ℉）。
- 如果电路对地短路，则专用诊断仪显示的数据是 205℃（401 ℉）。

2）如显示的温度不在正常范围（−49~204℃）内，则需要检查电机温度传感器与 HV 控制 ECU 之间的连接线路，以及电机温度传感器本身的技术状态。详细的检查方法与步骤，请参考热敏电阻类传感器的诊断方法。

2. 电机角度传感器异常的故障

故障症状：

仪表显示驱动系统故障，车辆不能正常驱动（MG2 电机角度故障）；或发动机不能被正常起动（MG1 电机角度故障）。

故障原因分析：

如图 4-2-3 所示，电机角度传感器是一种检测转子磁极位置的传感器，它对保证 MG1 电机和 MG2 电机的高效控制是必需的。电机角度传感器的定子包括一个励磁线圈和两个检测线圈。因为转子是椭圆形状的，定子和转子间的间隙随着转子转动而变化。预定频率的交流电流过励磁线圈和检测线圈 S 和 C，并且根据传感器转子的位置输出交流电。

HV 控制 ECU 根据检测线圈 S 和 C 的相位及它们的波形，来检测转子的绝对位置。此外，为了让电机角度传感器同时起到速度传感器的作用，CPU 会计算出在一段预定的时间内转子位置的变化次数。

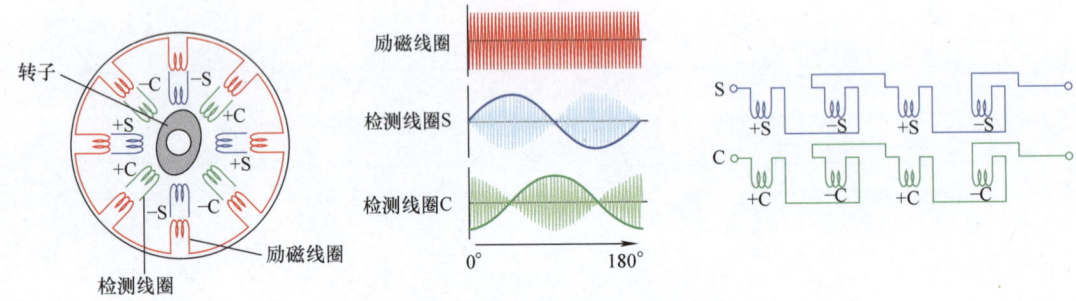

图 4-2-3　电机角度传感器原理图

以 MG2 电机角度传感器控制电路为例，其控制电路如图 4-2-4 所示。

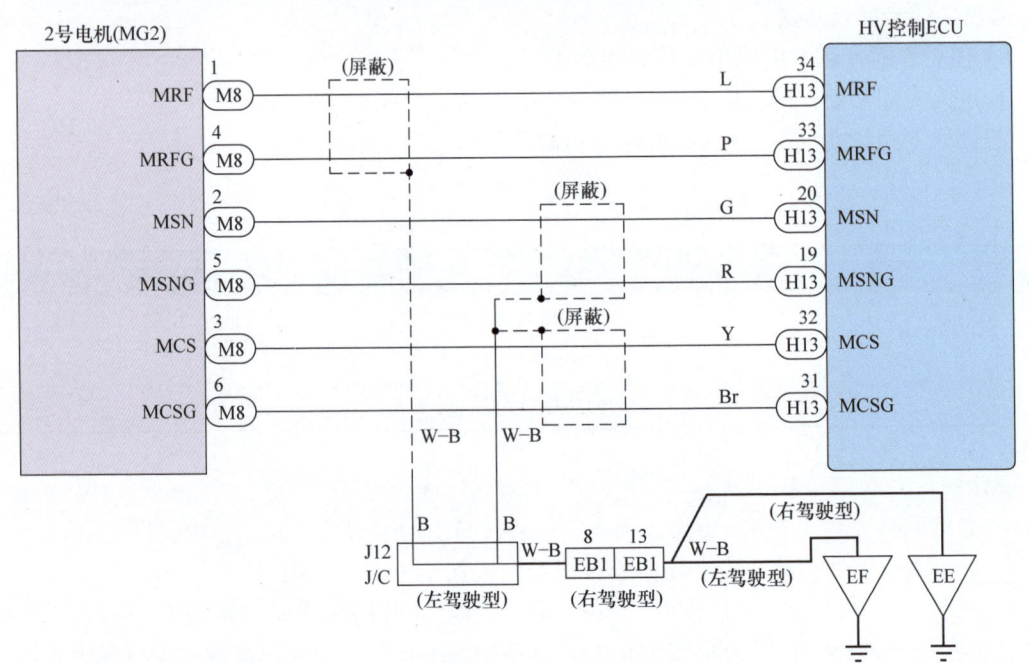

图 4-2-4　MG2 电机角度传感器控制电路图

诊断关键步骤及参数：

1）使用诊断仪读取相关故障码。
2）使用诊断仪读取对应故障码所指电机的数据流。
- 标准值：数据流应该显示出电机的转动角度。
3）检查线束与连接器。HV 控制 ECU—电机角度传感器电路如图 4-2-5 所示。

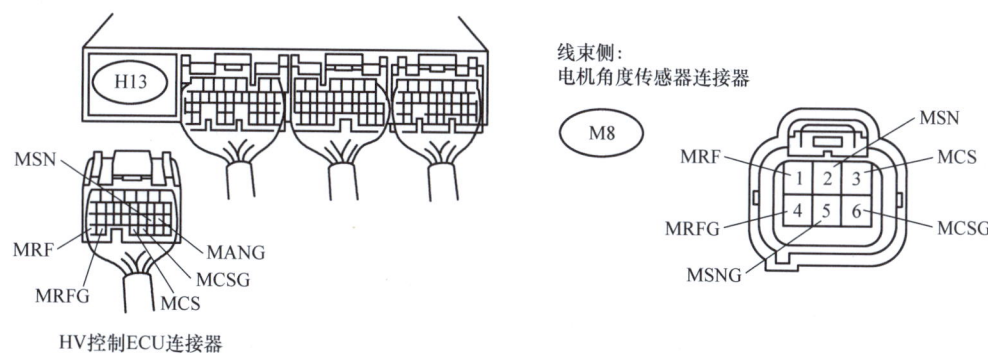

图 4-2-5　HV 控制 ECU—电机角度传感器线束与连接器

① 断开 H13 HV 控制 ECU 连接器和电机角度传感器连接器。
② 打开点火开关。
③ 测量 HV 控制 ECU 连接器端子与车身接地间的电压。
- 标准值：见表 4-2-3。

表 4-2-3　HV 控制 ECU 连接器端子与车身接地间的电压

万用表连接	正常值
MRF（H13-34）- 车身接地	低于 1V
MRFG（H13-33）- 车身接地	低于 1V
MSN（H13-20）- 车身接地	低于 1V
MSNG（H13-19）- 车身接地	低于 1V
MCS（H13-32）- 车身接地	低于 1V
MCSG（H13-31）- 车身接地	低于 1V

④ 关闭点火开关。
⑤ 检查线束侧连接器间的电阻。
- 线束开路检查标准值见表 4-2-4。

表 4-2-4　HV 控制 ECU 连接器线束开路检查标准

万用表连接	正常值
MRF（H13-34）-MRF（M8-1）	低于 1Ω
MRFG（H13-33）-MRFG（M8-4）	低于 1Ω
MSN（H13-20）-MSN（M8-2）	低于 1Ω
MSNG（H13-19）-MSNG（M8-5）	低于 1Ω
MCS（H13-32）-MCS（M8-3）	低于 1Ω
MCSG（H13-31）-MCSG（M8-6）	低于 1Ω

- 短路检查标准值见表 4-2-5。

表 4-2-5 HV 控制 ECU 连接器线束短路检查标准

万用表连接	正常值
MRF（H13-34）- MRF（M8-1）- 车身接地	10kΩ 或更大
MRFG（H13-33）- MRFG（M8-4）- 车身接地	10kΩ 或更大
MSN（H13-20）- MSN（M8-2）- 车身接地	10kΩ 或更大
MSNG（H13-19）- MSNG（M8-5）- 车身接地	10kΩ 或更大
MCS（H13-32）- MCS（M8-3）- 车身接地	10kΩ 或更大
MCSG（H13-31）- MCSG（M8-6）- 车身接地	10kΩ 或更大

4）检查电机角度传感器本身电阻。电机角度传感器端子如图 4-2-6 所示。

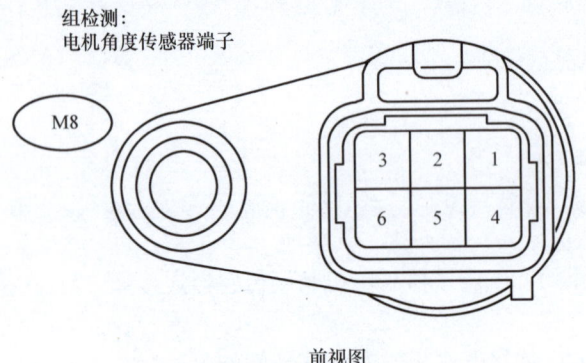

图 4-2-6 电机角度传感器端子图

① 测量电机角度传感器端子间的电阻。
- 标准值，见表 4-2-6。

表 4-2-6 电机角度传感器端子间的电阻标准

万用表连接	正常值
MRF（M8-1）-MRFG（M8-4）	7.65~10.2Ω
MSN（M8-2）-MSNG（M8-5）	12.6~16.8Ω
MCS（M8-3）-MCSG（M8-6）	12.6~16.8Ω

② 用绝缘电阻表检查电机角度传感器端子间的绝缘电阻。
- 标准值，见表 4-2-7。

表 4-2-7 电机角度传感器端子间的绝缘电阻标准

万用表连接	正常值
MRF（H13-34）-MRF（M8-1）	10MΩ 或更大
MRFG（H13-33）-MRFG（M8-4）	10MΩ 或更大
MSN（H13-20）-MSN（M8-2）	10MΩ 或更大
MSNG（H13-19）-MSNG（M8-5）	10MΩ 或更大
MCS（H13-32）-MCS（M8-3）	10MΩ 或更大
MCSG（H13-31）-MCSG（M8-6）	10MΩ 或更大

3. 变频器性能故障

故障症状：

仪表显示驱动系统失效，使用诊断仪检查存在变频器性能故障码。

故障原因分析：

变频器用于给 MG1/MG2 将动力电池高压直流电变换成交流电。变频器内包含一个三相桥电路，它由 6 个功率晶体管组成，每个对应于 MG1 和 MG2，用来变换直流电和三相交流电。HV 控制 ECU 控制功率晶体管的激活。变频器将控制所必需的信息，例如电流和电压传送到 HV 控制 ECU。

HV 控制 ECU 使用电压传感器控制，它内置于变频器中，用来检测升压后的高压并进行升压控制。

变频器电压传感器根据高压的不同输出一个值在 0~5V 间的电压。高压越高，输出电压越高。高压越低，输出电压越低。

HV 控制 ECU 监控变频器电压并检测故障。变频器电路如图 4-2-7 所示。

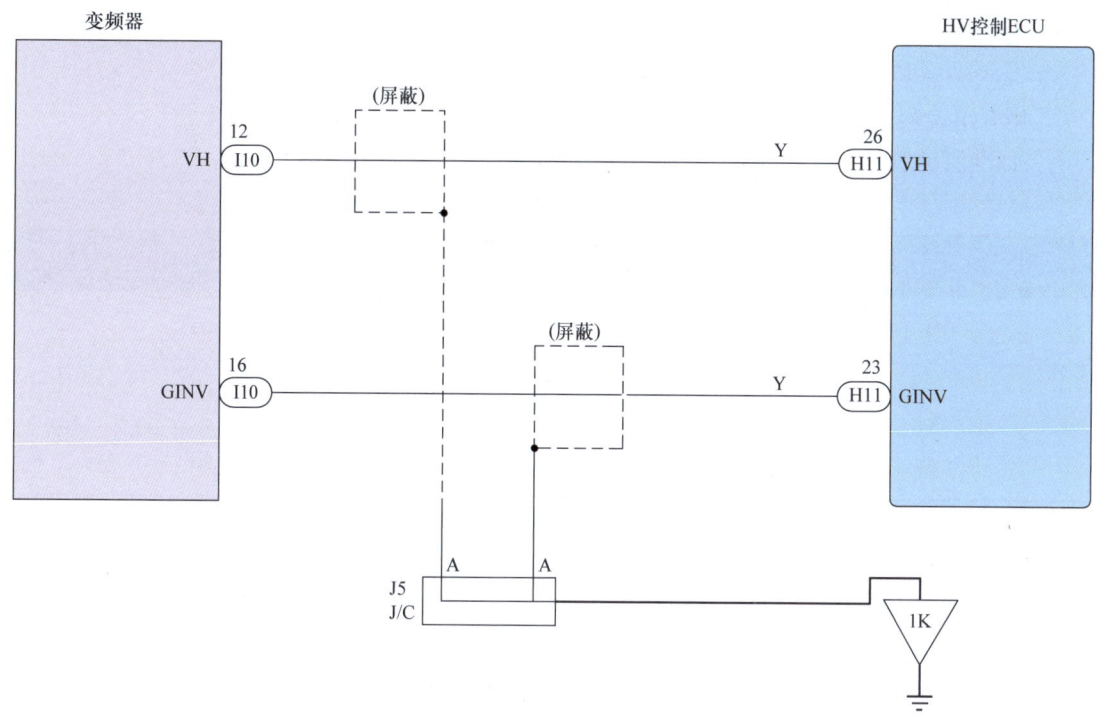

图 4-2-7　变频器电路图

如果变频器出现电路故障、内部短路或过热，则变频器通过电机变频器故障信号线路将此信息传送到 HV 控制 ECU 的 MFIV 端子。

警告： 诊断前，至少需要 5min 对变频器内的高压电容器进行放电。

诊断关键步骤及参数：

1）使用专用诊断仪按以下菜单：Powertrain/Hybrid Control/DTC，读取故障码（DTC）。

2）检查混合动力 HV 控制 ECU 连接情况，检查是否存在松动；检查变频器连接情况，检查是否存在松动或连接不良。

3）检查混合动力电机线圈电阻（图 4-2-8）。

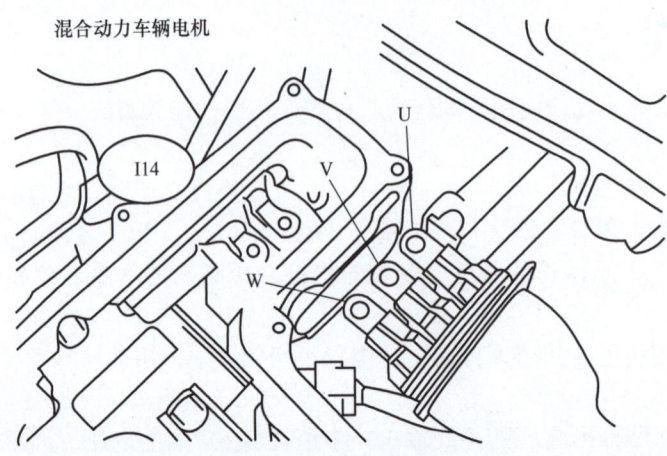

图 4-2-8　检查混合动力电机线圈电阻

① 检查检修塞与变频器盖是否已经拆下。
② 检查三相电机电缆螺栓是否按标准力矩拧紧,标准力矩为 8N·m。
③ 从变频器断开混合动力汽车电机的三相交流电电缆。
④ 用万用表测量混合动力汽车电机三相交流电电缆端子电阻。

- 标准值见表 4-2-8。

表 4-2-8　混合动力汽车电机三相交流电电缆端子电阻标准

万用表连接	正常值
U（I14-1）-V（I14-2）	20℃时小于 135MΩ
V（I14-2）-W（I14-3）	20℃时小于 135MΩ
W（I14-3）-U（I14-1）	20℃时小于 135MΩ

⑤ 计算 U-V\V-W\W-U 端子最大电阻和最小电阻间的差值,标准值应该小于 2MΩ。
⑥ 用万用表测量混合动力汽车电机三相交流电电缆端子与车身接地之间的绝缘电阻。

- 标准值见表 4-2-9。

表 4-2-9　混合动力汽车电机三相交流电电缆端子与车身接地之间的绝缘电阻标准

万用表连接	正常值
U（I14-1）- 车身接地	10MΩ 或更大
V（I14-2）- 车身接地	10MΩ 或更大
W（I14-3）- 车身接地	10MΩ 或更大

4）使用专用诊断仪,进入以下菜单:Powertrain/Hybrid Control/Activetest。当变频器驱动强制停止时,测量变频器连接器端子间的电压。

- 标准值见表 4-2-10。

表 4-2-10　变频器连接器端子间的电压标准

万用表连接	正常值
MUU（I10-9）- GINV（I10-16）	12~16V
MVU（I10-10）- GINV（I10-16）	12~16V
MWU（I10-11）- GINV（I10-16）	12~16V

5）如果以上测试均在标准值范围内，则需要更换变频器总成。

三、任务实施

1. 实施要求

本操作任务完成混合动力汽车驱动电机系统的故障诊断与排除，具体包括以下内容。

1）驱动电机系统检查：前轮转动情况。
2）驱动电机系统检查：前轮转动阻力增加情况。
3）电机运行常见故障及修理。

2. 实施准备

1）防护装备：绝缘防护装备。
2）车辆、台架、总成：丰田普锐斯混合动力汽车；或同类混合动力汽车台架。
3）专用工具、设备：对应车型故障诊断仪、万用表；或其他适用的设备。
4）手工工具：新能源汽车维修组合工具。
5）辅助材料：诊断与维修必要的熔丝等耗材。

3. 实施步骤

警告：

在执行车辆高压系统诊断及维护前，务必佩戴完好的个人防护设备，并严格遵守正确的操作步骤。

（1）驱动电机系统检查：前轮转动情况

1）打开电源开关至 IG 档。
2）踩下制动踏板，把变速杆移动至 N 位，如图 4-2-9 所示。
3）举升车辆。
4）手动转动曲轴带轮，检查前轮是否旋转，如图 4-2-10 所示。

图 4-2-9　变速杆移动至 N 位

图 4-2-10　检查前轮是否旋转

5）打开电源开关至 ready 档。

6）举升车辆离地20cm，如图4-2-11所示。

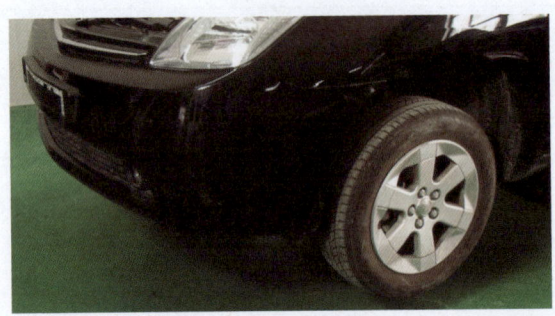

图4-2-11　举升车辆离地20cm

7）踩下制动踏板，把变速杆移动到D位，然后松开制动踏板，如图4-2-12所示。

图4-2-12　变速杆移动到D位

8）检查前轮是否旋转，如图4-2-13所示。

图4-2-13　检查前轮是否旋转

提示：

如果车轮不能转动，并且诊断仪上显示HV变速驱动桥输入故障，则应更换混合动力车辆变速驱动桥总成。

（2）驱动电机系统检查：前轮转动阻力增加

以下步骤检查驱动系统在前轮转动过程中阻力增加的原因。

1）检查发动机润滑系统和变速驱动桥润滑系统。

2）检查发动机冷却液和变速驱动桥冷却液。

3）检查发动机本身和变速驱动桥本身是否有任何故障。

（3）驱动电机运行常见故障及修理

驱动电机运行常见的故障及修理见表4-2-11至表4-2-13。

表4-2-11 电机起动困难或不起动

原因	修理方法
电源电压过低	调整电压到所需值
电机过载	减轻负载后再起动
机械卡住	检查后先停车解除机械锁止，然后再起动电机

表4-2-12 电机运行温度升高

原因	修理方法
负载过大	减轻负载
电机扫膛	检查气隙及转轴、轴承是否正常
电机绕组故障	检查绕组是否有接地、短路、断路等故障，如有进行排除
电源电压过高、过低或三相不平衡	检查电源调整电压值，使其符合要求

表4-2-13 电机运行时振动过大

原因	修理方法
定子三相电压不对称	检查电源供三相电平衡
铁心转动不平衡	重新拧紧拉紧螺杆，或在松动的铁心中打入楔子固定
定子绕组并联支路中某支路断裂	检查直流电阻，找到断裂处后焊接
定转子气隙不均	调整电机定转子气隙，使其均匀
电机底座和基础板不坚固	紧固电机底座和基础板
联轴器松动	拧紧连接螺栓，必要时更换螺栓
转轴弯曲	进行调直或更新
转子磁极松动	检查固定键，重新紧固
负载不平衡	检查出机械负载故障并排除
机组定中心不好	重新定中心
基础自由振动频率与电机的振动频率接近	改变基础的自由振动频率，使两者不产生共振
转子不平衡	进行转子平衡检查试验

四、任务考核

目标	考核题目	得分
知识目标	1 1）（单选）混合动力汽车驱动电机系统故障将导致车辆不能正常行驶。常见的故障有（　） A. 变频器本身故障 B. 控制电机角度传感器故障 C. 变频器温度传感器故障或控制电机温度过高 D. 以上都对 2）（判断）混合动力汽车驱动电机系统发生故障，通常情况下仪表上的动力系统故障指示灯会点亮。（　） 3）（判断）混合动力汽车驱动系统故障会导致车辆降低运行功率或暂停动力输出。（　）	
	2 1）（判断）驱动系统的数据流主要在 ABS ECU 内，可使用诊断仪读取到关于驱动系统的故障码和数据流。（　） 2）（判断）关于变频器温度的数据流可以利用诊断仪在 HV 控制 ECU 中读到。（　） 3）（判断）电机温度的数据流信息可以利用诊断仪读取。（　）	
	3 1）（单选）下面是驱动电机温度传感器数据流的数据，有故障是（　） A.-50℃　　B.-10℃　　C.100℃　　D.160℃ 2）（单选）MG1 的含义是（　） A. 驱动电机　　B. 温度传感器　　C. 压力传感器　　D. 轮速传感器 3）（判断）连接器线束开路、短路的检查最常用的是使用万用表。（　）	
技能目标	1）（单选）属于电机起动困难或不起动的原因是（　） A. 电机绕组故障　　B. 负载过大　　C. 电源电压过低　　D. 电机扫膛 2）（单选）属于电机运行时振动过大的原因是（　） A. 电机绕组故障　　B. 电动机底座和基础板不牢固 C. 电机过载　　D. 机械卡住 3）（判断）若检查发现是电机绕组故障，修理的方法是改变基础的自由振动频率，使两者不产生共振。（　） 4）（判断）对于前轮转动的检查，不需要打开电源开关。（　） 5）（判断）驱动电机系统检查需要进行挂档测试，判断是否存在故障（　）	
总分：		
教师评语：		

任务三 混合动力汽车整车动力控制系统故障诊断与排除

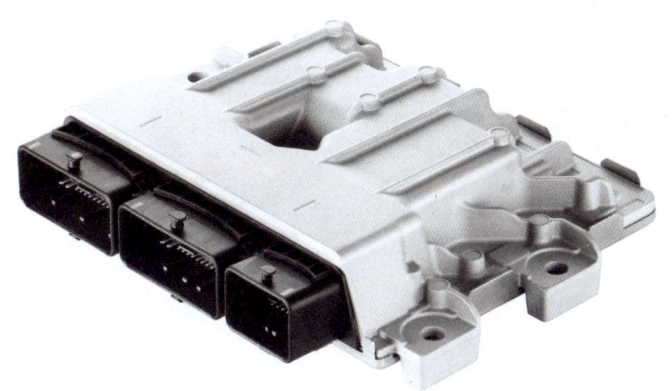

学习目标

◎ 知识目标

1. 能够描述混合动力汽车整车动力控制系统的故障症状。
2. 能够描述混合动力汽车整车动力控制系统典型故障诊断与排除方法。

◎ 技能目标

能够进行混合动力汽车整车动力控制系统相关项目的检测。

课程育人

混合动力汽车整车结构更加复杂,"一口吃不成胖子",靠着一时的冲动,很难做到系统性的学习,也很难攻克一些"大目标"。想要让自己真正有所提升,还需做好规划,步步为营,采用蚂蚁搬家式的方法攻克大目标,认真培养"严谨认真、吃苦耐劳、态度端正、持之以恒"的专业素养。

一、任务导入

一辆混合动力汽车无法起动,动力系统故障指示灯点亮。主管要求进行故障诊断并排除,你能完成这个任务吗?

二、获取信息

引导问题 1 混合动力汽车整车动力控制系统发生故障时有哪些症状?

以下以丰田普锐斯为例,介绍混合动力汽车整车动力控制系统故障诊断与排除,其他车型可以参考。

1. 混合动力汽车整车动力控制系统常见故障

混合动力汽车整车动力控制系统故障将导致车辆不能正常行驶。常见的故障如下。

1) HV 控制 ECU 模块本身故障。
2) 接触器不能正常吸合。导致该故障的原因有很多,例如,系统检测到绝缘故障、接触器本身烧蚀等。
3) 因驱动系统导致的故障,如驱动电机不能正常运行导致发动机不能起动等。

2. 混合动力汽车整车动力控制系统的故障症状

混合动力汽车整车动力控制系统发生故障会有以下症状。

（1）仪表上故障指示灯点亮

如图4-3-1所示，整车动力控制系统故障会导致仪表上的相应故障指示灯点亮。

 动力电池故障指示灯    车辆动力系统故障指示灯

图 4-3-1　混合动力汽车仪表故障指示灯

（2）车辆不能起动或功率降低

未起动车辆前，会导致车辆不能正常起动；在高速运行中的车辆会导致车辆降低运行功率。

引导问题2 ➡ 如果混合动力汽车整车动力控制系统发生故障，如何进行诊断与排除？

以下以实际案例为例，介绍混合动力汽车整车动力控制系统故障诊断与排除的步骤。

1. 因HV控制ECU模块供电异常导致失去通信的故障

故障症状：

HV控制ECU不通信，混合动力故障指示灯点亮，且车辆不能正常起动。

HV控制ECU的电路图如图4-3-2所示。

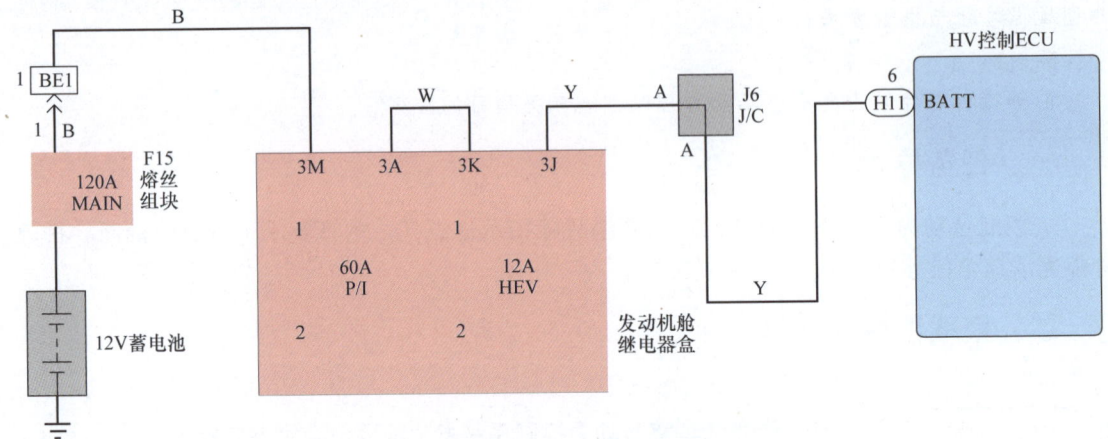

图 4-3-2　HV控制ECU电路图

诊断关键步骤及参数如下所述。

1）检查20A熔丝。

①拆下发动机舱继电器盒的HEV熔丝。

②检查HEV熔丝的电阻。

- 标准值小于1Ω。

2）检查HV控制ECU-动力电池的连接器及线束。

① 断开 12V 蓄电池负极端子。
② 拆下发动机舱继电器盒的 HEV 熔丝，并断开 H11 HV 控制 ECU 连接器，如图 4-3-3 所示。

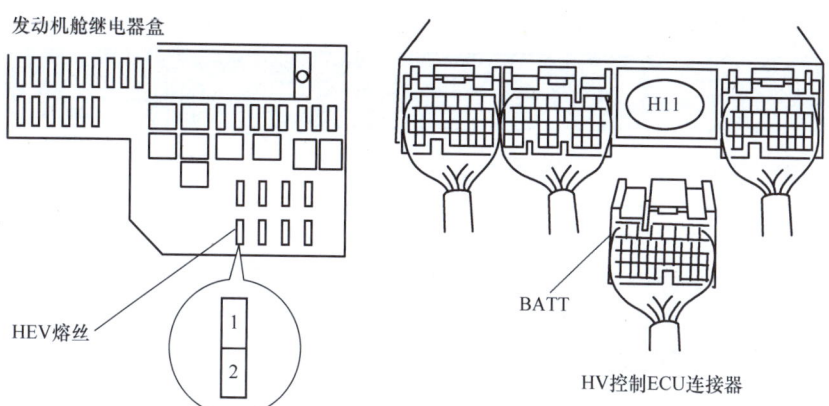

图 4-3-3　HEV 熔丝位置及 HV 控制 ECU 连接器

③ 检查线束侧连接器间的电阻。
• 标准值见表 4-3-1。

表 4-3-1　BATT 到 HEV 熔丝 2 线束侧连接器间的电阻标准

万用表连接	正常值
BATT（H11-6）-HEV 熔丝（2）	小于 1Ω

3）检查线束侧连接器间的电阻，如图 4-3-4 所示。

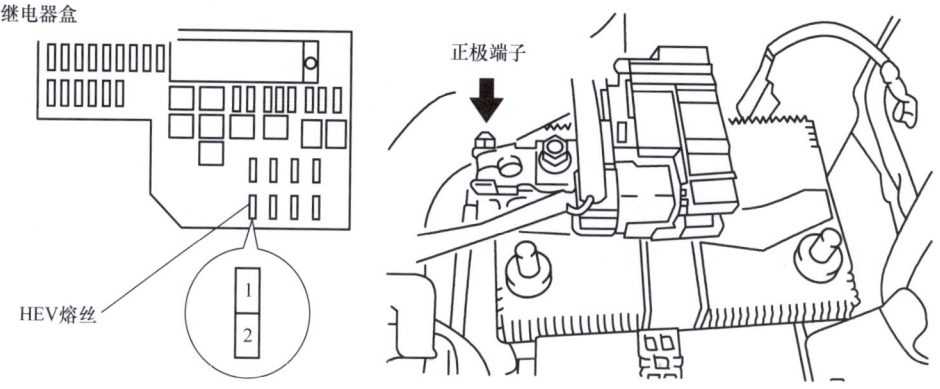

图 4-3-4　HEV 熔丝位置及 12V 蓄电池正极端子

• 标准值见表 4-3-2。

表 4-3-2　HEV 熔丝 1 到 12V 蓄电池正极端子线束侧连接器间的电阻标准

万用表连接	正常值
HEV 熔丝（1）- 备用蓄电池正极端子	小于 1Ω

4）检查 HV 控制 ECU-HEV 熔丝的连接器及线束，如图 4-3-3 所示。
① 断开 H11 HV 控制 ECU 连接器。

② 检查线束侧连接器间的电阻。
- 标准值见表 4-3-3。

表 4-3-3 BATT -HEV 熔丝（2）- 车身接地间的电阻标准

万用表连接	正常值
BATT（H11-6）-HEV 熔丝（2）- 车身接地	10kΩ 或更大

警告：
当用万用表进行测量时，不要对万用表探针用力过大，以免损坏保持架。
5）如以上检查均正常，则需要更换 HV 控制 ECU 模块。

2. 混合动力系统主继电器断开的故障

故障症状：
仪表提示动力电池故障，车辆不能起动。

故障原因分析：
系统主继电器（SMR）根据 HV 控制 ECU 发出的请求，连接或断开高压电源供电电路。为确保可靠操作，SMR 由三个继电器组成（负极侧一个，正极侧两个）。SMR 原理如图 4-3-5 所示。

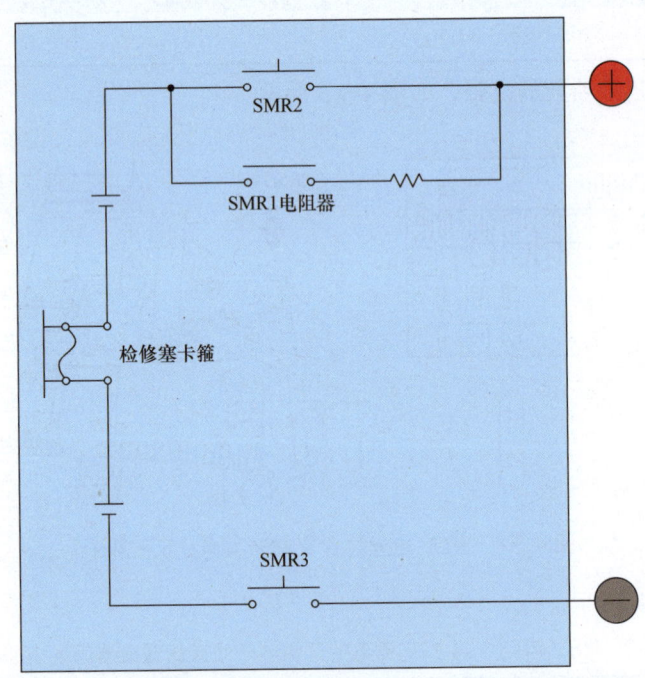

图 4-3-5 系统主继电器（SMR）原理图

连接时，SMR1 和 SMR3 先打开开关。接着，SMR2 打开同时 SMR1 关闭。这个过程通过限制流过主电阻器的额定电流值，使电路免受高电压、大电流的冲击。断开时，SMR2 和

SMR3 依次关闭，HV 控制 ECU 检查继电器是否关闭。

HV 控制 ECU 监测连接 SMR 的 CON1、CON2 和 CON3 这三个端子的信号来检查故障。图 4-3-6 是 SMR 控制电路。

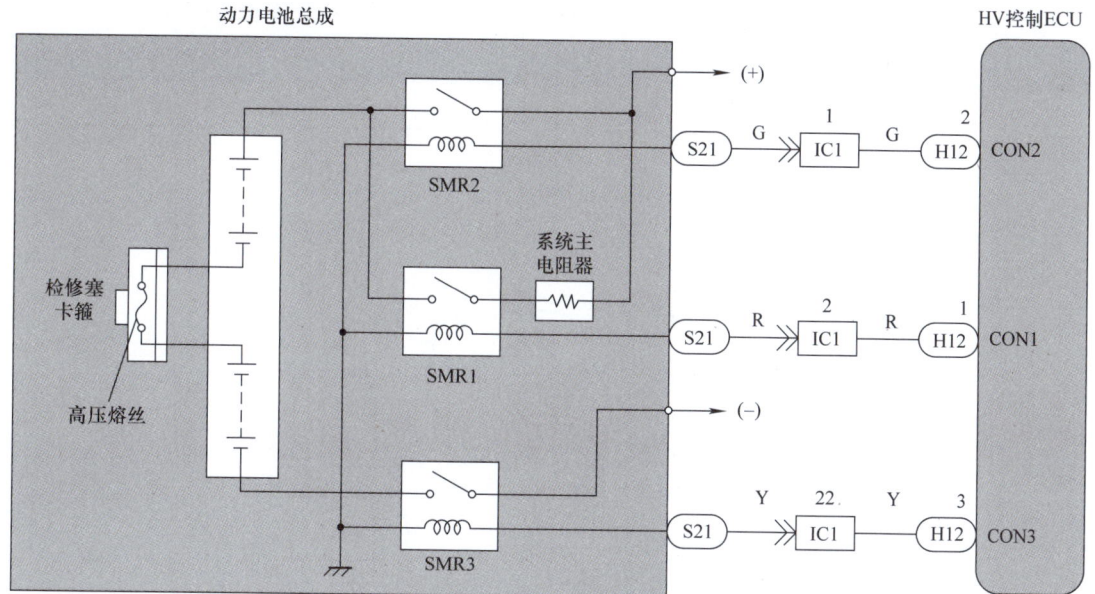

图 4-3-6　系统主继电器（SMR）控制电路图

诊断关键步骤及参数：

1）检查 HV 控制 ECU-SMR1 之间的连接器与线束。

注意：

- 进行操作前戴上绝缘手套。
- 关闭电源开关，拆卸手动分离开关。

① 断开 HV 控制 ECU H12 连接器端子（图 4-3-7）。

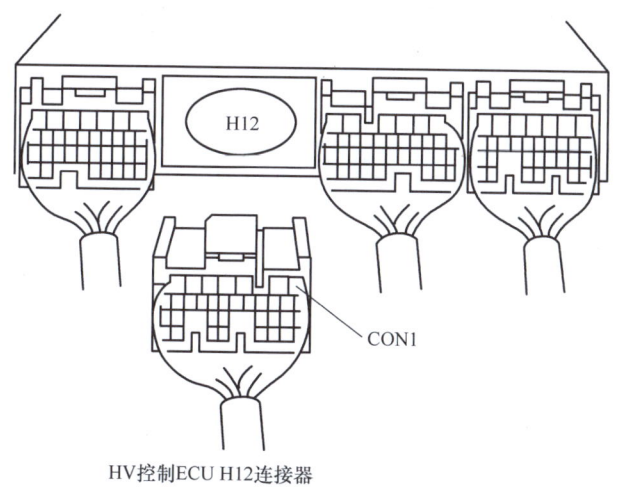

图 4-3-7　HV 控制 ECU H12 连接器端子

② 断开 SMR1 连接器。
③ 测量 HV 控制 ECU 连接器与车身接地端子间的电压。
- 标准值见表 4-3-4。

表 4-3-4　HV 控制 ECU 连接器与车身接地端子间的电压标准

万用表连接	正常值
CON1（H12-1）- 车身接地	低于 1V

④ 检查与测量线束侧连接器间的电阻（图 4-3-8）。

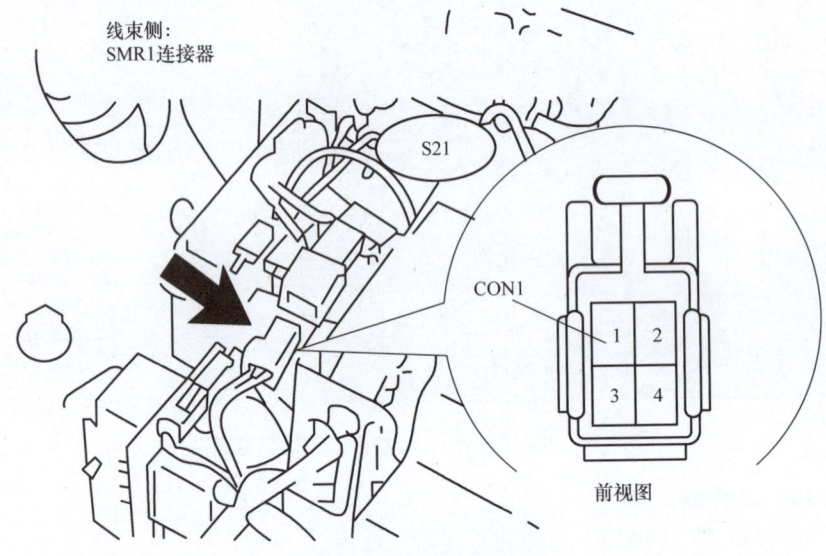

图 4-3-8　SMR1 端子图

- 标准值见表 4-3-5 和表 4-3-6。

表 4-3-5　SMR1 线束标准（开路检查）

万用表连接	正常值
CON1（H12-1）- CON1（S21-1）	小于 1Ω

表 4-3-6　SMR1 线束标准（短路检查）

万用表连接	正常值
CON1（H12-1）或 CON1（S21-1）- 车身接地	10kΩ 或更大

2）如以上检查均正常，需要继续拆解动力电池组外壳，检查 SMR 本身是否存在故障。

3. 混合动力发动机不能正常起动的故障

故障症状：
仪表提示混合动力系统故障，发动机不能正常起动。

故障原因分析：
在普锐斯混合动力系统中，如果发动机或变速器驱动桥齿轮被卡住，或异物进入它们中的任意一个中，则 HV 控制 ECU 就会检测到故障码（DTC），并且启动安全保护控制。如图 4-3-9

所示,曲轴位置传感器故障,以及发动机 ECM 或 HV 控制 ECU 故障,都可能造成发动机不能起动。

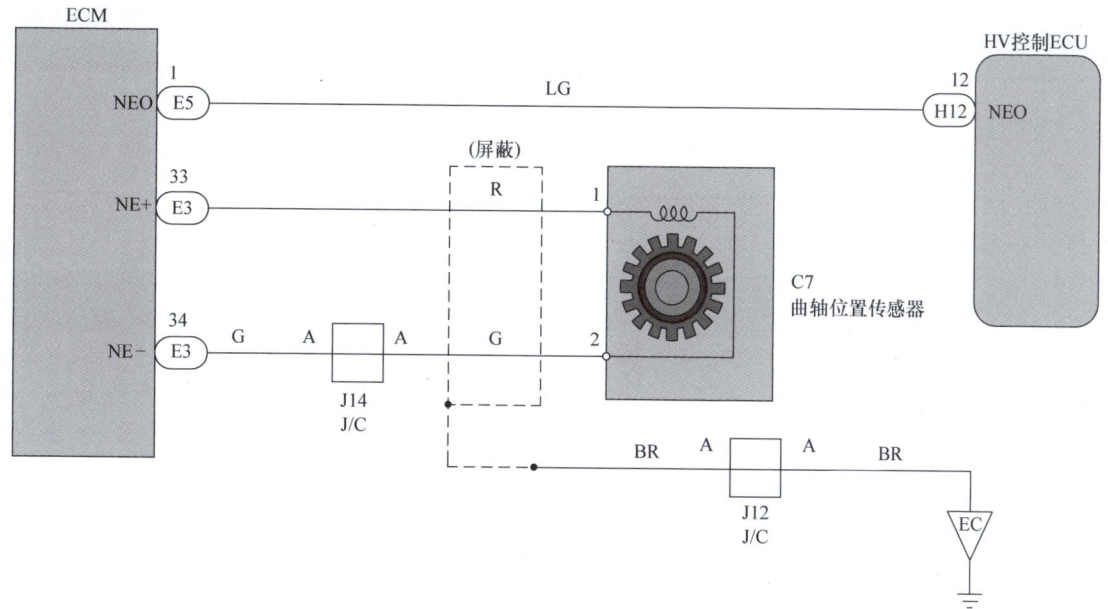

图 4-3-9　普锐斯发动机 ECM 与 HV 控制 ECU 电路图

诊断关键步骤及参数:

1)读取 DTC。进入诊断仪的下列菜单:Powertrain/Engine and ETC/DTC,读取相关 DTC。

2)检查曲轴带轮是否正常转动

① 关闭电源开关。

② 顶起车辆。

③ 手动转动曲轴带轮,检查曲轴是否旋转。

3)检查线束和连接器(ECM-曲轴位置传感器)

① 断开 ECM E3 连接器(图 4-3-10)。

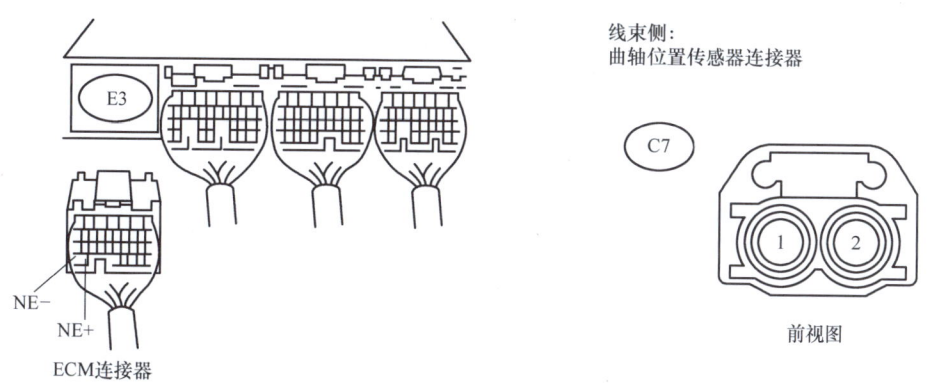

图 4-3-10　ECM E3 连接器与曲轴位置传感器连接器端子图

② 断开 C7 曲轴位置传感器连接器。

③ 检查线束侧连接器间的电阻，标准值见表4-3-7及表4-3-8。

表4-3-7　ECM E3 连接器与曲轴位置传感器连接器标准（开路检查）

万用表连接	正常值
NE+（E3-33）- 曲轴位置传感器（C7-1）	小于1Ω
NE-（E3-34）- 曲轴位置传感器（C7-2）	小于1Ω

表4-3-8　ECM E3 连接器与曲轴位置传感器连接器标准（短路检查）

万用表连接	正常值
NE+（E3-33）- 曲轴位置传感器（C7-1）- 车身接地	10kΩ 或更大
NE-（E3-34）- 曲轴位置传感器（C7-2）- 车身接地	10kΩ 或更大

4）检查线束和连接器（HV 控制 ECU-ECM）。

① 断开 HV 控制 ECU H12 连接器，ECM E5 连接器（图4-3-11）；

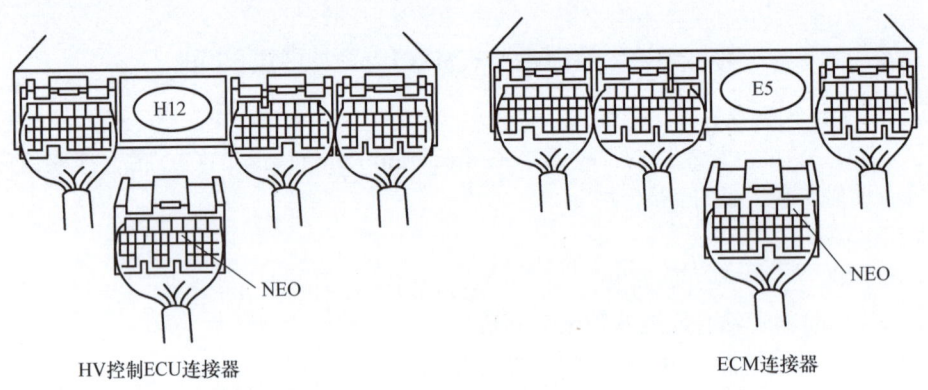

图4-3-11　HV 控制 ECU H12 连接器与 ECM E5 连接器端子图

② 检查线束侧连接器间的电阻。
- 标准值见表4-3-9和表4-3-10。

表4-3-9　HV 控制 ECU H12 连接器与 ECM E5 连接器线束标准（开路检查）

万用表连接	正常值
NEO（H12-12）-NEO（E5-1）	小于1Ω

表4-3-10　HV 控制 ECU H12 连接器与 ECM E5 连接器线束标准（短路检查）

万用表连接	正常值
NEO（H12-12）或 NEO（E5-1）- 车身接地	10kΩ 或更大

5）重新检查并清除 DTC（混合动力控制）。
① 进去诊断仪的下列菜单：Powertrain/Hybrid Control/DTC。
② 检查并记录 DTC、定格数据和信息。
③ 清除混合动力控制的 DTC。
6）检查 READY 灯是否点亮。
① 进入诊断仪的下列菜单：Powertrain/Hybrid Control/Data List。
② 读取电机（MGI）转速和发动机转速数据。
③ 打开电源开关（READY），如果 READY 灯不亮，并且诊断仪上的显示为 DTC P0A90（HV 变速驱动桥输入故障），或 MGI 转动但发动机不运转，则更换混合动力车辆变速驱动桥总成。

7）检查发动机转速是否增加。
① 进入专用诊断仪的下列菜单：Powertrain/Hybrid Control/Data List。
② 读取电机（MGI）转速和发动机转速数据。
③ 在 READY 灯点亮的情况下，把档位置于 P 位的同时，踩下加速踏板 10s。
• 参考值：如果发动机转速不增加，并且专用诊断仪的读数显示为 DTC P0A90（HV 变速驱动桥输入故障）或 MGI 转动但发动机不运转，则更换混合动力车辆变速驱动桥总成。

8）检查车轮是否缓慢转动。
① 打开电源开关（READY）。
② 顶起车辆。
③ 踩下制动踏板，把变速杆移动到 D 位，然后松开制动踏板。
• 参考值：如果车轮不转动，并且专用诊断仪的读数显示为 DTC P0A90（HV 变速驱动桥输入故障），则应更换混合动力车辆变速驱动总成。

以上检查均正常后，还需要考虑以下问题：
① 检查是什么导致了变速驱动桥和发动机的阻力在转动中变大。
② 检查发动机润滑系统和变速驱动桥润滑系统。
③ 检查发动机冷却液和变速驱动桥冷却液。
④ 检查发动机本身和变速驱动桥本身是否有故障。

三、任务实施

1. 实施要求

本操作任务完成混合动力汽车整车动力控制系统故障的诊断与排除，具体包括以下内容。
1）混合动力汽车整车动力控制系统故障码读取与清除。
2）仪表 READY 灯及转速检查。

2. 实施准备

1）防护装备：绝缘防护装备。
2）车辆、台架、总成：丰田普锐斯混合动力汽车；或同类混合动力汽车台架。
3）专用工具、设备：对应车型故障诊断仪、万用表；或其他适用的设备。
4）手工工具：新能源汽车维修组合工具。
5）辅助材料：诊断与维修必要的熔丝等耗材。

3. 实施步骤

警告：在执行车辆高压系统诊断及维护前，务必佩戴完好的个人防护设备，并严格遵守正确的操作步骤。

（1）混合动力汽车整车动力控制系统故障码读取与清除

注意：

如果发动机或变速器驱动桥齿轮被卡住，或异物进入它们中的任意一个之中，则 HV 控制 ECU 就会检测到故障码，并且启动安全保护控制。

1）将诊断仪连接到诊断插座。

2）插入钥匙，打开电源开关至 IG 档。

3）打开诊断仪。

4）进入系统，点击"与车辆连接"，选择"发动机和 ECT"，或进入混合动力控制系统，读取故障码，如图 4-3-12 所示。

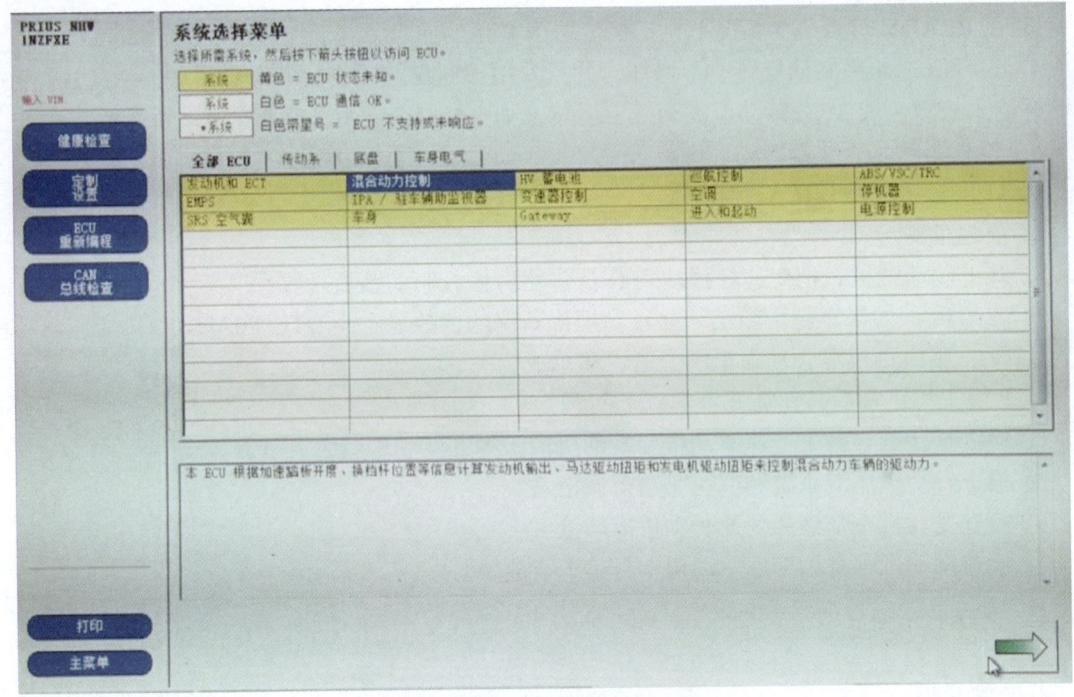

图 4-3-12　进入混合动力控制系统

5）检查并记录故障码、定格数据和信息，如图 4-3-13 所示。

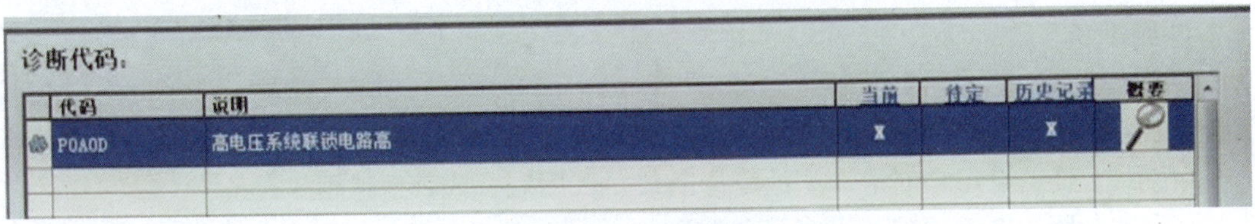

图 4-3-13　检查故障码

6）根据故障码内容进行检修后，清除故障码，如图 4-3-14 所示。

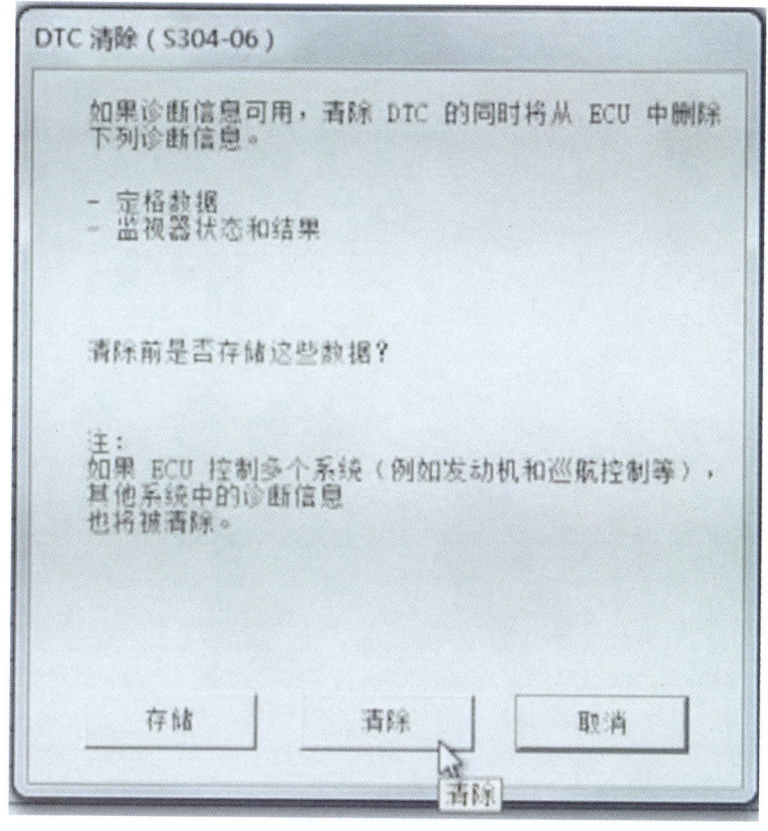

图 4-3-14 清除故障码

（2）仪表 READY 灯及转速检查

1）将诊断仪连接到诊断插座。

2）打开电源开关 IG 档，READY 灯应点亮，如图 4-3-15 所示。

图 4-3-15 READY 灯点亮

提示：

如果 READY 灯不亮，并且诊断仪上显示 HV 变速驱动桥输入故障，或 MG1 转动但发动机不运转，则更换混合动力车辆变速驱动桥总成。

3）点击"与车辆连接"，进入混合动力控制系统，读取数据流。

4）读取电机转速和发动机转速数据，如图 4-3-16 所示。

参数	值	单位
Engine Coolant Temp	49	C
Engine Revolution	0	rpm
Vehicle Spd	0	km/h
Engine Run Time	22	s
+B	13.73	V
Accel Pedal Pos #1	16.0	%
Accel Pedal Pos #2	31.7	%
Ambient Temperature	30	C
Intake Air Temperature	35	C
DTC Clear Warm Up	0	
DTC Clear Run Distance	0	km
DTC Clear Min	7	Min
MIL on Run Distance	0	km
MIL on Engine Run Time	0	Min
MIL Status	OFF	
Model Code	NHW20	
Engine Code	1NZFXE	
ECU Code	47160	
Destination	W	
Motor(MG2) Revolution	0	rpm
Motor(MG2) Torq	0.0	Nm
M(MG2) Trq Exec Val	0	Nm
Generator(MG1) Rev	0	rpm
Generator(MG1) Torq	0.0	Nm
G(MG1) Trq Exec Val	0	Nm
Regenerative Brake Torq	0	Nm
Rqst Regen Brake Torq	0	Nm
Inverter Temp-(MG1)	38	C

图 4-3-16　读取电机转速和发动机转速数据

5）在 READY 灯点亮的情况下，把档位置于 P 位的同时，踩下加速踏板 10s，如图 4-3-17 和图 4-3-18 所示。

图 4-3-17　READY 灯点亮的情况下档位置于 P 位

项目四　混合动力汽车故障诊断与排除

参数	值	单位
Engine Coolant Temp	48	C
Engine Revolution	1472	rpm
Vehicle Spd	0	km/h
Engine Run Time	31	s
+B	13.71	V
Accel Pedal Pos #1	30.9	%
Accel Pedal Pos #2	46.6	%
Ambient Temperature	30	C
Intake Air Temperature	33	C
DTC Clear Warm Up	0	
DTC Clear Run Distance	0	km
DTC Clear Min	8	Min
MIL on Run Distance	0	km
MIL on Engine Run Time	0	Min
MIL Status	OFF	
Model Code	NHW20	
Engine Code	1NZFXE	
ECU Code	47160	
Destination	W	
Motor(MG2) Revolution	1	rpm
Motor(MG2) Torq	0.0	Nm
M(MG2) Trq Exec Val	0	Nm
Generator(MG1) Rev	5412	rpm
Generator(MG1) Torq	0.0	Nm
G(MG1) Trq Exec Val	0	Nm

图 4-3-18　读取数据流

提示：

如果发动机转速不增加，并且诊断仪上显示 HV 变速驱动桥输入故障，或 MG1 转动但发动机不运转，则更换混合动力车辆变速驱动桥总成。

6）踩下制动踏板，把变速杆移动至 D 位。

7）当以高于 10km/h 的速度行驶时，完全踩下加速踏板以提高发动机转速。

8）读取电机转速和发动机转速数据。

提示：

如果发动机超过允许速度，并且诊断仪上显示 HV 变速驱动桥输入故障，则应更换变速器输入阻尼器。

四、任务考核

目标	考核题目	得分
知识目标	1	1)（单选）混合动力汽车整车动力控制系统故障将导致车辆不能正常行驶，常见的故障包括（　　） A. HV 控制 ECU 模块本身故障 B. 接触器不能正常吸合 C. 因驱动系统导致的故障，如驱动电机不能正常运行导致发动机不能起动等 D. 以上都对	
		2)（单选）下面哪个故障会影响混合动力汽车整车动力控制系统正常工作。（　　） A. 动力系统故障指示灯点亮　　B. 左转向灯不亮　　C. 前照灯不亮　　D. 安全带破损	
		3)（判断）混合动力汽车整车动力控制系统发生故障会造成车辆不能起动或功率降低。（　　）	
	2	1)（判断）HV 控制 ECU 模块供电异常导致失去通信，会造成混合动力系统故障指示灯点亮，且车辆不能正常起动。（　　）	
		2)（判断）检查 HEV 熔丝的电阻。标准值：小于 0.5Ω。（　　）	
		3)（判断）HV 控制 ECU H12 连接器与 ECM E5 连接器线束之间，用万用表测量 NEO（H12-12）或 NEO（E5-1）- 车身接地的电阻为 1Ω，说明线路短路了。（　　）	
技能目标		1)（判断）对于汽车的诊断，通常是打开点火开关后，再连接诊断仪。（　　）	
		2)（判断）发动机或变速器驱动桥齿轮被卡住，或异物进入它们中的任意一个之中，则 HV 控制 ECU 就会检测到故障码并且启动安全保护控制。（　　）	
		3)（多选）属于诊断仪的功能的是（　　） A. 读取故障码　　B. 读取数据流　　C. 动作测试　　D. 查看波形	
总分：			
教师评语：			

项目五 燃料电池汽车故障诊断与排除

项目描述

目前混合动力新能源汽车和纯电动新能源汽车主导了市场,不过氢燃料电池汽车、燃气类辅助燃料汽车,以及超级电容等新能源汽车技术也在逐渐成熟。本项目主要介绍燃料电池汽车的故障诊断与排除方法,包含以下任务。

任务:燃料电池汽车故障诊断与排除操作。

通过以上任务的学习,你将能够掌握燃料电池汽车的结构、组成与控制原理,以及它的应用和故障排除方法。

任务 燃料电池汽车故障诊断与排除操作

学习目标

◎ **知识目标**
1. 能够描述燃料电池汽车的定义和类型。
2. 能够描述燃料电池汽车的结构组成和工作原理。

◎ **技能目标**

能够进行燃料电池汽车行驶无力故障的基本诊断。

一、任务导入

一辆燃料电池汽车因为被水淹而行驶无力,主管要求进行故障诊断并排除,你能完成这个任务吗?

二、获取信息

要进行燃料电池汽车的故障诊断,首先要掌握燃料电池汽车的结构、原理。

 什么是燃料电池汽车?燃料电池汽车有哪些类型?

1. 燃料电池汽车的现状与发展

(1)燃料电池

燃料电池(Fuel Cell)是一种把氢在氧化时的化学能直接转换为电能的发电装置,能量的转换不受卡诺定律的限制,热效率可达到70%~80%。燃料电池在运行过程中,不需要复杂的机械传动装置,不需要润滑剂,没有振动与噪声,燃料电池向驱动电机提供电源来驱动车辆行驶。

燃料电池是由负极(燃料极)、正极(氧化极)和正负极之间的电解质共同组成的,根据不同种类的燃料电池采用了不同的电解质,有酸性、碱性、熔融盐类或固体电解质。在燃料电池负极一侧输入氢气,在燃料电池正极一侧输入空气或氧气,氢与氧经催化剂的作用,在电化学反应过程中转化为电能,同时生成水 H_2O。因此,它不会排放氮氧化物 NO_x 和碳氢化合物 HC 等对大气环境造成污染。

(2)燃料电池汽车

采用燃料电池作为电源的电动汽车称为燃料电池电动汽车(Fuel Cell Electric Vehicle, FCEV),最早的FCEV是燃料电池大客车(Fuel Cell Electric Bus, FCEB)。早期的FCEV的燃料电池本身和它的附属设备的重量重、体积大,占据了大客车很大部分的装载空间,挤占了乘客的乘坐空间,给FCEV的总体布置带来很大的困难。近年来,燃料电池不断地向小型化方向发展,使得燃料电池成功地装配到各种类型的车辆上,如图5-1所示。

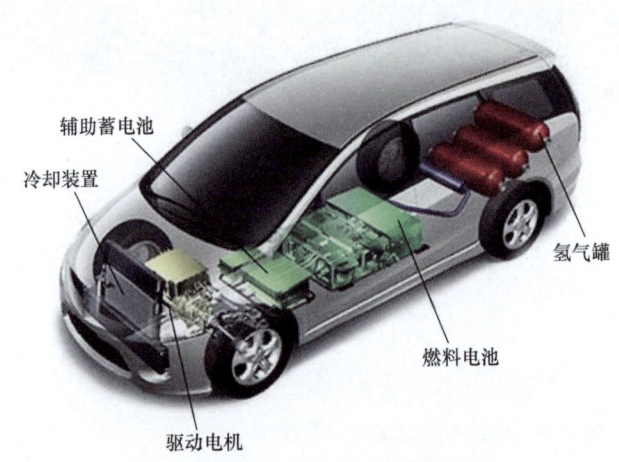

图5-1 典型燃料电池汽车基本结构

FCEV仍然保留了传统车辆的行驶系统、悬架系统、转向系统和制动系统等。FCEV是以电力驱动作为唯一的驱动模式,其电气化和自动化的程度大大高于内燃机汽车。早期用内燃机汽车底盘改装的 FCEV,在汽车底盘上布置了氢气罐或甲醇改质系统、燃料电池发动机系统、电气控制系统和电机驱动系统等总成和装置,在进行总体布置时受到一些局限。

新研发的 FCEV 采用了滑板式底盘,将 FCEV 的氢气罐和供应系统、燃料电池系统、电能转换系统、电机驱动系统、转向系统和制动系统等,全部装在一个滑板式的底盘中,在底盘上部可以布置不同用途的车身系统和个性化造型的车身。采用了多种现代技术,以计算机为控制核心,并应用了电子控制的"线传"系统(Control-by-wire)、CAN 总线系统等,使新型燃料电池电动车辆进入一个全新的时代。

2. 燃料电池汽车类型

FCEV 按主要燃料种类可分为:

1)以纯氢气为燃料的 FCEV。

2)以甲醇改质后产生的氢气为燃料的 FCEV。

图 5-2 为燃料电池汽车主要类型。

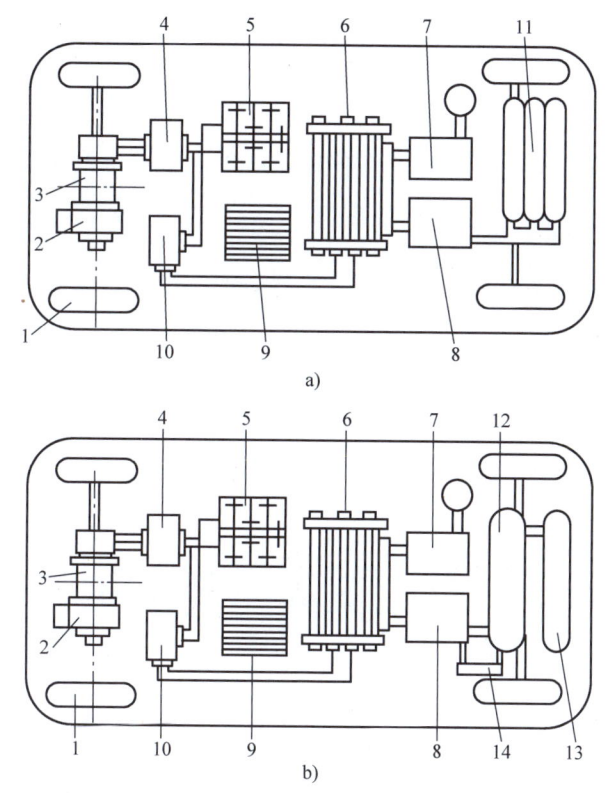

图 5-2 燃料电池汽车主要类型

a)以纯氢气为燃料的 FCEV　b)以甲醇改质产生氢气为燃料的 FCEV

1—驱动轮　2—驱动系统　3—驱动电机　4—逆变器　5—辅助电源(辅助蓄电池、超级电容器)
6—燃料电池　7—空气压缩机和空气加湿装置　8—氢气管理系统　9—中央控制器　10—DC-DC 变换器
11—氢气罐　12—燃烧器和改质器　13—甲醇储存罐　14—氢净化器

FCEV 按"多电源"的配置不同,可分为:

1)纯燃料电池 FCEV。

2)燃料电池与蓄电池混合电源的 FCEV。

3)燃料电池与蓄电池和超级电容器混合电源的 FCEV。

后两种多电源的配置方式是 FCEV 的主要配置方式。辅助电源用于提供起动电流和回收制动反馈的电能。

图 5-3 为 FCEV 分类。

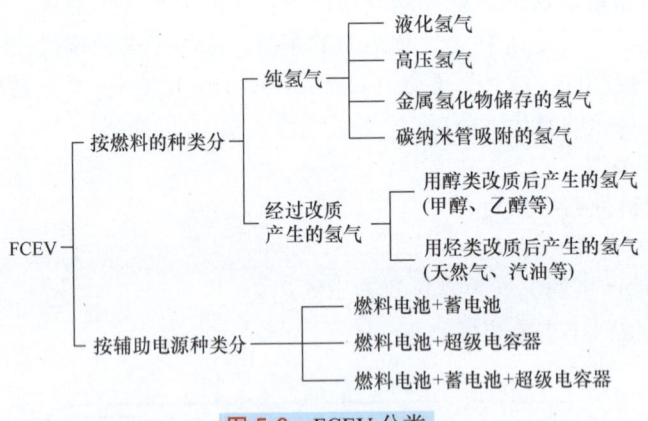

图 5-3　FCEV 分类

> **引导问题 2**　燃料电池汽车由哪些结构组成？燃料电池汽车是如何工作的？

1. 燃料电池汽车的结构组成

燃料电池汽车（FCEV）一般由燃料箱、燃料电池、控制系统、驱动系统、辅助动力系统和辅助电池组等部分构成，如图 5-4 所示。

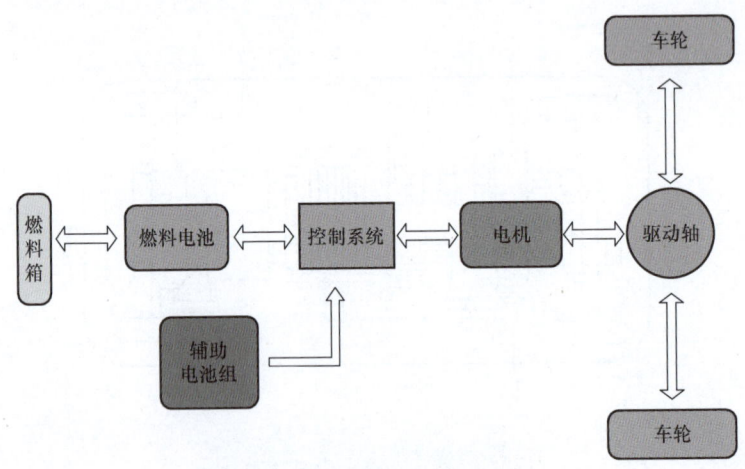

图 5-4　燃料电池汽车组成部件

（1）燃料电池组

它是 FCEV 的电源，由多个 1V 以下的燃料电池串联组成。它是一种将储存在燃料和氧化剂中的化学能，通过电极反应直接转化为电能的发电装置。

以质子交换膜燃料电池为例，单体燃料电池主要由电解质膜、燃料电极、隔板、空气电极和集流板等组成。正、负极板采用活性炭制成，置于电解质溶液中，如图 5-5 所示。

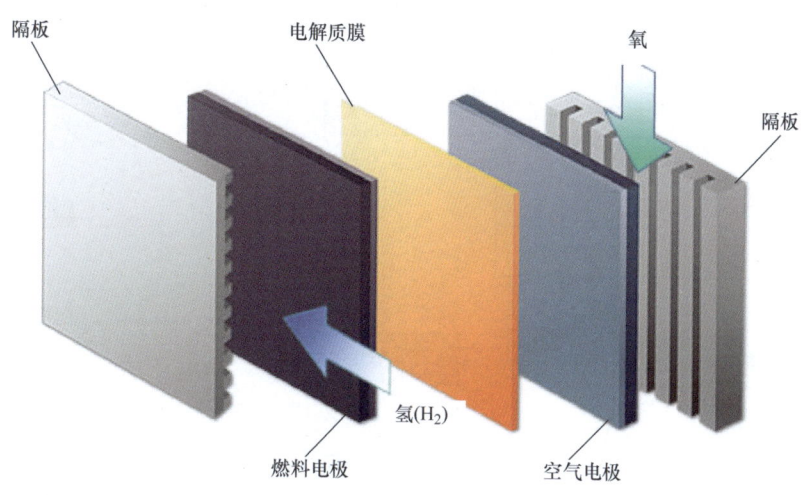

图 5-5　燃料电池的基本结构

燃料电池工作时，外界不断供给负极氢气，供给正极空气，在催化剂（铂、多孔石墨等）作用下，产生如下反应：

负极：$2H_2 - 4e^- = 4H^+$

正极：$O_2 + 4H^+ + 4e^- = 2H_2O$

负极经催化剂作用，氢原子中的电子被分离出来，在正极吸引下，在外电路形成电流，失去电子的氢离子，在正极与氧及电子结合为水，氧可从空气中获得，只要不断地供给氢气和带走水，燃料电池就可不断供给电能，如图 5-6 所示。

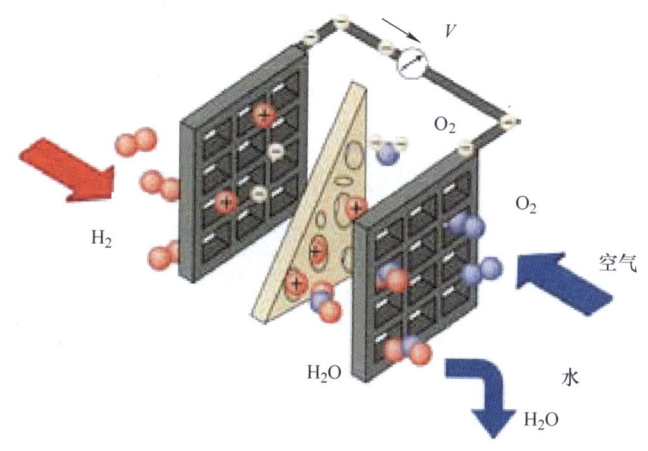

图 5-6　燃料电池的工作原理

（2）控制系统

控制系统用于控制燃料电池的反应过程（起动、反应、输出电能的调整、停止等）和电机的运行过程。车辆所有工作状态由各种传感器采集，集中反馈到车载电控中心，由各监管控制模块控制燃料电池组和电机安全运行，如图 5-7 所示。

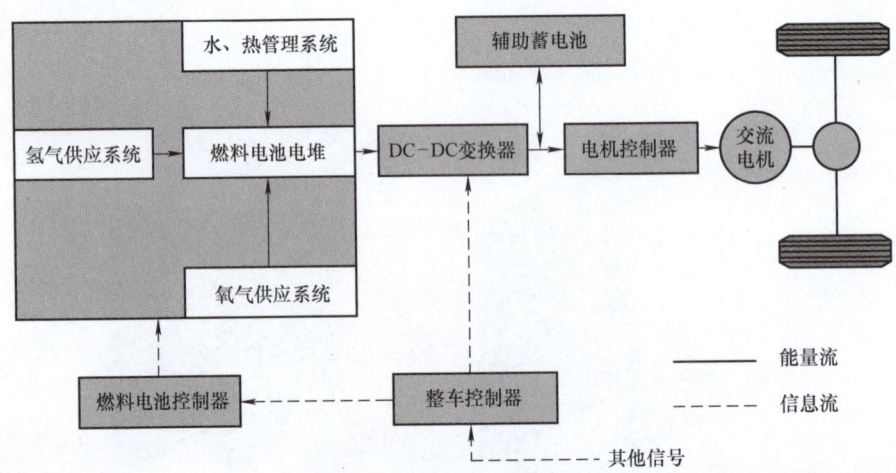

图 5-7　燃料电池汽车控制系统

（3）驱动系统

燃料电池需要经过专用的大功率动力 DC-DC 变换器，将产生的直流电流转换为稳压的直流电流，然后经过逆变器变换为交流电输送给驱动电机，驱动车轮转动。

（4）辅助动力系统

通常在 FCEV 上还要装配一个蓄电池组作为辅助电源，其作用如下。

1）用于 FCEV 快速起动。

2）用于在再生制动时储存 FCEV 反馈的电能。

3）为电动汽车控制系统、照明系统等电气设备提供低压电源。

2. 燃料电池汽车工作原理

燃料电池工作时，由燃料箱不断地供给燃料，燃料电池把燃料氧化的化学能转换为电能，产生的直流电经过控制器变为交流电后供给驱动电机，经传动系统驱动车轮。与传统汽车相比，燃料电池汽车能量转化效率高达 60%~80%，为内燃机的 2~3 倍。

在电动汽车开始行驶时，辅助蓄电池组处于电量饱满状态，其能量输出可以满足汽车起动要求，由其为驱动系统提供能量，并对燃料电池进行预热，燃料电池动力系统不需要工作；当蓄电池组电量低于一定值时，燃料电池动力系统起动，由燃料电池动力系统为驱动系统提供能量，当车辆能量需求较大时，燃料电池动力系统与蓄电池组同时为驱动系统提供能量；车辆能量需求较小时，燃料电池动力系统为驱动系统提供能量的同时，还给蓄电池组进行充电。

FCEV 的各种工作状态和技术参数，可以从仪表板上直观看出，奔驰 B 级氢燃料电池汽车仪表板如图 5-8 所示，右下侧小表是显示氢气储量，相当于油箱油位指示器。

图 5-8　奔驰 B 级氢燃料电池汽车仪表板

三、任务实施

1. 实施要求

本操作任务是在掌握燃料电池汽车基本结构原理的基础上,对燃料电池汽车进行故障诊断分析。

2. 实施准备

1)防护装备:常规实训着装。
2)车辆、台架、总成:燃料电池示教板、台架或实车。
3)专用工具、设备:无。
4)手工工具:普通拆装工具。
5)辅助材料:无。

3. 实施步骤

下面是燃料电池电动汽车"水淹"故障的案例分析。

通常,在氢气侧电极发生水淹现象时,燃料电池汽车会出现行驶无力情况,这种情况可能发生在氢气侧电极。

故障产生原因

在燃料电池的运行过程中,电池内的水状况较为复杂。反应气需要增湿,由此带入电池内一些水。氢质子从阳极移动到阴极,需要水做载体,从而部分水从氢气侧迁移到空气侧,在空气侧氢氧反应生成水,空气侧水含量较高,还存在从空气侧向氢气侧扩散(拟迁移)的现象,同时排气带走大量水蒸气。如果在流场内不能保持水平衡,必然出现流场水淹或膜脱水的现象。

通常空气侧流量较大,带水能力较强,而氢气侧往往是只进气不排气,偶尔脉冲排气,气流速度低,容易出现积水现象。因此,一般水淹发生在氢气侧。液态水在流道内逐渐积聚,最后堵塞流道,这就是通常所说的"水淹"现象。

故障检测与排除

在燃料电池正常工作的情况下,燃料电池堆的氢气侧压力降随着负载的增大而线性增大。当燃料电池堆中出现积水现象时,即使流道尚未被液态水堵死,但由于液态水附于流道壁面,使得气体通道的流通界面缩小,压力明显增大。这种现象不仅在单体电池内存在,在燃料电池堆内也存在。因为积水是一个液态水逐渐增多的过程,在电池堆内各片电池发生液态水增多的趋势是一致的。在发生积水增多过程中,气体流通的总截面逐渐缩小,压力降必然增大。通过压力降监测,可以得知流道尚未被堵死之前液态水增多的趋势,由此可以用压力降预警水淹的发生。

解决燃料电池水淹的方法有两种:第一种方法是脉冲排气法。通过故障诊断系统控制排气阀门开启,即突然将氢气侧尾端打开,通过氢气压力波将水排出。第二种方法是通过调节电池堆工作温度进行解决。燃料电池堆发生水淹是由于堆内的水过多,导致堆内的水蒸气过饱和,逐渐析出液态水。可以通过控制系统用脉宽调制法调节风扇的转速,并对冷却的循环水加热,提高电池堆的运行温度,这样使得堆内气体可以容纳更多的水蒸气,从而解决"水淹"问题。

四、任务考核

目标	考核题目	得分
知识目标	1）（单选）FCEV按"多电源"的配置不同，可分为（　）种类型 A.2　　　B.3　　　C.4　　　D.5 2）（判断）燃料电池（Fuel Cell）是一种把氢在氧化时的化学能直接转换为电能的发电装置，能量的转换不受卡诺定律的限制，热效率可达到80%~95%。（　） 3）（判断）燃料电池是由负极（燃料极）、正极（氧化极）和正负极之间的电解质共同组成的，根据不同种类的燃料电池采用了不同的电解质，有酸性、碱性、熔融盐类或固体电解质。（　）	
	1）（判断）燃料电池汽车一般由燃料箱、燃料电池、控制系统、驱动系统、辅助动力系统和电池组等部分构成。（　） 2）（判断）燃料电池组是FCEV的电源，由多个1V以下的燃料电池并联组成。它是一种将储存在燃料和氧化剂中的化学能，通过电极反应直接转化为电能的发电装置。（　） 3）（判断）燃料电池需要经过专用的大功率动力DC-DC变换器，将产生的直流电流转换为稳压的直流电流，然后经过逆变器变换为交流电输送给驱动电机，驱动车轮转动。（　）	
技能目标	1）（判断）通常，在氢气侧电极发生水淹现象时，燃料电池汽车会出现行驶无力情况。（　） 2）（判断）在燃料电池正常工作的情况下，燃料电池堆的氢气侧压力降随着负载的增大而线性增大。（　） 3）（单选）解决燃料电池水淹的方法有（　）种 A.5　　　B.4　　　C.3　　　D.2	
总分：		
教师评语：		

参 考 文 献

[1] 蔡兴旺. 新能源汽车结构与维修 [M]. 北京：机械工业出版社，2014.

[2] 崔胜民. 新能源汽车技术 [M]. 北京：北京大学出版社，2009.

[3] 包丕利. 新能源汽车维护与保养 [M]. 北京：机械工业出版社，2018.

[4] 周毅. 纯电动汽车电机及传动系统拆装与检测 [M]. 北京：机械工业出版社，2018.

[5] 夏令伟. 新能源汽车维护与检测诊断 [M]. 北京：人民交通出版社，2018.

[6] 包科杰，徐利强. 新能源汽车维护与故障诊断 [M]. 北京：人民交通出版社，2017.

读者服务

机械工业出版社立足工程科技主业,坚持传播工业技术、工匠技能和工业文化,是集专业出版、教育出版和大众出版于一体的大型综合性科技出版机构。旗下汽车分社面向汽车全产业链提供知识服务,出版服务覆盖包括工程技术人员、研究人员、管理人员等在内的汽车产业从业者,高等院校、职业院校汽车专业师生和广大汽车爱好者、消费者。

一、意见反馈

感谢您购买机械工业出版社出版的图书。我们一直致力于"以专业铸就品质,让阅读更有价值",这离不开您的支持!如果您对本书有任何建议或意见,请您反馈给我。我社长期接收汽车技术、交通技术、汽车维修、汽车科普、汽车管理及汽车类、交通类教材方面的稿件,欢迎来电来函咨询。

咨询电话:010-88379353　　编辑信箱:cmpzhq@163.com

二、课件下载

选用本书作为教材,免费赠送电子课件等教学资源供授课教师使用,请添加客服人员微信手机号"13683016884"咨询详情;亦可在机械工业出版社教育服务网(www.cmpedu.com)注册后免费下载。

三、教师服务

机工汽车教师群为您提供教学样书申领、最新教材信息、教材特色介绍、专业教材推荐、出版合作咨询等服务,还可免费收看大咖直播课,参加有奖赠书活动,更有机会获得签名版图书、购书优惠券。

加入方式:搜索QQ群号码317137009,加入机工汽车教师群2群。请您加入时备注院校+专业+姓名。

四、购书渠道

机工汽车小编
13683016884

我社出版的图书在京东、当当、淘宝、天猫及全国各大新华书店均有销售。

团购热线:010-88379735

零售热线:010-68326294　88379203

推荐阅读

书号	书名	作者	定价（元）
智能网联、新能源汽车专业教材			
9787111678618	智能网联汽车技术入门一本通（全彩印刷）	程增木	69
9787111715276	智能汽车技术（全彩印刷）	凌永成	85
9787111702696	智能网联汽车技术原理与应用（彩色版）	程增木 杨胜兵	65
9787111628118	智能网联汽车技术概论（全彩印刷）	李妙然 邹德伟	49.9
9787111693284	智能网联汽车底盘线控系统装调与检修（附任务工单）	李东兵 杨连福	59.9
9787111710288	智能网联汽车智能传感器安装与调试（全彩活页式教材）	中国汽车工程学会 等	49.9
9787111712480	智能网联汽车底盘线控执行系统安装与调试（全彩印刷）	中国汽车工程学会 等	49.9
9787111709800	智能网联汽车计算平台测试装调（全彩印刷）	中国汽车工程学会 等	49.9
9787111711711	智能网联汽车智能座舱系统测试装调（全彩印刷）	中国汽车工程学会 等	49.9
9787111710318	新能源汽车检测与故障诊断技术（彩色版配实训工单）	吴海东 等	69
9787111707585	新能源汽车电动空调 转向和制动系统检修（彩色版配实训工单）	王景智 等	69
9787111702931	新能源汽车整车控制系统检修（彩色版配实训工单）	吴东盛 等	69
9787111701637	新能源汽车动力电池及管理系统检修（彩色版配实训工单）	吴海东 等	59
9787111707165	新能源汽车技术概论（全彩印刷）	赵振宁	55
9787111706717	纯电动汽车构造原理与检修（全彩印刷）	赵振宁	59
9787111587590	纯电动/混合动力汽车结构原理与检修（配实训工单）（全彩印刷）	金希计 吴荣辉	59.9
9787111709565	新能源汽车维护与故障诊断（配实训工单）（全彩印刷）	林康 吴荣辉	59
9787111700524	新能源汽车整车控制系统诊断（双色印刷）	赵振宁	55
9787111699545	智能网联汽车概论（全彩印刷）	吴荣辉 吴论生	59.9
9787111698081	新能源汽车结构原理与检修（全彩印刷）	吴荣辉	65
9787111683056	新能源汽车认知与应用（第2版）（全彩印刷）	吴荣辉 李颖	55
9787111615767	新能源汽车概论（全彩印刷）	张斌 蔡春华	49
9787111644385	新能源汽车电力电子技术（全彩印刷）	冯津 钟永刚	49
9787111684428	新能源汽车高压安全与防护（全彩印刷）	吴荣辉 金朝昆	45
9787111610175	新能源汽车动力电池及充电系统检修（全彩印刷）	许云 赵良红	55
9787111613183	新能源汽车电机驱动系统检修（全彩印刷）	王毅 巩航军	49
9787111613206	新能源汽车辅助系统检修（全彩印刷）	任春晖 李颖	45
9787111646242	新能源汽车维护与故障诊断（全彩印刷）	王强 等	55
9787111670469	新能源汽车结构原理与检修（彩色版）	康杰 等	55

(续)

书号	书名	作者	定价（元）
9787111448389	电动汽车动力电池管理系统原理与检修	朱升高 等	59.9
9787111675372	新能源汽车动力蓄电池与驱动电机系统结构原理及检修	周旭 石未华	49.9
9787111672999	电动汽车结构原理与故障诊断（第2版）（配实训工作手册）	陈黎明 冯亚朋	69.9
9787111623625	电动汽车结构原理与维修	朱升高 等	49
9787111610717	新能源汽车结构与维修（第2版）	蔡兴旺 康晓清	49
9787111591566	电动汽车电机控制与驱动技术	严朝勇	45
9787111484868	电动汽车动力电池及电源管理（"十二五"职业教育国家规划教材）	徐艳民	35
9787111660972	新能源汽车专业英语	宋进桂 徐永亮	45
9787111684862	智能网联汽车技术概论（彩色版配视频）	程增木 康杰	55
9787111674559	混合动力汽车结构与检修一体化教程（彩色版）（附赠习题册含工作任务单）	汤茂银	55
	传统汽车专业教材		
9787111678892	汽车构造与原理 （彩色版）	谢伟钢 范盈圻	59
9787111702474	汽车销售基础与实务（全彩印刷）	周瑞丽 冯霞	59
9787111678151	汽车网络与新媒体营销（全彩印刷）	田凤霞	59.9
9787111687085	汽车销售实用教程（第2版）（全彩印刷）	林绪东 葛长兴	55
9787111687351	汽车自动变速器原理与诊断维修 （彩色版）	张月相 张雾琳	65
9787111704225	汽车机械基础一体化教程（彩色版配实训工作页）	广东合赢	59
9787111698098	汽车检测与故障诊断一体化教程（彩色版配工作页）	秦志刚 梁卫强	69
9787111699934	汽车舒适与安全系统原理检修一体化教程（配任务工单）	栾琪文	59.9
9787111711667	汽车发动机电控系统结构原理与检修（彩色版配实训工单）	李先伟 吴荣辉	59
9787111689218	汽车底盘电控系统原理与检修一体化教程（彩色版）（附实训工作页）	杨智勇 金艳秋 翟静	69
9787111676836	汽车底盘机械系统构造与检修一体化教程（全彩印刷）	杨智勇 黄艳玲 李培军	59
9787111699637	汽车电气设备结构原理与检修（配实训工单）（全彩印刷）	管伟雄 吴荣辉	69
	汽车维修必读		
9787111715054	动画图解汽车构造原理与维修	胡欢贵	99.9
9787111708261	汽车常见故障诊断与排除速查手册（赠全套352分钟维修微课）（双色印刷）	邱新生 刘国纯	79
9787111649571	新能源汽车维修完全自学手册	胡欢贵	85
9787111663546	汽车构造原理从入门到精通（彩色图解+视频）	于海东 蔡晓兵	78
9787111626367	新能源汽车维修从入门到精通（彩色图解+视频）	杜慧起	89
9787111661290	汽车电工从入门到精通（彩色图解+视频）	于海东 蔡晓兵	78
9787111602699	汽车维修从入门到精通（彩色图解+视频）（附赠汽车故障诊断图表手册）	于海东	78